编委会名单

主　编　刘生华

副主编　彭焕文　李立新

编　委　刘生华　彭焕文　叶　枫　李立新

方贵仁　吴　梅　余家凤　肖云林

孔青松　周凤姣　黄树坤　周莹萍

高职高专经济管理类通用教材

税务实务

SHUIWU SHIWU

刘生华 ◎主编
彭焕文 李立新 ◎副主编

暨南大学出版社
JINAN UNIVERSITY PRESS
中国·广州

图书在版编目（CIP）数据

税务实务/刘生华主编；彭焕文，李立新副主编．—广州：暨南大学出版社，2010.8
（高职高专经济管理类通用教材）
ISBN 978－7－81135－519－2

Ⅰ.①税…　Ⅱ.①刘…②彭…③李…　Ⅲ.①税收管理—中国—高等学校：技术学校—教材
Ⅳ.①F812.423

中国版本图书馆 CIP 数据核字（2010）第 095710 号

出版发行：暨南大学出版社

地　址：中国广州暨南大学
电　话：总编室（8620）85221601
营销部（8620）85225284　85228291　85220693（邮购）
传　真：（8620）85221583（办公室）　85223774（营销部）
邮　编：510630
网　址：http：//www.jnupress.com　http：//press.jnu.edu.cn

排　版：广州市星辰文化发展部照排中心
印　刷：广州市怡升印刷有限公司

开　本：787mm×1092mm　1/16
印　张：14.25
字　数：365 千
版　次：2010 年 8 月第 1 版
印　次：2010 年 8 月第 1 次
印　数：1—3000 册

定　价：26.00 元

前　言

新一轮税制改革已经尘埃落定，减税制＋宽税基＋低税率＋严征管，标志着我国税收制度朝着规范化、科学化、法制化的轨道迈出了关键的一步，是我国税制史上的一个重要里程碑。税收制度的与时俱进，既是我国经济建设坚持改革开放的客观要求，也是推进社会主义市场经济发展与完善的重要举措。

为适应新税制实施之后的教学需要，落实教育部对高等职业教育“大力推行工学结合，突出实践能力培养，改革人才培养模式”的新要求，积极推行与生产劳动和社会实践相结合的学习模式，把工学结合作为高等职业教育人才培养模式改革的重要切入点，带动专业调整与建设，引导课程设置、教学内容和教学方法改革，探索工学交替、任务驱动、项目导向、顶岗实习等有利于增强学生能力的教学模式，我们组织有关专家、学者、长期从事税收实务的同志编写了《税务实务》一书。

本书的内容包括九大项目，以九大项目为驱动，把课程内容里的通用模块和对应模块相应地融入其中，最后达到以项目来驱动教学的目的，从而使学生牢固掌握专业知识，提高职业能力和职业素质。

本书的特色在于，立足于税法，着眼于实用，根据税务工作的基本流程，以企业申报纳税工作过程为一条主线设计教学内容，注重学生动手能力的培养。全书按照知识点和能力点进行编排，学生先掌握基本知识和原理，然后进行税务实战演练，理论与实际紧密结合。书中列举了大量来源于税收一线、企业实际的案例和表格供学生参考和实践操作。

本书由广东轻工职业技术学院刘生华任主编，广东白云学院李立新、广东轻工职业技术学院彭焕文任副主编。全书的具体分工如下：广东轻工职业技术学院周莹萍编写项目一；刘生华编写项目二至项目六；广东白云学院李立新编写项目七；广东轻工职业技术学院吴梅、方贵仁编写项目八；广东轻工职业技术学院叶枫编写项目九。全书由刘生华编写提纲并总纂定稿。编写过程中，广东源瑞会计师事务所、杰诚税务师事务所、南海市邦德税务师事务所等事务所的专家给予了大力支持，提供了诸多一手资料，并接纳学生进行实习和顶岗，这里一并致谢！本书参考了引用了国内诸多作者的观点和有关资料，在此谨向相关作者表示衷心感谢！

由于时间仓促，书中难免存在疏漏和不足之处，恳请专家、读者批评指正！

编　者

二○一○年四月

目 录

项目一　税制要素通识模块

学习目标

1. 了解关于税收和税制的各个知识点。
2. 熟悉税收法律关系。
3. 掌握税制的基本要素。
4. 了解我国税制改革的历史。
5. 掌握我国现行税制体系。

税收小贴士

“税”的历史变迁

在国家产生的同时，也就出现了保证国家实现其职能的财政。在我国第一个奴隶制国家夏朝，最早出现的财政征收方式是“贡”，即臣属将物品进献给君王。当时，虽然臣属必须履行这一义务，但由于“贡”的数量、时间尚不确定，所以“贡”只是税的雏形，而后出现的“赋”与“贡”不同。西周，征收军事物资称“赋”；征收土产物资称“税”。春秋后期，赋与税统一按田亩征收。“赋”指军赋，即君主向臣属征集的军役和军用品。但实际上，国家征集的收入不仅限于军赋，还包括用于国家其他方面支出的产品。此外，国家对关口、集市、山地、水面等征集的收入也称“赋”。所以“赋”已不仅指国家征集的军用品，而且具有“税”的含义了。有历史典籍可查的对土地产物的直接征税，始于公元前594年（鲁宣公十五年），鲁国实行了“初税亩”，按平均产量对土地征税。后来，“赋”和“税”就往往统称为赋税了。秦汉时，分别征收土地税、壮丁税和户口税。明朝摊丁入地，按土地征税。清末，租税成为多种捐税的统称。农民向地主交纳实物叫做“租”，向国家交纳货币叫做“税”。

知识点

一、税收通识

列宁说过，在这个世界里，上帝和税收不可避免。上帝是虚无的，税收是客观的。在现实生活中，无论在哪个国家，人人都必须依法纳税，否则会受到法律的制裁。税收已经是现代社会中家喻户晓、人人皆知的经济范畴，是社会经济活动中非常重要的组成部分，是各国最主要的财政收入形式。

（一）关于税收

税收是国家为实现其职能，凭借政治权力，按照法律规定，通过税收工具强制地、无偿地征收，参与国民收入和社会产品的分配和再分配而形成的一种特定分配关系。税收这一概念的要点有5个：

（1）税收是财政收入的主要形式。

（2）税收分配的依据是国家的政治权力。

（3）税收是用法律建立起来的分配关系。

（4）税收采取实物或货币两种征收形式。

（5）税收具备强制性、无偿性和固定性三个基本特征。

（二）关于税收“三性”

税收与其他分配方式相比，具有强制性、无偿性和固定性的特征，习惯上称为税收的“三性”。

1. 税收的强制性

税收的强制性是指税收是国家以社会管理者的身份，凭借政权力量，依据政治权力，通过颁布法律或政令来进行强制征收。负有纳税义务的社会集团和社会成员，都必须遵守国家强制性的税收法令，在国家税法规定的限度内，纳税人必须依法纳税，否则就要受到法律的制裁，这是税收具有法律地位的体现。强制性特征体现在两个方面：一方面是税收分配关系的建立具有强制性，即税收征收完全是凭借国家拥有的政治权力；另一方面是税收的征收过程具有强制性，即如果出现了违法行为，国家可以依法进行处罚。

2. 税收的无偿性

税收的无偿性是指通过征税，社会集团和社会成员的一部分收入转归国家所有，国家不向纳税人支付任何报酬或代价。税收的这种无偿性是与国家凭借政治权力进行收入分配的本质相联系的。无偿性体现在两个方面：一方面是指政府获得税收收入后无须向纳税人直接支付任何报酬；另一方面是指政府征得的税收收入不再直接返还给纳税人。税收无偿性是税收的本质体现，它反映的是一种社会产品所有权、支配权的单方面转移关系，而不是等价交换关系。税收的无偿性是区分税收收入和其他财政收入形式的重要特征。

3. 税收的固定性

税收的固定性是指税收是按照国家法令规定的标准征收的，即纳税人、课税对象、税目、税率、计价办法和期限等，都是税收法令预先规定的，有一个比较稳定的试用期间，是一种固定的连续收入。对于税收预先规定的标准，征税和纳税双方都必须共同遵守，非经国家法令修订或调整，征纳双方都不得违背或改变这个固定的比例或数额及其他制度规定。

税收的三个基本特征是统一的整体。其中，强制性是实现税收无偿征收的强有力保证，无偿性是税收本质的体现，固定性是强制性和无偿性的必然要求。

（三）关于税收职能

税收的职能和作用是税收职能本质的具体体现。一般来说，税收具有以下几种重要的基本职能：

（1）组织财政收入。税收是政府凭借国家强制力参与社会分配、集中一部分剩余产品（不论货币形式还是实物形式）的一种分配形式。组织国家财政收入是税收原生的最基本的职能。

（2）调节社会经济。政府凭借国家强制力参与社会分配，必然会改变社会各集团及其成员在国民收入分配中占有的份额，减少他们可支配的收入，但是这种减少不是均等的，这种利益得失将影响纳税人的经济活动能力和行为，进而对社会经济结构产生影响。政府正好利用这种影响，有目的地对社会经济活动进行引导，从而合理地调整社会经济结构。

（3）监督管理社会经济活动。国家在征收取得收入过程中，必然要建立在日常深入细致的税务管理基础上，具体掌握税源，了解情况，发现问题，监督纳税人依法纳税，并同违反税收法令的行为作斗争，从而把握社会经济活动方向，维护社会生活秩序。

税收的作用就是税收职能在一定经济条件下具体表现出来的效果。税收的作用具体表现如下：体现公平税负，促进平等竞争；调节经济总量，保持经济稳定；体现产业政策，促进结构调整；合理调节分配，促进共同富裕；维护国家权益，促进对外开放等。

（四）关于税收原则

为了强化税收的宏观调控能力，充实财政收入，促进经济结构和资源合理配置，保护我国在国际市场的利益，持续、快速、健康地发展国民经济，我国在社会主义市场经济条件下，应综合运用以下原则：

（1）充实财政收入，强化宏观调控能力原则。

（2）公平税负，鼓励竞争原则。

（3）调节经济，优化经济结构原则。

（4）调节收入分配，促进共同富裕原则。

（5）国家集中管理和合理划分原则。

（6）规范、效率和简化、便利原则。

（五）关于税收类别

税收分类是从一定的目的和要求出发，按照一定的标准，对不同税种隶属税类所作的一种划分。我国的税种分类主要有：

1. 以课税对象为标准分类

（1）流转税。流转税是以商品生产流转额和非生产流转额为课税对象征收的一类税。流转税是我国税制结构中的主体税类，目前包括增值税、消费税、营业税和关税等税种。

（2）所得税。所得税亦称收益税，是指以各种所得额为课税对象征收的一类税。所得税也是我国税制结构中的主体税类，包括企业所得税、个人所得税等税种。目前内外资企业所得税率统一为25%。（《企业所得税法》自2008年1月1日起施行。1991年4月9日第七届全国人民代表大会第四次会议通过的《中华人民共和国外商投资企业和外国企业所得税法》和1993年12月13日国务院发布的《中华人民共和国企业所得税暂行条例》同时废止）另外，国家给予了两档优惠税率：一是符合条件的小型微利企业，减按20%的税率征收；二是国家需要重点扶持的高新技术企业，减按15%的税率征收。

（3）财产税。财产税是指以纳税人所拥有或支配的财产为课税对象征收的一类税。包括遗产税、房产税、契税、车辆购置税和车船使用税等。

（4）行为税。行为税是指以纳税人的某些特定行为为课税对象征收的一类税。我国现行税制中的城市维护建设税、固定资产投资方向调节税和印花税都属于行为税。

（5）资源税。资源税是指对在我国境内从事资源开发的单位和个人征收的一类税。我国现行税制中资源税、土地增值税、耕地占用税和城镇土地使用税都属于资源税。

2. 以税收的计算依据为标准分类

（1）从量税。从量税是指以课税对象的数量（重量、面积、件数）为依据，按固定税额计征的一类税。从量税实行定额税率，具有计算简便等优点。如我国现行的资源税、车船使用税和土地使用税等。

（2）从价税。从价税是指以课税对象的价格为依据，按一定比例计征的一类税。从价税实行比例税率和累进税率，税收负担比较合理。如我国现行的增值税、营业税、关税和各种所得税等税种。

3. 以税收与价格的关系为标准分类

（1）价内税。价内税是指税款在应税商品价格内，作为商品价格一个组成部分的一类税。如我国现行的消费税、营业税和关税等税种。

（2）价外税。价外税是指税款不在商品价格之内，不作为商品价格的一个组成部分的一类税。如我国现行的增值税（目前商品的价税合一并不能否认增值税的价外税性质）。

4. 以是否有单独的课税对象、独立征收为标准分类

（1）正税。正税是指与其他税种没有连带关系，有特定的课税对象，并按照规定税率独立征收的税。征收附加税或地方附加，要以正税为依据。我国现行各个税种，如增值税、营业税等都是正税。

（2）附加税。附加税是指随某种税收按一定比例加征的税。如外商投资企业和外国企业所得税规定，企业在按照规定的企业所得税率缴纳企业所得税的同时，应当另按应纳税所得额的3%缴纳地方所得税。该项缴纳的地方所得税就是附加税。

5. 以税收的管理和使用权限为标准分类

（1）中央税。中央税是指由中央政府征收和管理使用或由地方政府征收后全部划解中央政府所有并支配使用的一类税。如我国现行的关税和消费税等。这类税一般收入较大，征收范围广泛。

（2）地方税。地方税是指由地方政府征收和管理使用的一类税。如我国现行的个人所得

税、房产税和土地增值税等。这类税一般收入稳定，并与地方经济利益关系密切。

（3）中央与地方共享税。中央与地方共享税是指税收的管理权和使用权属中央政府和地方政府共同拥有的一类税。如我国现行的增值税和资源税等。这类税直接涉及中央与地方的共同利益。

这种分类方法是实行分税制财政体制的基础。

6. 以税收的形态为标准分类

（1）实物税。实物税是指纳税人以各种实物充当税款缴纳的一类税。

（2）货币税。货币税是指纳税人以货币形式缴纳的一类税。在现代社会里，几乎所有的税种都是货币税。

7. 以管辖的对象为标准分类

（1）国内税收。国内税收是对本国经济单位和公民个人征收的各类税。

（2）涉外税种。涉外税种是具有涉外关系的税收。

8. 以税率的形式为标准分类

（1）比例税。比例税即对同一课税对象，不论数额多少，均按同一比例征税的税种。

（2）累进税。累进税是随着课税对象数额的增加而逐级提高税率的税种。包括全额累进税率、超额累进税率、超率累进税率。

（3）定额税。定额税是对每一单位的课税对象按固定税额征税的税种。

二、税制要素

（一）税收制度

一个国家的税收制度，是指国家以法律形式规定的各种税收法律、法规的总称，或者说是国家以法律形式确定的各种课税制度的总和。税收制度是国家取得收入的载体，主要包括国家的税收法律和税收管理体制等。从法律角度看，一个国家的税收制度是指在既定的管理体制下设置的税种以及与这些税种的征收、管理有关的，具有法律效力的各级成文法律、行政法规、部门规章等。从税收制度的形式来看，一个国家的税收制度，可按照构成方法和形式分为简单型税制及复合型税制。

税收制度的内容主要有两个层次：一是不同的要素构成税种；二是不同的税种构成税收制度。构成税种的要素主要包括：纳税人、征税对象、税目、税率、纳税环节、纳税期限、减税免税、违章处理等；构成税收制度的税种主要包括：所得税（法人所得税、个人所得税）、增值税、消费税、销售税、遗产和赠与税、社会保障税等。

（二）建立税收制度的意义

社会主义市场经济条件下，建立一个适合本国国情的税收制度具有重要的意义。主要表现在以下几个方面：

1. 税收制度是处理税收分配关系的载体

税收是国家通过法律手段强制地、无偿地参与国民收入分配的一种分配形式。税收的多少决定了国民收入在纳税人和国家之间的分配比例，通过税款的征缴所形成的国家同纳税人之间的经济关系就是税收的分配关系。我国现阶段的税收分配关系，主要包括国家同国有企业、集体企业、私营企业、外商投资企业、外国企业、股份制企业、其他企业、个体经营者和其他个人的税收关系。如国有企业把一部分产品缴纳给国家体现了国家与国有企业的税收法律分配关系，它同国有企业上缴的经营利润所体现的财产分配关系是不同的。

在社会主义市场经济条件下，不管其经济性质如何，只要发生了应税收入、收益或行为，就应当依法纳税，否则就是违法。因此，税收是国家取得财政收入和调控经济运行的理想手段。

税收的分配作用是通过税收制度这一载体实现的，在社会主义市场经济条件下，国家通过征税实现社会产品或国民收入的转移，都是通过税收制度加以规定、按照税收制度进行征管来实现的。离开了税收制度，就无法进行理想的、科学的国民收入分配。因此，税收制度是处理税收分配关系的载体，要正确处理国家同纳税人的经济分配关系，必须建立合理完善的税收制度。

2. 税收制度是实现税收作用的载体

一个国家要发挥税收的作用，包括取得财政收入，调节生产、消费、分配和不同经济成分的收入水平等，都必须制定理想的税收制度并有效率地执行税收制度，离开税收制度这一实现税收作用的载体，税收作用是无从发挥的。也就是说，税收本身作为国民收入的分配手段，必须借助税收制度这一载体，才能将其聚财和调控作用发挥出来。这是因为，不同的税制、不同的税种、不同的税负水平以及不同的征管范围，所产生的作用也不相同。例如，不同税负水平的个人所得税税制，能起到合理负担和调控贫富差距的作用；对遗产或赠与课税，能起到鼓励个人劳动致富的作用等。如果离开了制度规定，税收的这些作用就只能是一种潜在的功能，无法发挥出来。因此，税收制度是税收作用的实现形式，只有建立合理、完善的税收制度，才能更好地发挥税收所具有的作用。

3. 税收制度是税收征纳的依据

税收是通过征税主体的征收活动和纳税主体的缴纳活动实现的。征税主体在税收征纳活动中行使的税权内容是税收征管权，具体包括税收征收权、税收管理权和税收入库权；征税主体在税收征纳活动中实施的行为是征税行为，即依法将应收税款及时、足额征收入库。而纳税主体的缴纳活动也是以税收制度作为尺度进行缴纳的，双方税收征纳的依据都是税收制度。

（三）税收法律关系

1. 税收法律关系的概念

国家征税与纳税人纳税在形式上表现为利益分配关系，但经过法律明确其双方的权利与义务后，这种关系实质上已上升为一种特定的法律关系，即税收法律关系，具体是指由税法确认和保护的在国家征税机关与纳税人之间基于税法事实而形成的权利义务关系。税收法律关系中的权利和义务即构成税收法律关系的内容，包括征税主体的权力与义务和纳税主体的权利与义务两个方面。在有些时候，税收法律关系主体的权利与义务处于权义复合状态。

2. 税收法律关系的特征

（1）税收法律关系的实质是税收分配关系在法律上的表现。从财政角度看，税收是一种收入分配关系，国家取得财政收入的直接目的是实现国家的职能。税收法律关系反映并取决于税收分配关系，属于上层建筑范畴。当一种税收分配关系随着社会形态的更替而被新的税收关系所取代，必然会引起旧的税收法律关系的消灭和新的税收法律关系的产生。

（2）税收法律关系的主体一方只能是国家或国家授权的征税机关。税收法律关系实质上是纳税人与国家之间的法律关系，但由于税务机关代表国家行使税收征收管理权，税收法律关系便表现为征税机关和纳税人之间的权利义务关系。

（3）税收法律关系的主体权利义务关系具有不对等性。这是税收法律关系与民事法律关系在内容上的区别。在民事法律关系中，主体权利义务的设立与分配既完全对等又表现出直接性；在税收法律关系中，税法作为一种义务性法律规范，赋予税务机关较多的税收执法权，从而使税务机关成为权力主体，纳税人成为义务主体。这种权利与义务的不对等性是由税收无偿性和强制性的特征所决定的。但是，税收法律关系并非是一种完全单向性的支配关系，即是说，纳税人在一般情况下是义务主体，但在某些特定场合又可能转化为权利主体，不对等也不是绝对的。

（4）税收法律关系的产生以纳税人发生了税法规定的事实行为为前提。税法事实行为是产生税收法律关系的前提或依据。只要纳税人发生了税法规定的事实和行为，税收法律关系就相应产生了，征税主体就必须依法履行征税职能，纳税主体就必须依法履行纳税义务。

3. 税收法律关系的构成

税收法律关系在总体上与其他法律关系一样，都由权利主体、客体和法律关系内容三方面构成，但在三方面的内涵上，税收法律关系具有特殊性。

（1）权利主体。权利主体，即税收法律关系中享有权利和承担义务的当事人。可分为征税主体和纳税主体两类。征税主体是经过国家法定授权，代表国家行使征税职责的以税务机关为主的征税机关，包括各级税务机关、海关和财政机关；纳税主体是履行纳税义务的人，包括法人、自然人和其他组织。

在税收法律关系中，权利主体双方法律地位平等，只是因为主体双方是行政管理者与被管理者的关系，双方的权利与义务不对等，因此，与一般民事法律关系中主体双方权利和义务平等是不一样的。这是税收法律关系的一个重要特征。

（2）权利客体。权利客体，即税收法律关系的主体权利、义务共同指向的对象，也就是征税对象，包括应税的产品、财产、收入、所得、资源、行为等。税收法律关系的客体也是国家利用税收杠杆调整和控制的目标，国家在一定时期根据客观经济形势发展的需要，通过扩大和缩小征税范围、调整征税对象，以达到限制或鼓励国民经济中某些产业、行业发展的目的。

（3）税收法律关系的内容。税收法律关系的内容就是权利主体所享有的权利和所承担的义务，这是税收法律关系中最实质的东西，也是税法的灵魂。它规定权利主体可以为或不可以为的行为以及违反了这些规定须承担的法律责任。

①征税主体的权力和义务。税务机关的权力与义务更多地体现为税务机关的职权和职责，包括税务机关及其工作人员在税收征收管理中的实体法与程序法方面的权力与义务。为了代表国家行使征税权，发挥好税收筹集收入和调控经济、调节分配的职能，法律必然要赋予征税主体在税收征收管理中的具体权力，例如，税收行政立法权、税务管理权、税务检查权、税收优先权、税务处罚权等。税务机关行使的征税权是国家行政权力的有机组成部分，具有强制力和程序性，并非仅仅是一种权利资格，这种权力不能由行使机关自由放弃或转让。同时，有权力必有义务和责任，征税主体在享有法律赋予的权力之时，还必须履行法律所规定的义务和职责。必须依法征收税款，不得违反法律、法规的规定开征、停征、多征或者少征税款，提前征

收、延缓征收或者摊派税款；必须严格按照法定权限和程序实施税收征管，不得违反法律、法规的规定滥用权力，不得侵害纳税人的合法权益。职权与职责必须对等，征税主体的权力是税法有效实施的保障，征税主体的义务是其实施权力的必然要求，也是纳税主体行使权利和履行义务的重要保证，征税主体在享有国家权力的同时必须履行义务，承担相应的责任。

②纳税主体的权利和义务。此处所谓“纳税主体”，包括纳税人和扣缴义务人。法律、法规规定负有纳税义务的单位和个人为纳税人。法律、行政法规规定负有代扣代缴、代收代缴税款义务的单位和个人为扣缴义务人。纳税主体的权利有广义和狭义之分。广义的纳税主体的权利包括自然权利和税收法律关系中的权利。此处所指纳税主体的权利采取狭义概念，即纳税主体在税收法律关系中所享有的权利，既包括实体法方面的权利，也包括程序法方面的权利。同样，纳税人的义务也有广义（包括所有法律意义上的义务）和狭义（仅指税收法律关系中的义务）之分，这里采取狭义概念。我国税法规定，纳税主体在享有法律赋予的知情权、保密权、依法申请税收优惠权、依法申请延期申报纳税权、税收救济权、税收监督权等权利的同时，也必须履行法律所规定的依法诚信纳税、接受税务管理和税务检查等方面的义务。

（四）税制改革

新中国成立60年来，税制改革稳步推进。尤其是改革开放后，我国加快了税收制度的建设。新中国的税收制度先后经历了5次重大改革。

1. 1950年建立新税制

1950年1月30日，中央人民政府政务院通令公布《关于统一全国税政的决定》和《全国税政实施要则》，规定全国一共设立14种税收，即货物税、工商业税、盐税、关税、薪给报酬所得税、存款利息所得税、印花税、遗产税、交易税、屠宰税、房产税、地产税、特种消费行为税和使用牌照税，同时将《货物税暂行条例》和《工商业税暂行条例》公布施行。此后，政务院陆续公布《印花税暂行条例》、《屠宰税暂行条例》、《利息所得税暂行条例》、《特种消费行为税暂行条例》和《中华人民共和国海关进出口税则》。盐税实行统一盐税税额办法，但是没有制定完整、统一的法规。除了上述税种以外的其他税种，由省、市或者大行政区根据习惯拟定办法，报经大行政区或者中央批准以后征收（当时主要有农业税、牧业税和契税，其中牧业税始终没有全国统一立法）。

在执行中，税制作了一些调整。例如，增加契税、船舶吨税和文化娱乐税为全国性税种，公布了《契税暂行条例》（从20世纪50年代中期以后基本停征）和《船舶吨税暂行办法》；将房产税和地产税合并为城市房地产税，公布了《城市房地产税暂行条例》；将特种消费行为税改为文化娱乐税，公布了《文化娱乐税条例》，部分税目并入工商业税；将使用牌照税确定为车船使用牌照税，公布了《车船使用牌照税暂行条例》；试行商品流通税；将交易税确定为牲畜交易税，但是没有全国统一立法；薪给报酬所得税和遗产税始终没有开征。

总的来说，从1950年到1957年，中国根据当时的政治、经济状况，在清理旧税制的基础上，建立了一套以多种税、多次征为特征的复合税制。这套新税制的建立和实施，对于保障财政收入，稳定经济，保证革命战争的胜利，实现国家财政经济状况的根本好转，促进国民经济的恢复和发展，配合国家对农业、手工业和资本主义工商业的社会主义改造，建立、巩固和发展社会主义经济制度，发挥了重要的作用。

2. 1958 年、1973 年简化税制

1958 年税制改革的主要内容是将货物税、商品流通税、印花税和工商业税中的营业税部分简并为工商统一税。同年 9 月 11 日，第一届全国人民代表大会常务委员会第 101 次会议原则通过《中华人民共和国工商统一税条例（草案）》，9 月 13 日由国务院公布试行。至此，中国的税制一共设立 14 种税收，即工商统一税、盐税、关税、工商所得税、利息所得税（1959 年停征）、城市房地产税、契税、车船使用牌照税、船舶吨税、屠宰税（2006 年停征）、牲畜交易税、文化娱乐税（1966 年停征）、农业税（1958 年由全国人民代表大会常务委员会立法，2006 年停征）和牧业税。

1962 年，为了配合加强集贸市场管理，开征了集市交易税，1966 年以后各地基本停征。1973 年，将国营企业和集体企业缴纳的工商统一税及其附加、城市房地产税、车船使用牌照税、盐税和屠宰税合并为工商税（盐税暂时按照原来的办法征收）。1972 年 3 月 30 日，国务院批转财政部报送的《关于扩大改革工商税制试点的报告》，附发《中华人民共和国工商税条例（草案）》，1972 年扩大试点，1973 年全面试行。至此，中国的税制一共设立 13 种税收，即工商税、工商统一税（工商税开征以后此税基本停征）、关税、工商所得税、城市房地产税、契税、车船使用牌照税、船舶吨税、屠宰税、牲畜交易税、集市交易税、农业税和牧业税。

总的来看，从 1958 年到 1978 年的 20 年间，由于“左”的指导思想的作用和受苏联经济理论、财税制度的某些影响，中国的税制建设受到了极大的干扰。税制几经变革，走的都是一条片面简化的路子。同时，税务机构被大量撤并，大批税务人员被迫下放、改行。结果是，税种越来越少，税制越来越简单，从而大大地缩小了税收在经济领域中的活动范围和在社会政治、经济生活中的影响，严重地妨碍了税收职能作用的发挥。

3. 国营企业“利改税”和全面改革税收制度

1983 年，国务院决定在全国试行国营企业“利改税”，即将新中国成立以后实行了 30 多年的国营企业向国家上缴利润的制度改为缴纳企业所得税的制度，并取得了初步的成功。经全国人民代表大会及其常务委员会的批准，1984 年 9 月 18 日，国务院批转财政部报送的《关于国营企业推行利改税第二步改革的报告》和《国营企业第二步利改税试行办法》，发布了《中华人民共和国产品税条例（草案）》、《中华人民共和国增值税条例（草案）》、《中华人民共和国营业税条例（草案）》、《中华人民共和国盐税条例（草案）》、《中华人民共和国资源税条例（草案）》、《中华人民共和国国营企业所得税条例（草案）》6 个税收条例（草案）和《国营企业调节税征收办法》，均自 1984 年 10 月 1 日起施行。此后，国务院陆续发布关于征收集体企业所得税、私营企业所得税、城乡个体工商业户所得税、个人收入调节税、国营企业奖金税（1984 年发布，1985 年修订发布）、集体企业奖金税、事业单位奖金税、国营企业工资调节税、房产税、城镇土地使用税、耕地占用税、车船使用税、印花税、城市维护建设税、固定资产投资方向调节税（其前身为 1983 年开征的建筑税）和筵席税的行政法规，并决定开征特别消费税。1991 年，全国人民代表大会将中外合资企业所得税法与外国企业所得税法合并为外商投资企业和外国企业所得税法。

到 1993 年底，中国的税制一共设立 37 种税收，即产品税、增值税、盐税、特别消费税、烧油特别税、营业税、工商统一税、关税、国营企业所得税、国营企业调节税、集体企业所得

税、私营企业所得税、外商投资企业和外国企业所得税、个人所得税、城乡个体工商业户所得税、个人收入调节税、国营企业奖金税、集体企业奖金税、事业单位奖金税、国营企业工资调节税、房产税、城市房地产税、城镇土地使用税、耕地占用税、契税、资源税、车船使用税、车船使用牌照税、印花税、城市维护建设税、固定资产投资方向调节税、屠宰税、筵席税、牲畜交易税、集市交易税、农业税和牧业税。

从 1978 年到 1993 年，随着经济的发展和改革的深入，中国对税制改革进行了全面的探索，改革逐步深入，取得了很大的进展，初步建成了一套内外有别的，以货物和劳务税、所得税为主体，财产税和其他税收相配合的新的税制体系，大体上适应了中国经济体制改革起步阶段的经济状况，税收的职能作用得以全面加强，税收收入持续稳定增长，宏观调控作用明显增强，对于贯彻国家的经济政策，调节生产、分配和消费，起到了积极的作用。

4. 1994 年税制改革

1994 年税制改革的主要内容是：第一，全面改革货物和劳务税制，实行以比较规范的增值税为主体，消费税、营业税并行，内外统一的货物和劳务税制。第二，改革企业所得税制，将过去对国有企业、集体企业和私营企业分别征收的多种企业所得税合并为统一的企业所得税。第三，改革个人所得税制，将过去对外国人征收的个人所得税、对中国人征收的个人收入调节税和城乡个体工商业户所得税合并为统一的个人所得税。第四，大幅度调整其他税收，如扩大资源税的征收范围，开征土地增值税，取消盐税、烧油特别税、集市交易税等 12 个税种，并将屠宰税、筵席税的管理权下放到省级地方政府，新设了遗产税、证券交易税（这两种税后来没有立法开征）。

1993 年 10 月 31 日，全国人民代表大会常务委员会公布《关于修改〈中华人民共和国个人所得税法〉的决定》。12 月 13 日，国务院发布《中华人民共和国增值税暂行条例》、《中华人民共和国消费税暂行条例》、《中华人民共和国营业税暂行条例》、《中华人民共和国企业所得税暂行条例》和《中华人民共和国土地增值税暂行条例》。12 月 25 日，国务院批转国家税务总局报送的《工商税制改革实施方案》，发布《中华人民共和国资源税暂行条例》。12 月 29 日，全国人民代表大会常务委员会公布《关于外商投资企业和外国企业适用增值税、消费税、营业税等税收暂行条例的决定》。1994 年 1 月 23 日，国务院发出《关于取消集市交易税、牲畜交易税、烧油特别税、奖金税、工资调节税和将屠宰税、筵席税下放给地方管理的通知》。

此后到 2000 年期间，全国人民代表大会常务委员会修改了个人所得税法，国务院陆续改革了农业特产农业税制度，修改了契税暂行条例，发布了车辆购置税暂行条例，并从 2000 年开始进行农村税费改革的试点，暂停征收固定资产方向投资调节税。

1994 年税制改革是新中国成立以来规模最大、范围最广、内容最深刻的一次税制改革，改革方案是在中国改革开放以后税制改革的基础上，经过多年的理论研究和实践探索，积极借鉴外国税制建设的成功经验，结合中国的国情制订的，推行以后从总体上看取得了很大的成功。经过这次税制改革和后来的逐步完善，到 20 世纪末，中国初步建立了适应社会主义市场经济体制需要的税收制度，在保证财政收入，加强宏观调控，深化改革，扩大开放，促进经济与社会的发展等方面，起到了重要的作用。

5. 2001 年以后的税制改革

2001 年以后，中国继续完善税制，分步实施了下列重大改革：

（1）逐步推行农村税费改革。2005 年，全国人民代表大会常务委员会决定从 2006 年起取消农业税；从 2005 年到 2006 年，国务院先后取消牧业税和屠宰税，对过去征收农业特产农业税的烟叶产品改征烟叶税。

（2）完善货物和劳务税制。2001 年，结合交通和车辆税费改革开征车辆购置税。2003 年，国务院公布新的关税条例，自 2004 年起施行。2008 年，国务院修订增值税暂行条例、消费税暂行条例和营业税暂行条例，初步实现增值税从“生产型”向“消费型”的转变，结合成品油税费改革调整消费税，自 2009 年起施行。

（3）完善所得税制。从 2005 年到 2007 年，全国人民代表大会常务委员会先后 3 次修改个人所得税法。2007 年，全国人民代表大会将过去对内资企业和外资企业分别征收的企业所得税合并为统一的企业所得税，自 2008 年起施行。

（4）完善财产税制。从 2006 年到 2009 年，国务院先后将车船使用税与车船使用牌照税合并为车船税，自 2007 年起施行；修改城镇土地使用税暂行条例和耕地占用税暂行条例，将对内征收的城镇土地使用税和耕地占用税分别改为内外统一征收，分别自 2007 年和 2008 年起施行；取消城市房地产税，将对内征收的房产税改为内外统一征收，自 2009 年起施行。经国务院批准，财政部、国家税务总局陆续调整原油、天然气、煤炭、盐、大理石、铜矿石和磷矿石等若干类资源产品的资源税税额标准。

此外，将船舶吨税重新纳入财政预算管理，取消了筵席税，不再提及开征遗产税和证券交易税。

通过这些改革，中国的税制进一步简化、规范，税负更加公平，宏观调控作用增强，在促进经济持续快速增长的基础上实现了税收的连年大幅度增长。

（五）现行税制体系

中国现行税制基本上是在 1994 年的全面、结构性税制改革的基础上建立起来的，近十年来有许多完善税制的重要措施，但未作全面性的重大改革。多年来的实践充分证明，它在“统一税法，公平税负，简化税制，合理分权，理顺分配关系”和强化中央宏观调控力量，体现产业政策、贯彻国家战略决策方面取得了突破性进展，有力地促进了整个经济体制的市场化改革，特别是促进了国有企业经营机制转换和统一、开放、竞争、有序的市场体系的建立；推动了经济结构的调整优化、对外开放新格局的形成和国民经济的持续快速健康发展；保持了税收政策的连续性和税收收入的连年大幅度增长，也改善了依法治税的环境。总之，现行税制适应了社会主义市场经济体制框架建设阶段的情况，作出了重大的历史贡献。

中国现行税制经过几次修订或取消之后，目前一共设立 16 种税收，即增值税、消费税、营业税、关税、企业所得税、个人所得税、土地增值税、房产税、城镇土地使用税、耕地占用税、契税、资源税、车船税、船舶吨税、印花税和城市维护建设税。

对上述 16 种税，按照性质可划分为以下几类：

（1）流转税类，包括增值税、消费税、营业税和关税 4 种税。这些税种通常是在生产、流通或者服务中，按照纳税人取得的销售收入或者营业收入征收的。

（2）所得税类，包括企业所得税和个人所得税。这两个税种是按照生产、经营者取得的利润或者个人取得的收入征收的。

（3）资源税类，包括资源税和城镇土地使用税。这些税种是对从事资源开发或者使用城镇土地者征收的，可以体现国有资源的有偿使用，并对纳税人取得的资源级差收入进行调节。

（4）特定目的行为税类。包括城市维护建设税、印花税、耕地占用税和土地增值税 4 种税。这些税种是为了达到特定目的，对特定对象进行调节而设置的。

（5）财产税类，包括房产税、契税、车船税和船舶吨税等。主要是对某些财产和行为发挥调节作用。

能力点

一、税制的构成要素

一国的税收制度由纳税人、课税对象、税率、纳税环节、纳税期限、税收优惠和违章处罚等基本要素组成，是国家向纳税人课征税款的法律依据和工作规程。

1. 纳税人

纳税人是指税法所规定的直接负有纳税义务的单位和个人，纳税义务人可以是法人，也可以是自然人。纳税人作为纳税的主体，指明了对谁课税的问题。纳税人依法承担纳税义务，在不能完整执行纳税义务时，会受到税法的制裁。

纳税人不一定是负税人。负税人一般是指最终和实际承担税收负担的人——法人或自然人。所以，当纳税人纳税后通过各种方式又将税款转移给他人时，纳税人就不是真实负税人，只有当纳税人无法转移税款、自己承担了全部负担时，纳税人才等于负税人。

大部分税收的征收方式是纳税人自己直接向税务机关缴纳税款，但也有一部分税收是通过源泉扣缴的方式，由扣缴义务人按照税法规定对纳税义务人实行代扣代缴税款的。如我国对证券交易印花税就实行由证券交易所代扣代缴的办法，个人所得税的部分所得也实行源泉扣缴的办法。

2. 课税对象

课税对象也称课税客体，是指课税的目的物。课税对象解决了对什么东西课税的问题。每一种税都必须明确规定具体的征税对象，征税对象在法律上的确定，是各个不同税种相互区别的主要标志，决定了不同课税对象之间在质上的差别。

按照课税对象的性质，税收通常被分为三大类，即对流转额课税、对所得额课税和对财产额课税。

（1）对流转额课税。对流转额课税，也称流转税，是指对商品流转额和非商品流转额如营业额、交易收入额、劳务收入额等的课税。流转税的基本特点是以商品流转额和非商品流转额作为课税依据，在生产、经营和服务收入环节征收，因而不受生产、经营和劳务服务成本的影响。我国的流转税种主要有：增值税、营业税、消费税、资源税、城市维护建设税、关税、印花税等。

（2）对所得额课税。对所得额课税，也称所得税，是指以各种纯收益或总收益额包括投资收益、工薪所得、交易所得、劳务费收入以及其他收益或所得所课征的税收。对纳税人应税所得的课税，有利于调节国家、企业、个人之间的收入分配关系。所得税的基本特点是以纳税人的纯收入或净收入为课税对象，因而有利于兼顾纳税人的负担能力，贯彻“量力负担”的原则。例如，我国现行的企业所得税和个人所得税等。

（3）对财产额课税。对财产额课税，也称财产税，是指以纳税人具有的财产数量或财产价值额为课征对象的税种。财产税的基本特点是课税直接与纳税人拥有的财产数量和财产价值相关联，便于公平分配、缓解收入悬殊的状况。如房产税、车船税、船舶吨税等。

我国对税收的分类，除上述三大类外，还有对资源课税（称资源税）和对特定行为课税（称行为税）的其他分类方法。

3. 税率

税率是税法规定的课税金额与课税对象之间的比例。在明确了对谁课税和对什么东西课税以后，就要解决征多少税的问题。税率作为计算应纳税额的尺度和标准，其高低直接关系到纳税人的税收负担，关系到国家财政收入的多少，税收对国民经济运行状况的调节也经常通过调整税率来发挥作用。所以税率是一国税收制度中非常重要的构成要素。税率经常分为比例税率、定额税率和累进税率。

（1）比例税率。比例税率是指税额与征税对象按同一比例增长的税率。比例税率较多地用于对商品和劳务的课征。在比例税下，不管商品流转额和非商品流转额的大小，由于课税比例不变，因而税收负担不变，有利于商品流通的扩大。同时，比例税率简便易行，便于税收的征、缴工作。

（2）定额税率。定额税率是指按单位课税对象直接规定一个固定的税额，不采用百分制的形式。从量定额征收的定额税率可以在税负上实行一定的幅度，如车船使用牌照税就对不同的车辆和不同吨位的船舶课以不同的税额。

（3）累进税率。累进税率是指按照课税对象数额的大小，规定不同等级的税率，征税对象的数额越大，课征的税率就越高，反之适用的税率就较低。累进税率通常适用于对所得额、收益额和财产额的征收。累进税率又可分为全额累进和差额累进两种不同程度的累进方式。其中，全额累进税率下，随着课税对象数量的增加、应税数额达到新的一级税率级距时，就其增加以后的征税对象的全额适用各该级距的新税率，所以全额累进税率的累进程度比较急剧，税收负担较重。差额累进税率下，随着课税对象数量的增加、应税数额在达到新的一级税率级距时，仍就征税对象数额各个级距所适用的不同税率，包括原课税数额适用的原有税率和新增课税数额应适用的各个新税率，分别适用在不同级距上的各个税率予以计算应税额。显然，差额累进税率的累进程度比全额累进税率缓和，税收负担相对较轻。

作为累进税率制的反向或是作为累进税率制的一种特例，税收理论和税收实践中还存在累退税率的情况，即随着课税对象数额的增加，课税数额反而逐渐减少，税收负担随着课税对象数额的增加不断减轻的课税制度。如果说累进税制反映了“公平税收、量力负担”的税收原则的话，那么，累退税制就是贯彻了“经济效率”的原则。因为，从经济效率上讲，随着生产规模的发展，经营收入会出现“递减”，税率累退是适应“收入递减”规律的需要。

4. 纳税环节

纳税环节是指在商品流通和非商品的劳务或其他交易过程中，税收应在哪些环节和多少环节予以课征的点，或者说是关节。在上述各税制要素分别解决了对谁课税，对什么东西课税以及征多少税之后，纳税环节要解决在哪里征税的问题。纳税环节的多少和选择可以分为不同的课税制度：同一种税只在一个环节课征税收的，称为“一次课征制”；同一种税在两个或两个以上环节课征税收，或同种性质不同税种对同一种收入课以税收的，称为“多次课征制”。纳税环节的多少及其具体环节的选择，不仅关系到国家财政收入水平，而且会影响纳税人的经济行为和纳税积极性，影响商品流通和经济运行的轨迹。

5. 纳税期限

纳税期限是指纳税人应依法缴纳税款的时间界限或期间。作为税法中的一项义务性规范，每个税种都要明确规定其税款缴入国库的最后时间界限，以期保证国家财政收入的安全可靠和及时按期入库。由于各税种的特性不同，因而各税法所规定的税款缴纳入库的时间要求也有所不同，一般可分为按期纳税制和按次纳税制两种情况。按期纳税制要求税款入库以时间为单位，如应税行为发生后的1天内、3天内、5天内、10天内、15天内、1个月内等为一个纳税期间。过期被视为滞纳而将被处以罚金或其他处罚。按次纳税制则要求税款入库以应税行为发生的次数为单位，每发生一次应税行为，纳税人就必须依法缴纳一次相应的税款。例如，进口商品缴纳的关税一般以每进口一次为一个税款缴纳期限，牲畜交易税等是在应税行为发生以后按此缴纳税款。

6. 税收优惠

税收优惠是指税法规定对纳税人某些特殊的应税行为，给予特殊的税收待遇或税收调节手段，以达到降低税收负担、鼓励纳税人积极开展生产经营活动、扩大商品流通、改善劳务服务的目的。税收优惠政策通常有免税、减税、起征点和免征额等。

（1）免税。免税是指完全免除纳税人的应税额负担，“纳税人”变成了“纳税自由人”。

（2）减税。减税是指部分免除纳税人的应纳税额，减轻纳税人原有的应税负担，“全额纳税人”变成了“部分自由人”，有利于纳税人在更有利的外部环境下进行其经济行为。减免税可分为法定减免、特定减免和临时减免等几种情况。应当指出，减免税作为一种临时、补充、调节的税收手段，必须在税法规定的范围内适当运用，并且运用的广度和深度必须在中央财政的统一部署下进行，各部门、各地区应有比较统一的标准。否则，各部门和各地区出于本位主义的考虑，很有可能随意给予减免，其结果是减免税不规范、税收制度不统一、税收负担不均衡，破坏了税法的严肃性。

（3）起征点。起征点是指征税对象达到征税数额、开始征税的界点。显然，课税对象的数额若未达到税法所规定的数量标准时不予课税，而一旦课税对象的数额达到了税法所规定的数量标准，就对应税额对象的全部数额适用相应税率、予以全额征收。如营业税对一些较小规模的零售商给予起征点的税收照顾。即：按月纳税的起征点为月营业额200～800元，按次纳税的起征点为每次（日）营业额50元。纳税人营业额没有超过起征点的收入，免于征收营业税。

（4）免征额。免征额是指税法给予纳税人的应税所得以一定数额的免税待遇，当纳税人应税额尚未超过一定数额时不予征税，但即使纳税人的应税额所得已经达到了应予课税的数额标准，也仅就其超过各该课税标准以上的超出部分适用相应税率，予以超额征收。如个人所得税规定个人收入每月免征2 000元，只有当个人月收入超过2 000元时，就其2 000元以上的部分予以课征个人所得税。一般来说，起征点和免税额的运用是为了照顾一些经营规模较小、收入较少、为保证基本生产经营活动和基本生活需要而纳税有困难的纳税人。

7. 违章处罚

违章处罚是指税法对纳税人未按税法规定及时足额交纳税款、未履行纳税义务的行为，如欠税、漏税、偷税和抗税等，予以依法处理而采取的各种措施。如加收滞纳金、处以罚款、其他行政处分和送交人民法院依法查处等。税收的违章处罚体现了税收具有强制性的特征，也是税收法令能够得到迅速、有效贯彻执行的保证。

以上各个税收要素构成了税收制度的各个要件，各要素分别解决不同的问题，达到不同的税收目的。作为税收制度，除了各税收要素之外，还必须具有税收的法律形式，包括税法、税收条例、施行细则和征收管理的办法等。

二、税收征收管理机关和征管税种

我国税收征收管理机关有国家税务局、地方税务局和海关。

1. 国税征收的项目

（1）增值税。

（2）消费税。

（3）海关代征的增值税、消费税、直接对台贸易调节税。

（4）企业所得税（中央企业所得税，铁道部门、各银行总行、各保险总公司、外资银行、地方银行及非银行金融企业所得税）。

（5）铁道、银行、保险公司集中缴纳的营业税、城市维护建设税和教育费附加。

（6）证券交易税（未开征前暂征收证券交易印花税）。

（7）对境内外商投资企业和外国企业的各项税收和海外人员（含华侨、港澳同胞）的个人所得税。

（8）海洋石油资源开发的各项税收。

（9）出口产品退税。

（10）个体户和集贸市场的增值税和消费税。

（11）中央税和共享税滞纳补税罚款收入。

（12）储蓄存款利息所得税。

2. 地税征收的项目

（1）营业税。

（2）个人所得税。

（3）土地增值税。

（4）城市维护建设税。

（5）车船税。

（6）房产税。

（7）资源税。

（8）城镇土地使用税。

（9）地方企业所得税。

（10）印花税。

（11）地方税的滞补罚收入。

（12）地方营业税附征的教育费附加。

（13）烟叶税。

3. 海关征收的项目

（1）进出口关税。

（2）对入境旅客行李物品和个人邮递物品征收的进口关税。

（3）委托代征的进口环节消费税、增值税和船舶吨税。

4. 中央地方共享税

中央地方共享税即由中央和地方共同管理和使用的税种。具体来说，中央地方共享税包括下列税种：

（1）增值税（不含进口环节由海关代征的部分）：中央政府分享75%，地方政府分享25%。

（2）营业税：铁道部、各银行总行、各保险总公司集中缴纳的部分归中央政府，其余部分归地方政府。

（3）企业所得税：铁道部、各银行总行及海洋石油企业缴纳的部分归中央政府，其余部分中央与地方政府按60%与40%的比例分享。

（4）个人所得税：除储蓄存款利息所得的个人所得税外，其余部分的分享比例与企业所得税相同。

（5）资源税：海洋石油企业缴纳的部分归中央政府，其余部分归地方政府。

（6）城市维护建设税：铁道部、各银行总行、各保险总公司集中缴纳的部分归中央政府，其余部分归地方政府。

（7）印花税：证券交易印花税收入的94%归中央政府，其余6%和其他印花税收入归地方政府。

三、习题训练

（一）单项选择题

1. 我国对税法主体—方纳税人的确定采取的是（　　）。

A. 属人原则　　B. 属地原则

C. 属地兼属人原则　　D. 属人或属地原则

2. 税收法律关系的产生、变更与消灭是由（　　）来决定的。

A. 税收法律事实　　B. 权利主体

C. 权利客体　　D. 税收法律关系内容

3. 目前采用超率累进税率的税种是（　　）。

A. 个人所得税　　B. 城市维护建设税

C. 土地增值税　　D. 契税

4. 按照税法职能作用的不同，可以将税法分成（　　）。

A. 税收基本法与税收普通法　　B. 税收实体法与税收程序法

C. 国际税法与国内税法　　D. 中央税法与地方税法

5.《税收征收管理法实施细则》是由（　　）制定颁布实施的。
A. 全国人民代表大会　　B. 人大授权国务院
C. 国务院　　D. 财政部
6. 税收管理体制的核心内容是（　　）。
A. 税权的划分　　B. 事权的划分
C. 财权的划分　　D. 收入的划分
7. 下列税种中，纳税人不是负担税款的单位和个人的有（　　）。
A. 房产税　　B. 个人所得税
C. 企业所得税　　D. 营业税
8. 下列属于资源税类的税种有（　　）。
A. 房产税　　B. 城镇土地使用税
C. 城市维护建设税　　D. 车辆购置税
9. 外商投资企业和外国企业、外籍个人适用的税法有（　　）。
A. 城镇土地使用税　　B. 房产税
C. 土地增值税　　D. 车船使用税
10. 下列各项中不属于我国税收立法原则的是（　　）。
A. 公平原则　　B. 从实际出发原则
C. 民主决策原则　　D. 效率原则

（二）多项选择题

1. 税收的实质是国家为了行使其职能取得财政收入的一种方式，它的特征主要表现在（　　）等三个方面。
A. 有偿性　　B. 固定性
C. 强制性　　D. 无偿性
2. 代表国家行使征税职责的机关包括（　　）。
A. 税务机关　　B. 工商管理机关
C. 海关　　D. 财政机关
3. 下列各项中，有权制定税收规章的税务主管机关有（　　）。
A. 国家税务总局　　B. 财政部
C. 国务院办公厅　　D. 海关总署
4. 在现行税法体系中，属于人大制定的税收实体法是（　　）。
A. 增值税暂行条例　　B. 外商投资企业和外国企业所得税法
C. 税收征收管理法　　D. 个人所得税法
5. 在税收执法过程中，对其适用性或法律效力的判断上，一般按（　　）等原则掌握。
A. 层次高的法律优于层次低的法律
B. 同一层次的法律中，特别法优于普通法
C. 国际法优于国内法
D. 实体法从旧，程序法从新

6. 在下列税种中，可以由财政机关负责征收的是（　　）。

A. 农业税　　B. 牧业税

C. 契税　　D. 耕地占用税

7. 下列选项中，属于按税法的基本内容和效力的不同进行分类的有（　　）。

A. 税收基本法　　B. 税收实体法

C. 税收普通法　　D. 税收程序法

8. 税收管理权限包括（　　）。

A. 税收执法权　　B. 税收立法权

C. 税务机关的设置　　D. 税种的分类

9. 下列各项目中，属于我国税收法律关系权力主体的是（　　）。

A. 海关　　B. 各级人民政府

C. 财政机关　　D. 各级税务机关

10. 下列属于中央和地方共享收入的税收有（　　）。

A. 印花税　　B. 增值税

C. 营业税　　D. 企业所得税

（三）判断题

1. 作为税收法律关系的一个重要特征，在税收法律关系中权利主体双方在法律地位上是不对等的。（　　）

2. 由于税收法律关系的权利主体双方在权利与义务上不对等，所以对税收法律关系的保护是指对征税机关的保护，而不是指对纳税人的保护。（　　）

3. 当税法的某些规范同民法的规范基本相同时，税法一般沿用民法条款；当涉及税收征纳关系的问题时，一般应以税法的规范为准则。（　　）

4. 对企业所得税、外商投资企业和外国企业所得税的税收收入，目前是中央分享60%，地方分享40%。（　　）

5. 尽管税收法律、法规和规章的制定机关不同，但它们的法律效力是相同的。（　　）

6. 由国务院发布实施的地方性税种暂行条例，可由省、自治区、直辖市人民政府根据条例制定实施细则。（　　）

7. 我国现行个人所得税由地方税务局负责征收管理。（　　）

8. 税法实施中，程序法从新，实体法从旧。（　　）

9. 我国税收立法权一律集中在中央，地方不享有立法权。（　　）

10. 证券交易的印花税收入归中央政府，其余印花税归地方政府。（　　）

项目二　增值税的纳税申报

学习目标

1. 了解增值税的历史。
2. 熟悉增值税的概念。
3. 掌握增值税的征税范围。
4. 掌握增值税应纳税额的计算。
5. 掌握几种经营行为的税务处理。

税收小贴士

增值税转型改革的主要内容

2008 年 11 月 5 日，国务院第 34 次常务会议决定自 2009 年 1 月 1 日起在全国范围内实施增值税转型改革。这标志着我国增值税改革向前迈出了重要一步，必将对我国宏观经济发展产生积极而深远的影响。

在对货物和劳务普遍征收增值税的前提下，根据对外购固定资产所含税金扣除方式的不同，增值税分为生产型、收入型和消费型三种类型。目前世界上 140 多个实行增值税的国家中，绝大多数国家实行消费型增值税。

我国增值税对销售、进口货物以及提供加工、修理修配劳务的单位和个人征收，覆盖了货物的生产、批发和零售各环节，涉及众多行业。1994 年税制改革以来，我国一直实行生产型增值税。所谓增值税转型，是指从生产型增值税转变为消费型增值税。根据国务院常务会议精神，这次增值税转型改革的主要内容包括以下几个方面：

（1）自 2009 年 1 月 1 日起，全国所有增值税一般纳税人新购进设备所含的进项税额可以计算抵扣。

（2）购进的应征消费税的小汽车、摩托车和游艇不得抵扣进项税。

（3）取消进口设备增值税免税政策和外商投资企业采购国产设备增值税退税政策。

（4）小规模纳税人征收率降低为 3%。

（5）将矿产品增值税税率从 13% 恢复到 17%。

知识点

一、增值税的纳税人

（一）增值税

增值税指以销售货物、提供加工、修理修配劳务以及进口货物取得的增值额为征税对象的一种税。

从计税原理上说，增值税是对商品生产、流通、劳务服务中多个环节的新增价值或商品的附加值征收的一种流转税。增值税实行价外税，也就是由消费者负担，有增值才征税，没增值不征税，但在实际中，商品新增价值或附加值在生产和流通过程中是很难准确计算的。因此，我国也采用国际上普遍采用的税款抵扣的办法，即根据销售商品或劳务的销售额，按规定的税率计算出销项税额，然后扣除取得该商品或劳务时所支付的增值税款，也就是进项税额，其差额就是增值部分应交的税额，这种计算方法体现了按增值因素计税的原则。

根据《增值税暂行条例》的规定，凡在中华人民共和国境内销售货物或者提供加工、修理修配劳务以及进口货物的单位和个人，为增值税的纳税义务人。

（二）增值税转型

所谓增值税转型，就是将中国现行的生产型增值税转为消费型增值税。在现行的生产型增值税税制下，企业所购买的固定资产所包含的增值税税金，不允许税前扣除。而如果实行消费型增值税，则意味着这部分税金可以在税前抵扣。世界上采用增值税税制的绝大多数市场经济国家，实行的都是消费型增值税。因为它有利于企业进行设备更新改造，所以颇受企业的欢迎。

目前，世界上绝大多数征收增值税的国家都实行消费型增值税，只有我国和印度尼西亚等国家实行生产型增值税。从满足财政收入的需要来看，生产型增值税因进项税额扣除的范围小，税基较大，在税率相同的条件下，比消费型增值税能取得更多的财政收入，但它也存在一些缺陷：

（1）纳税人购进固定资产所含的税款不予抵扣，造成了谁投资谁就要纳税，不利于鼓励投资。

（2）资本有机构成不同的企业之间税负不平衡、不公平，特别是高新技术产业和基础产业固定资产投资比重大，税收负担重，不利于产业政策的实施。

另外，对进口国内不能生产的先进设备可以免税，而国内生产的设备所含税款不能抵扣，也影响内资企业的竞争能力。

为消除重复征税因素、刺激投资、拉动内需并推动经济结构的战略性调整，自 2004 年 7 月 1 日起，国家对东北地区的装备制造业等八大行业实施了增值税转型试点，并通过采取投资过快增长行业暂不纳入试点范围和实行增量抵扣等办法，较好地解决了部分行业过热和财政减收两个突出问题。2008 年 11 月 5 日，国务院总理温家宝主持召开国务院常务会议，研究部署进一步扩大内需、促进经济平稳较快增长的措施时要求在全国所有地区、所有行业全面实施增值税转型改革，鼓励企业技术改造，这将为企业减轻1 200亿元的负担。2008年12月19日，为推进增值税制度完善，促进国民经济平稳较快发展，国务院决定，自2009年1月1日起，在全国实施增值税转型改革，即《财政部、国家税务总局关于全国实施增值税转型改革若干问题的通知》（财税〔2008〕170号）。增值税转型其实是给企业减负，导向上是鼓励企业设备更新和技术升级，有利于提高企业整体竞争力。

（三）增值税的纳税义务人

根据《增值税暂行条例》规定，在中华人民共和国境内销售货物或者提供加工、修理修配劳务以及进口货物的单位和个人为增值税的纳税人。具体包括以下几类：

（1）单位。一切从事销售或进口货物，提供应税劳务的单位均为增值税的纳税人。包括国有企业、集体企业、私有企业、股份制企业、其他企业和行政单位、事业单位、军事单位、社会团体和其他单位。

（2）个人。凡从事货物销售或进口，提供应税劳务的个人均是增值税的纳税人。包括个体经营者和其他个人。

（3）外商投资企业和外国企业。

（4）承租人和承包人。

（5）扣缴义务人。境外的单位和个人在境内销售应税劳务而在境内未设经营机构的，其纳税款以代理人为扣缴义务人；没有代理人的，以购买者为扣缴义务人。

（四）一般纳税人和小规模纳税人的认定

由于增值税实行凭增值税专用发票抵扣税款的制度，因此对纳税人的会计核算水平要求较高，要求能够准确核算销项税额、进项税额和应纳税额。但实际情况是有众多的纳税人达不到这一要求，因此《中华人民共和国增值税暂行条例》将纳税人按其经营规模大小以及会计核算是否健全划分为一般纳税人和小规模纳税人。具体划分标准为：

（1）小规模纳税人的认定。2008年颁布的增值税暂行条例实施细则第二十八条规定："条例第十一条所称小规模纳税人的标准为：①从事货物生产或者提供应税劳务的纳税人，以及以从事货物生产或者提供应税劳务为主，并兼营货物批发或者零售的纳税人，年应征增值税销售额在50万元以下（含本数，下同）的。②除本条第一款第①项规定以外的纳税人，年应税销售额在80万元以下的；纳税人的年货物生产或者提供应税劳务的销售额占年应税销售额的比重在50%以上。③年应税销售额超过小规模纳税人标准的其他个人按小规模纳税人进行申报纳税；非企业性单位、不经常发生应税行为的企业可选择按小规模纳税人纳税。"

小规模纳税人增值税率一律调至3%。

小规模纳税人不得抵扣进项税额。

（2）一般纳税人是指年应征增值税销售额（以下简称年应税销售额，包括一个公历年度内的全部应税销售额）超过财政部规定的小规模纳税人标准的企业和企业性单位。

凡具备以下条件之一的企业，均可申请认定为增值税一般纳税人：

开业满一年的企业，应符合以下条件：

a. 年增值税销售额（包括出口销售额和免税销售额，以下简称年应税销售额）达到或超过以下规定标准：

①工业企业年应税销售额在 50 万元以上；

②商业企业年应税销售额在 80 万元以上。

b. 新办企业自开办之日起一个月内，符合以下条件的，可申请办理一般纳税人的认定手续。经税务机关测算预计年应税销售额超过小规模企业标准的，可暂认定为一般纳税人，暂认定期最长为一年（自批准之月起满 12 个月计算）。

新办企业申请增值税一般纳税人的基本条件：实收资本 500 万元人民币。

申请人须提供以下资料：

①银行开户证明；

②特种转账贷方凭证（与银行开户通知单账号一致）及入资单；

③房屋租赁协议、产权证（产权单位与租赁单位不一致的，要求产权单位写授权书，私人房屋附购房合同，产权证在办理中的须出具证明）；

④租房需复印房租发票；

⑤外地法人、外地会计附暂住证；

⑥企业购销合同及供货证明贴印花税；

⑦公司员工上 4 或 5 险、8 人以上、福利部门证明。

c. 企业总分支机构不在同一县（市），且实行统一核算，如总机构已为增值税一般纳税人，分支机构也可申请办理一般纳税人。

d. 申请办理一般纳税人认定，应向税务机关提供如下证件、资料：

①申请报告。纳税人申请办理一般纳税人认定，必须向税务机关出具书面申请报告。申请报告应着重说明申请认定一般纳税人的具体理由以及履行一般纳税人的义务能力。

②工商行政管理部门批准发放的营业执照。

③与纳税人的成立以及经营活动相关的章程、合同、协议等资料。

④银行账号证明。

⑤注册资金证明。（商贸企业）

⑥法人代表、办税人员的身份证明（居民身份证、护照或其他合法证件）。（商贸企业）

⑦房屋产权证明、房屋租赁合同等证件、资料。（商贸企业）

⑧税务机关要求提供的其他有关资料、证件。

一般纳税人辅导期为半年，半年销售额达到 90 万，可以申请转为正式的一般纳税人资格。

二、增值税的征税范围

（一）销售或者进口的货物

货物是指有形动产，包括电力、热力、气体在内。

（二）提供的加工、修理修配劳务

加工是指受托加工货物，即委托方提供原料及主要材料，受托方按照委托方的要求制造货物并收取加工费的业务；修理修配是指受托对损伤和丧失功能的货物进行修复，使其恢复原状和功能的业务。

总的来讲，增值税的征税范围包括上述（一）、（二）两大项，但对于实务中某些特殊项目或行为是否属于增值税的征税范围，还需要具体确定。

1. 属于征税范围的特殊项目

（1）货物期货（包括商品期货和贵金属期货），在期货的实物交割环节纳税。

（2）银行销售金银的业务。

（3）典当业的死当物品销售业务和寄售业代委托人销售寄售物品的业务。

（4）集邮商品（如邮票、首日封、邮折等）的生产以及邮政部门以外的其他单位和个人销售的。

（5）邮政部门以外的其他单位和个人发行报刊。

（6）单独销售无线寻呼机、移动电话，不提供有关的电信劳务服务的。

（7）缝纫业务。

（8）税法规定的其他项目。

2. 属于征税范围的特殊行为

（1）视同销售货物行为。单位或个体经营者的下列行为，视同销售货物：

①将货物交付他人代销；

②销售代销货物；

③设有两个以上机构并实行统一核算的纳税人，将货物从一个机构移送至其他机构用于销售，但相关机构设在同一县（市）的除外；

④将自产或委托加工的货物用于非应税项目；

⑤将自产、委托加工或购买的货物作为投资，提供给其他单位或个体经营者；

⑥将自产、委托加工或购买的货物分配给股东或投资者；

⑦将自产、委托加工的货物用于集体福利或个人消费；

⑧将自产、委托加工或购买的货物无偿赠送他人。

上述8种行为确定为视同销售货物行为，均要征收增值税。其确定的目的有两个：一是保证增值税税款抵扣制度的实施，不致因发生上述行为而造成税款抵扣环节的中断；二是避免因发生上述行为而造成货物销售税收负担不平衡的矛盾，防止以上述行为逃避纳税的现象。

（2）混合销售行为。从事货物的生产、批发或零售的企业、企业性单位及个体经营者发生混合销售行为，视为销售货物，应当征收增值税（详见本项目“混合销售行为”）。

（3）兼营非应税劳务行为。增值税纳税人兼营非应税劳务，如果不分别核算或者不能准确核算货物或应税劳务的销售额和非应税劳务的营业额的，其非应税劳务应与货物或应税劳务一并征收增值税。

3. 不征收增值税的项目

（1）供应或开采未经加工的天然水。

（2）邮政部门销售集邮产品。

（3）邮政部门发行报刊。

（4）电信局及经电信局批准的其他从事电信业务的单位销售无线寻呼机、移动电话，并为客户提供有关的电信劳务服务。

（5）融资租赁业务。

（6）体育彩票的发行收入。

三、增值税税率的确定

根据“中性”的原则，中国现行增值税的税率只设两档：一档是基本税率，为17%；一档是低税率，为13%。除了增值税条例规定适用低税率的货物和另有调整的规定以外，其他应税货物和劳务适用17%的基本税率，对出口货物实行零税率。纳税人出口适用税率为零的货物，除了另有规定外，可以在向海关办理出口手续后，凭出口报关单等有关凭证，按月向税务机关申报办理该项出口货物的退税，以不含税价格进入国际市场。

（一）基本税率

对于增值税一般纳税人从事应税行为，除下述低税、免税等以外，一律适用17%的基本税率，对于烟、酒、奢侈品等特殊货物另通过加征消费税来进行税收负担的调节。

（二）低税率

为减轻某些行业的税收负担，除基本税率外，另规定了一档13%的低税率。

纳税人销售或者进口下列货物，税率为13%：

①粮食、食用植物油；

②自来水、暖气、冷气、热水、煤气、石油液化气、天然气、沼气、居民用煤炭制品；

③图书、报纸、杂志；

④饲料、化肥、农药、农机、农膜；

⑤国务院规定的其他货物。

（三）征收率

小规模纳税人适用征收率，按照新规定，从2009年1月1日起，小规模纳税人无论工业还是商业，适用的征收率均为3%，并且均不得抵扣进项税。

（四）零税率

纳税人出口货物，税率为零，国务院另有规定的除外。增值税实行零税率是一种税收优惠，只限于出口货物，包括以下两类：一是报关出境货物；二是输往海关管理的保税工厂、保税仓库和保税区的货物。

（五）其他规定

（1）纳税人兼营不同税率的货物或者应税劳务的，应当分别核算不同税率货物或者应税劳务的销售额。未分别核算销售额的，从高适用税率。

（2）纳税人销售不同税率货物或应税劳务，并兼营应属一并征收增值税的非应税劳务的，其非应税劳务应从高适用税率。

四、增值税的减、免税

下列项目免征增值税：

（1）农业生产者销售的自产农产品。

（2）避孕药品和用具。

（3）古旧图书。

（4）直接用于科学研究、科学试验和教学的进口仪器、设备。

（5）外国政府、国际组织无偿援助的进口物资和设备。

(6) 由残疾人组织直接进口的供残疾人专用的物品。

(7) 销售的自己使用过的物品。

增值税的免税、减税项目由国务院规定，任何地区、部门均不得规定免税、减税项目。

另外，《增值税暂行条例》第十六条还规定，纳税人兼营免税、减税项目的，应当分别核算免税、减税项目的销售额；未分别核算销售额的，不得免税、减税；第十七条规定，纳税人销售额未达到国务院财政、税务主管部门规定的增值税起征点的，免征增值税；达到起征点的，依照条例规定全额计算缴纳增值税。

能力点

一、增值税的计算

增值税的计算，按照纳税人的不同，分为一般纳税人的计算和小规模纳税人的计算。

(一) 一般纳税人应纳税额的计算

一般纳税人销售货物或者提供应税劳务（以下简称销售货物或者应税劳务），应纳税额为当期销项税额抵扣当期进项税额后的余额。应纳税额计算公式为：

应纳税额 = 当期销项税额 - 当期进项税额

当期销项税额小于当期进项税额不足抵扣时，其不足部分可以结转下期继续抵扣。

1. 销项税额

纳税人销售货物或者应税劳务，按照销售额和增值税条例规定的税率计算并向购买方收取的增值税额，为销项税额。销项税额计算公式为：

销项税额 = 销售额 × 税率

销售额是纳税人销售货物或者应税劳务向购买方收取的全部价款和价外费用，但是不包括收取的销项税额。销售额以人民币计算。纳税人以人民币以外的货币结算销售额的，应当折合成人民币计算。

价外费用包括价外向购买方收取的手续费、补贴、基金、集资费、返还利润、奖励费、违约金、滞纳金、延期付款利息、赔偿金、代收款项、代垫款项、包装费、包装物租金、储备费、优质费、运输装卸费以及其他各种性质的价外收费。但下列项目不包括在内：

(1) 受托加工应征消费税的消费品所代收代缴的消费税。

(2) 同时符合以下条件的代垫运输费用：

①承运部门的运输费用发票开具给购买方的；

②纳税人将该项发票转交给购买方的。

(3) 同时符合以下条件代为收取的政府性基金或者行政事业性收费：

①由国务院或者财政部批准设立的政府性基金，由国务院或者省级人民政府及其财政、价格主管部门批准设立的行政事业性收费；

②收取时开具省级以上财政部门印制的财政票据；

③所收款项全额上缴财政。

（4）销售货物的同时代办保险等而向购买方收取的保险费，以及向购买方收取的代购买方缴纳的车辆购置税、车辆牌照费。

税法规定各种性质的价外费用都要并入销售额计算征税，目的是防止出现以各种名目的收费减少销售额逃避纳税的现象。

2. 不同销售方式下销售额的确定

（1）采取折扣方式销售。折扣销售是销货方在销售货物或提供应税劳务时，因购货方购货数量较大等原因，给予购货方价格上的优惠。税法规定，如果销售额和折扣额在同一张发票上分别注明的，可按照折扣后的余额作为销售额计算增值税；如果将折扣另开发票，不论会计上如何处理，均不得从销售额中减除折扣额。

（2）采取以旧换新方式销售。以旧换新销售，是纳税人在销售过程中，折价收回同类旧货物，并以折价款部分冲减货物价款的一种销售方式。税法规定，纳税人采取以旧换新方式销售货物的（金银首饰除外），应按新货物的同期销售价格确定销售额，不得扣减旧货物的收购价格。这是因为销售货物与收购货物是两项不同的经济业务，销售额与收购额不能相互冲减。

（3）采取还本销售方式。还本销售是指纳税人在销售货物后，到一定期限由销售方一次或分次退还给购货方全部或部分价款。这主要是企业为解决资金需要而采取的一种融资方式。税法规定，采取还本销售方式销售货物，其销售额就是货物的销售价格，不得从货物的销售额中扣减还本支出。

（4）采取以物易物方式销售。以物易物是一种较为特殊的购销活动，指购销双方不是以货币结算，而是以同等价款的货物相互结算，实现货物购销的一种方式。在实务中，有的纳税人以为以物易物不是购销行为，销货方收到购货方抵顶货款的货物，认为自己不是购货；购货方发出抵顶货款的货物，认为自己不是销货。这两种认识都是错误的。税法规定，采取以物易物销售方式的，双方都应作购销处理，以各自发出的货物核算销售额并计算销项税额，以各自收到的货物按规定核算购货额并计算进项税额。应注意的是：在以物易物活动中，应分别开具合法的票据，如收到的货物不能取得相应的增值税专用发票或其他合法票据的，不能抵扣进项税额。

（5）包装物押金是否计入销售额。包装物是指纳税人包装本单位货物的各种物品。纳税人销售货物时另收取包装物押金，目的是促使购货方及早退回包装物以便周转使用。对包装物的押金是否计入货物销售额呢？根据税法规定，纳税人为销售货物而出租出借包装物收取的押金，单独记账核算的，时间在1年以内，又未过期的，不并入销售额征税。但对因逾期未收回包装物不再退还的押金，应按所包装货物的适用税率计算销项税额。这其中，“逾期”是指按合同约定实际逾期或以 1 年为期限，对收取 1 年以上的押金，无论是否退还均并入销售额征税。当然，在将包装物押金并入销售额征税时，需要先将该押金换算为不含税价，再并入销售额征税。对于个别包装物周转使用期限较长的，报经税务机关确定后，可适当放宽逾期期限。另外，包装物押金不应混同于包装物租金，包装物租金在销货时作为价外费用并入销售额计算销项税额。国家税务总局国税发〔1995〕192 号文件规定，从 1995 年 6 月 1 日起，对销售除啤酒、黄酒外的其他酒类产品而收取的包装物押金，无论是否返还以及会计上如何核算，均应并入当期销售额征税。对销售啤酒、黄酒所收取的押金，按上述一般押金的规定处理。

（6）销售旧货销售额的确定。根据税法规定，从 2002 年 1 月 1 日起，纳税人销售旧货

（包括旧货经营单位销售旧货和纳税人销售自己使用过的应税固定资产），无论其是增值税一般纳税人或小规模纳税人，也无论其是否为批准认定的旧货调剂试点单位，一律按4%的征收率减半征收增值税，不得抵扣进项税额。

纳税人销售自己使用过的属于应征消费税的机动车、摩托车、游艇，售价超过原值的，按照4%的征收率减半征收增值税；售价未超过原值的，免征增值税。旧机动车经营单位销售旧机动车、摩托车、游艇，按照4% 的征收率减半征收增值税。

需要注意的是，根据新的实施细则，纳税人自用的应征消费税的摩托车、汽车、游艇，其进项税额不得从销项税额中抵扣。

（7）没有合理依据或直接依据的销售额的确定。纳税人销售货物或应税劳务价格明显偏低且无正当理由的，或视同销售时无销售额的，税务机关有权核定其销售额。

①按照纳税人当月同类货物的平均销售价格确定；

②按照纳税人最近时期同类货物的平均销售价格确定；

③按照组成计税价格确定。组成计税价格公式为：

$$组成计税价格 = 成本 \times （1 + 成本利润率）$$

公式中的成本是指销售自产货物的为实际生产成本，销售外购货物的为实际采购成本。公式中的成本利润率由国家税务总局确定。

属于征消费税的货物，其组成计税价格中应加计消费税额。

3. 含税销售额的换算

为了符合增值税作为价外税的要求，纳税人在填写进销货及纳税凭证、进行账务处理时，应分项记录不含税销售额、销项税额和进项税额，以正确计算应纳增值税额。然而，在实际工作中，常常会出现一般纳税人将销售货物或者应税劳务采用销售额和销项税额合并定价收取的方法。这样，就会形成含税销售额。在计算应纳税额时，如果不将含税销售额换算为不含税销售额，就会导致增值税计税环节出现重复纳税的现象，甚至出现物价非正常上涨的局面。因此，一般纳税人销售货物或者应税劳务取得的含税销售额在计算销项税额时，必须将其换算为不含税的销售额。

将含税销售额换算为不含税销售额的计算公式为：

$$不含税销售额 = 含税销售额 \div （1 + 税率）$$

公式中的税率为销售的货物或者应税劳务按《增值税暂行条例》规定所适用的税率。

4. 进项税额

纳税人购进货物或者接受应税劳务（以下简称购进货物或者应税劳务）支付或者负担的增值税额，为进项税额。

下列进项税额准予从销项税额中抵扣：

（1）从销售方取得的增值税专用发票上注明的增值税额。

（2）从海关取得的海关进口增值税专用缴款书上注明的增值税额。

（3）购进农产品，除取得增值税专用发票或者海关进口增值税专用缴款书外，按照农产品收购发票或者销售发票上注明的农产品买价和13% 的扣除率计算的进项税额。进项税额计算公式为：

$$进项税额 = 买价 \times 扣除率$$

（4）购进或者销售货物以及在生产经营过程中支付运输费用的，按照运输费用结算单据上注明的运输费用金额和7%的扣除率计算的进项税额。进项税额计算公式为：

进项税额 = 运输费用金额 × 扣除率

准予抵扣的项目和扣除率的调整，由国务院决定。

纳税人购进货物或者应税劳务，取得的增值税扣税凭证不符合法律、行政法规或者国务院税务主管部门有关规定的，其进项税额不得从销项税额中抵扣。

（5）混合销售、兼营行为。混合销售行为和兼营的非应税劳务，按规定应征收增值税的，该混合销售行为所涉及的非应税劳务和兼营的非应税劳务所用购进货物的进项税额，符合规定的，准予从销项税额中抵扣。

进项税额申报抵扣时间：

①增值税一般纳税人申请抵扣的防伪税控系统开具的增值税专用发票，必须自该增值税专用发票开具之日起90日内到税务机关认证，否则不予抵扣进项税额。

②增值税一般纳税人认证通过的防伪税控系统开具的增值税专用发票，应在认证通过的当月按照增值税有关规定核算当期进项税额并申报抵扣，否则不予抵扣进项税额。

下列项目的进项税额不得从销项税额中抵扣：

（1）用于非增值税应税项目、免征增值税项目、集体福利或者个人消费的购进货物或者应税劳务。

（2）非正常损失的购进货物及相关的应税劳务。

（3）非正常损失的在产品、产成品所耗用的购进货物或者应税劳务。

（4）国务院财政、税务主管部门规定的纳税人自用消费品。

（5）第（1）项至第（4）项规定的货物的运输费用和销售免税货物的运输费用。

（二）小规模纳税人应纳税额的计算

1. 计算公式

小规模纳税人销售货物或者应税劳务，实行按照销售额和征收率计算应纳税额的简易办法，并不得抵扣进项税额。应纳税额计算公式为：

应纳税额 = 销售额 × 征收率

小规模纳税人的标准由国务院财政、税务主管部门规定。

2. 含税销售额的换算

由于小规模纳税人销售货物自行开具的发票是普通发票，发票上列示的是含税销售额，因此，在计税时需要将其换算为不含税销售额。换算公式为：

不含税销售额 = 含税销售额 ÷（1 + 征收率）

3. 主管税务机关为小规模纳税人代开发票应纳税额的计算

小规模纳税人销售货物或提供应税劳务，可以申请由主管税务机关代开发票。主管税务机关为小规模纳税人（包括小规模纳税人中的企业、企业性单位及其他小规模纳税人，下同）代开专用发票，应在专用发票“单价”栏和“金额”栏分别填写不含增值税税额的单价和销售额，因此，其应纳税额按销售额依照征收率计算。

主管税务机关为小规模纳税人代开专用发票后，发生退票的，可比照增值税一般纳税人开具专用发票后作废或开具红字发票的有关规定处理，由销售方到税务机关办理。对于重新开票的，应同时进行新开票税额与原开票税额的清算，多退少补；对无需重新开票的，退还其已征的税款或抵顶下期正常申报税款。

4. 小规模纳税人购进税控收款机的进项税额抵扣

自2004年12月1日起，增值税小规模纳税人购置税控收款机，经主管税务机关审核批准后，可凭购进税控收款机取得的增值税专用发票，按照发票上注明的增值税额，抵免当期应纳增值税。或者按照购进税控收款机取得的普通发票上注明的价款，依下列公式计算可抵免的税额：

$$可抵免的税额 = 价款 \div (1 + 17\%) \times 17\%$$

当期应纳税额不足抵免的，未抵免的部分可在下期继续抵免。

二、增值税的几种经营行为的税务处理

现行的增值税，由于需要考虑我国的现实条件，其适用范围尚未扩展到社会所有经营活动，如对运输、金融保险、建筑安装、文化体育、娱乐、服务等行业，就不征收增值税，而征收营业税。但是，在实际经济活动中，企业不一定单一从事增值税规定的项目，也不一定单一从事营业税规定的项目，总要按照经营活动的需要兼营或者混合经营不同税种或不同税率确定的应税项目。这样，就出现了一个对各种兼营或混合经营行为在适用税种、税率和计算纳税上如何正确进行税务处理的问题。对此，《增值税暂行条例》都作了具体规定。

（一）兼营不同税率的货物或应税劳务

所谓兼营不同税率的货物或应税劳务，是指纳税人生产或销售不同税率的货物，或者既销售货物又提供应税劳务。例如，某农村供销社既销售税率为17%的家用电器，又销售税率为13%的化肥、农药等；某农业机械厂既生产销售税率为13%的农机，又利用本厂设备从事税率为17%的加工、修理修配业务。对这种兼营行为，条例规定的税务处理方法是：

纳税人兼营不同税率的货物或者应税劳务，应当分别核算不同税率货物或者应税劳务的销售额。未分别核算销售额的，从高适用税率。

所谓分别核算，主要是指对兼营的不同税率货物或应税劳务在取得收入后，应分别如实记账，分别核算销售额，并按照不同的税率各自计算应纳税额，以避免适用税率混乱，出现少缴或多缴税款的现象。所谓对未分别核算销售额的，从高适用税率，是指兼营不同税率货物或应税劳务而取得的混合在一起的销售额，本应按17%或13%高低不同税率分别计税，但由于未分别核算，因此，只能以不减少上缴国家的税收为前提，对混在一起的销售额一律按17%的高税率计税。这样规定，有利于促进纳税人健全账簿和正确核算应纳税额。

（二）混合销售行为

一项销售行为如果既涉及增值税应税货物又涉及非应税劳务，为混合销售行为。所谓非应税劳务是指属于应缴营业税的交通运输业、建筑业、金融保险业、邮电通信业、文化体育业、娱乐业、服务业税目征收范围的劳务。需要解释的是，出现混合销售行为，涉及的货物和非应税劳务只是针对一项销售行为而言的，即非应税劳务是为了直接销售一批货物而提供的，二者之间是紧密相连的从属关系，它与一般既从事这个税的应税项目又从事另一个税的应税项目之间没有直接从属关系的兼营行为是完全不同的。对实际经济活动中发生的混合销售行为与兼营行为，由于涉及不同的税务处理，因此要严格区分，不能混淆。

对混合销售行为的税务处理方法是：从事货物的生产、批发或零售的企业、企业性单位及个体经营者以及以从事货物的生产、批发或零售为主，并兼营非应税劳务的企业、企业性单位及个体经营者的混合销售行为，视为销售货物，应当征收增值税；其他单位和个人的混合销售行为，视为销售非应税劳务，不征收增值税。上述所称“以从事货物的生产、批发或零售为主，并兼营非应税劳务”是指纳税人年货物销售额与非应税劳务营业额的合计数中，年货物销售额超过50%，非应税劳务营业额不到50%。

纳税人的销售行为是否属于混合销售行为，由国家税务总局所属征收机关确定。例如，某电视机厂向外地某商场批发100台彩色电视机，为了保证及时供货，两方议定由该厂动用自己的卡车向商场运去这100台彩电，电视机厂除收取彩电货款外还收取运输费。电视机厂在这笔彩电销售活动中，就发生了销售货物和不属于增值税规定的劳务（属于营业税规定的运输业务）的混合销售行为。电视机厂属于货物生产企业，其做出的混合销售行为，都视为销售货物，取得的货款和运输费一并作为货物销售额，按彩电适用的17%税率征收增值税，对取得的运输收入不再单独征收营业税。

根据《增值税暂行条例实施细则》的规定，混合销售行为如依照上述税务处理，属于应当征收增值税的，其销售额应是货物与非应税劳务的销售额的合计，该非应税劳务的销售额应视同含税销售额处理；该混合销售行为涉及的非应税劳务所用购进货物的进项税额，凡符合条例规定的，在计算该混合销售行为增值税时，准予从销项税额中抵扣。上述“凡符合条例规定的”是指该混合销售行为涉及的非应税劳务所用购进货物有增值税扣税凭证上注明的增值税额。

（三）兼营非应税劳务

与混合销售行为不同的是，兼营非应税劳务是指增值税纳税人在从事应税货物销售或提供应税劳务的同时，还从事非应税劳务（即营业税规定的各项劳务），且从事的非应税劳务与某一项销售货物或提供应税劳务并无直接的联系和从属关系。在社会经济活动中，随着经济的放开搞活，企业充分调动本单位的人力、物力，从事跨行业多种经营、兼营非应税劳务的情况已比较多。比如，某建筑装饰材料商店，一方面批发、零售货物；另一方面又对外承揽属于应纳营业税的安装、装饰业务。根据《增值税暂行条例实施细则》的规定，纳税人兼营非应税劳务的，应分别核算货物或应税劳务和非应税劳务的销售额，对货物和应税劳务的销售额按各自适用的税率征收增值税，对非应税劳务的销售额（即营业额）按适用的税率征收营业税。如果不分别核算或者不能准确核算货物或应税劳务和非应税劳务销售额的，其非应税劳务应与货物或应税劳务一并征收增值税。

纳税人兼营的非应税劳务是否应当一并征收增值税，由国家税务总局所属征收机关确定。对兼营非应税劳务不分别核算或者不能准确核算的，之所以规定要一并征收增值税，是为了避免将货物或应税劳务的销售额与非应税劳务的营业额混在一起，出现都按营业税的低税率计税而少缴税款的现象，也促使纳税人注重分别核算和准确核算。

根据实施细则的规定，纳税人兼营非应税劳务不分别核算或者不能准确核算而一并征收增值税的，其销售额为货物或者应税劳务与非应税劳务的销售额的合计，该非应税劳务的销售额应视同含税销售额处理；其兼营的非应税劳务所用购进货物的进项税额，凡符合《增值税暂行条例》第八条规定的（即从销售方取得的增值税专用发票上注明的税额；从海关取得的完税凭证上注明的增值税额；购进免税农产品准予抵扣的进项税额），准予从销项税额中抵扣。

三、增值税的纳税实务

案例 1

某体育器材厂 2008 年 3 月份开业，主要生产销售体育器材，销售对象为学校、体委等部门。2008 年实现含税销售额 234 万元，由于可抵扣的增值税进项税额较小，该企业未申办增值税一般纳税人资格，企业已按 3% 的征收率申报缴纳增值税 6 万元。2009 年 1 月，税务机关检查后发现其销售额已超过了增值税一般纳税人标准，决定对其补缴增值税。试计算该企业应补缴的增值税额。

解析：根据《中华人民共和国增值税暂行条例实施细则》第三十条的规定，对符合增值税一般纳税条件，但不申请办理增值税一般纳税人认定手续的单位，应按销售额依照增值税税率计算应纳税额，不得抵扣进项税额，也不得使用增值税专用发票。

应补缴增值税 $=234\div(1+17\%)\times17\%-6=34-6=28$（万元）

案例 2

天河集团股份有限公司为一般纳税人，适用增值税税率 17%，2009 年 8 月经营有关业务如下：

（1）销售甲商品给昌江公司，开具增值税发票，取得不含税销售额 100 万元，另开具普通发票，取得运输收入 5.85 万元。

（2）销售乙商品给蓝江公司，开具普通发票，取得含税收入 35.1 万元。

（3）发放一批应税产品作为职工福利，成本价 30 万元，成本利润率 10%，无同类商品市场销售价格。

（4）销售 5 辆使用过的旧摩托车，开具普通发票，每辆取得含税收入 1.04 万元。

（5）销售丙商品给黄河公司，开具增值税发票，取得不含税收入 50 万元，付款信用期 30 天；现金折扣条件是“2/10”、“1/20”和“*n*/30”。黄河公司在 10 天内付款。

（6）没收黄河公司包装物押金 1.17 万元。

（7）购进货物取得增值税发票。货款 50 万元，增值税 8.5 万元，另支付运费 5 万元，取得普通发票。

根据上述业务，计算天河公司 8 月份应缴的增值税额。

解析：天河公司涉及 7 项增值税业务。应根据不同业务类型进行计算。

（1）销售甲商品的销项税额 $=100\times17\%+5.85\div(1+17\%)\times17\%=17.85$（万元）

（2）销售乙商品的销项税额 $=35.1\div(1+17\%)\times17\%=5.1$（万元）

（3）发放福利的销项税额 $=30\times(1+10\%)\times17\%=5.61$（万元）

（4）销售旧摩托车的销项税额 $=1.04\div(1+4\%)\times4\%\times50\%\times5=0.1$（万元）

（5）销售丙商品的销项税额 $=50\times17\%=8.5$（万元）

（6）没收包装物押金的应纳税额 $=1.17\div(1+17\%)\times17\%=0.17$（万元）

（7）购进货物的进项税额 $=50\times17\%+5\times7\%=8.85$（万元）

（8）天河公司 8 月应纳税额 $=17.85+5.1+5.61+0.1+8.5+0.17-8.85=28.48$（万元）

案例3

湖光公司为小规模纳税人，2009 年 11 月销售商品取得含税收入 20.6 万元，计算该公司的应纳税额。

解析：小规模纳税人的销售额与一般纳税人的销售额所包含的内容是一致的，都是销售货物或提供应税劳务向购买者收取的全部价款和价外费用，但不包括向购买者收取的增值税额。小规模纳税人的销售额一般都是含税销售额，应予以转换。

不含税销售额 = 含税销售额/（1 + 征收率）

当月应纳税额 = 20.6/（1 + 3%）× 3% = 0.6（万元）

案例4

蓝光公司是一般纳税人，2009 年 10 月从意大利进口一批应税消费品，关税完税价格为 1 000万元，假定关税税率为 20%，消费税税率为 20%，适用的增值税税率为 17%，计算应纳增值税税额。

解析：纳税人进口货物，应按照组成计税价格计税。

组成计税价格 = 关税完税价格 + 关税 + 消费税

应纳税额 = 组成计税价格 × 适用税率

应纳关税税额 = 1 000 × 20% = 200（万元）

应纳消费税税额 =（1 000 + 200）/（1 − 20%）× 20% = 300（万元）

组成计税价格 = 1 000 + 200 + 300 = 1 500（万元）

应纳增值税税额 = 1 500 × 17% = 255（万元）

四、增值税的征收管理

增值税纳税义务发生时间是指增值税纳税人、扣缴义务人发生应税、扣缴税款行为应承担纳税义务、扣缴义务的起始时间。《增值税暂行条例》第十九条明确规定了纳税义务发生的时间为：

（一）纳税义务发生的时间

（1）销售货物或者应税劳务，为收讫销售款项或者取得索取销售款项凭据的当天；先开具发票的，为开具发票的当天。

（2）进口货物，为报关进口的当天。

对于销售货物或者应税劳务而言，增值税纳税义务的发生时间一般为收讫销售款项或者取得索取销售款项凭据的当天。但如果纳税人先开具发票，由于发票是计算和缴纳增值税的重要凭证，一旦开具发票，对方就可以申请抵扣税款，因此，只要开具发票，增值税纳税义务就立即产生了，无论是否收到销售款项。此时，纳税义务的发生时间为开具发票的当天。

销售货物或者应税劳务的纳税义务发生时间，按销售结算方式的不同，具体为：

（1）采取直接收款方式销售货物，不论货物是否发出，均为收到销售额或取得索取销售额的凭据，并将提货单交给买方的当天。

（2）采取托收承付和委托银行收款方式销售货物，为发出货物并办受托收手续的当天。

（3）采取赊销和分期收款方式销售货物，为按合同约定的收款日期的当天。

（4）采取预收货款方式销售货物，为货物发出的当天。

（5）委托其他纳税人代销货物，为收到代销单位销售的代销清单的当天。

（6）销售应税劳务，为提供劳务同时收讫销售额或取得索取销售额的凭据的当天。

（7）纳税人发生税法规定的视同销售货物行为，为货物移送的当天。

对于进口货物而言，增值税纳税义务的发生时间与关税纳税义务的发生时间是相同的，都是报关进口的当天。

对于涉及扣缴义务的情形而言，增值税扣缴义务发生时间为纳税人增值税纳税义务发生的当天，即两者是同时发生的。

（二）纳税期限

增值税的纳税义务可能随时都会发生，但税法不能要求纳税人每产生一个增值税的纳税义务就去纳税，这样成本过高，因此，税法设计了一个纳税期限，在一个纳税期限内所发生的所有纳税义务可以一起缴纳。

《增值税暂行条例》第二十三条规定，增值税的纳税期限分别为1日、3日、5日、10日、15日、1个月或者1个季度。纳税人的具体纳税期限，由主管税务机关根据纳税人应纳税额的大小分别核定；不能按照固定期限纳税的，可以按次纳税。

纳税人以1个月或者1个季度为1个纳税期的，自期满之日起15日内申报纳税；以1日、3日、5日、10日或者15日为1个纳税期的，自期满之日起5日内预缴税款，于次月1日起15日内申报纳税并结清上月应纳税款。

扣缴义务人解缴税款的期限，依照前两款规定执行。

新《增值税暂行条例》与旧《增值税暂行条例》相比，在纳税期间制度上进行了较大改革：一是增加了季度纳税的期限，对于增值税应税活动比较少的纳税人而言，可以选择按照季度缴纳增值税，这样就将企业每年12次的纳税申报与税款缴纳义务缩减为4次，大大减轻了企业的纳税成本；二是将纳税人纳税申报和缴纳税款的期限从10天延长到15天。这样也可以为企业提供更加充足的时间来准备纳税申报和缴纳税款，减轻了企业的纳税成本。

（三）纳税地点

增值税实行严格的属地化管理，因此，原则上应当以机构所在地或者应税活动发生地为纳税地点。我国增值税属于中央、地方共享税，增值税在哪里缴纳直接涉及各地的增值税收入，因此，对于增值税的纳税地点问题，各地税务局都比较关注。同一县（市）的增值税收入是统一调节分配的，因此，同一县（市）内的增值税纳税地点管理相对比较宽松。

《增值税暂行条例》第二十二条规定了增值税纳税地点：

（1）固定业户应当向其机构所在地的主管税务机关申报纳税。总机构和分支机构不在同一县（市）的，应当分别向各自所在地的主管税务机关申报纳税；经国务院财政、税务主管部门或授权的财政、税务机关批准，可以由总机构汇总向总机构所在地的主管税务机关申报纳税。

（2）固定业户到外县（市）销售货物或者应税劳务，应当向其机构所在地的主管税务机关申请开具外出经营活动税收管理，并向其机构所在地的主管税务机关申报纳税；未开具证明的，应当向销售地或者劳务发生地的主管税务机关申报纳税；未向销售地或者劳务发生地的主管税务机关申报纳税的，由其机构所在地的主管税务机关补征税款。

（3）非固定业户销售货物或者应税劳务，应当向销售地或者劳务发生地的主管税务机关申报纳税；未向销售地或者劳务发生地的主管税务机关申报纳税的，由其机构所在地或者居住地的主管税务机关补征税款。

（4）进口货物，应当向报关地海关申报纳税。

扣缴义务人应当向其机构所在地或者居住地的主管税务机关申报缴纳其扣缴的税款。

关于非固定业户增值税的纳税地点问题，新《增值税暂行条例》增加了“未向销售地或者劳务发生地的主管税务机关申报纳税的，由其机构所在地或者居住地的主管税务机关补征税款”的规定，旧《增值税暂行条例》没有这一规定。

五、增值税的纳税申报案例

（一）增值税一般纳税人纳税申报

根据《中华人民共和国税收征收管理法》、《中华人民共和国增值税暂行条例》等有关税收法律、法规规定和国家税务总局关于印发《增值税一般纳税人纳税申报“一窗式”管理操作规程》的通知精神，增值税一般纳税人纳税申报必须提交以下资料：

必报资料：

（1）“增值税纳税申报表（适用于增值税一般纳税人）”和“增值税纳税申报表附列资料（表一）、（表二）、（表三）、（表四）”。

（2）“资产负债表”和“损益表”。

（3）使用防伪税控系统的纳税人，必须报送记录当期纳税信息的IC卡（明细数据备份在软盘上的纳税人，还需报送备份数据软盘）、“增值税专用发票存根联明细表”、“增值税专用发票抵扣联明细表”。

（4）“成品油购销存情况明细表”（发生成品油零售业务的纳税人填报）。

（5）主管税务机关要求报送的其他资料。

备查资料：

（1）已开具的增值税专用发票和普通发票的存根联。

（2）符合抵扣条件并在本期申报抵扣的增值税专用发票抵扣联。

（3）海关进口完税凭证、运输发票、购进农产品普通发票及购进废旧物资普通发票的复印件。

（4）收购凭证的存根联或报查联。

（5）代扣代缴完税凭证存根联。

（6）税务机关要求报送的其他备查资料。

（二）一般纳税人纳税申报流程

纳税人防伪税控IC卡抄税后，在规定的申报期内，先进行纳税申报数据的报送，然后到国税机关办理报税和比对（包括由国税机关接收纳税申报数据、接收IC卡报税、进行票表比对），确认纳税申报成功。

增值税纳税申报表

（适用于增值税一般纳税人）

根据《中华人民共和国增值税暂行条例》第二十二条和第二十三条的规定制定本表。纳税人不论有无销售额，均应按主管税务机关核定的纳税期限按期填报本表，并于次月一日起十日内，向当地税务机关申报。

税款所属时间：自　年　月　日至　年　月　日　　填表日期：　年　月　日　　金额单位：

纳税人识别号：　　　　　　　　　　　　　　　　　　　　　　　　所属行业：

纳税人名称	（公章）	法定代表人姓名		注册地址		营业地址	
开户银行及账号		企业登记注册类型				电话号码	

项目		栏次	一般货物及劳务		即征即退货物及劳务	
			本月数	本年累计	本月数	本年累计
销售额	（一）按适用税率征税货物及劳务销售额	1				
	其中：应税货物销售额	2				
	应税劳务销售额	3				
	纳税检查调整的销售额	4				
	（二）按简易征收办法征税货物销售额	5				
	其中：纳税检查调整的销售额	6				
	（三）免、抵、退办法出口货物销售额	7				
	（四）免税货物及劳务销售额	8				
	其中：免税货物销售额	9				
	免税劳务销售额	10				
税款计算	销项税额	11				
	进项税额	12				
	上期留抵税额	13				
	进项税额转出	14				
	免、抵、退货物应退税额	15				
	按适用税率计算的纳税检查应补缴税额	16				
	应抵扣税额合计	17＝12＋13－14－15＋16				
	实际抵扣税额	18（如17＜11，则为17，否则为11）				
	按适用税率计算的应纳税额	19＝11－18				
	期末留抵税额	20＝17－18				
	按简易征收办法计算的应纳税额	21				
	按简易征收办法计算的纳税检查应补缴税额	22				
	应纳税额减征额	23				
	应纳税额合计	24＝19＋21－23				

（续上表）

税款缴纳	期初未缴税额（多缴为负数）	25				
	实收出口开具专用缴款书退税额	26				
	本期已缴税额	27 = 28 + 29 + 30 + 31				
	①分次预缴税额	28				
	②出口开具专用缴款书预缴税额	29				
	③本期缴纳上期应纳税额	30				
	④本期缴纳欠缴税额	31				
	期末未缴税额（多缴为负数）	32 = 24 + 25 + 26 − 27				
	其中：欠缴税额（≥0）	33 = 25 + 26 − 27				
	本期应补（退）税额	34 = 24 − 28 − 29				
	即征即退实际退税额	35				
	期初未缴查补税额	36				
	本期入库查补税额	37				
	期末未缴查补税额	38 = 16 + 22 + 36 − 37				
授权声明	如果你已委托代理人申报，请填写下列资料： 为代理一切税务事宜，现授权（地址） 为本纳税人的代理申报人，任何与本申报表有关的往来文件，都可寄予此人。 授权人签字：		申报人声明	此纳税申报表是根据《中华人民共和国增值税暂行条例》的规定填报的，我相信它是真实的、可靠的、完整的。		

（以下由税务机关填写）

收到日期：　　　　　　接收人：　　　　　　主管税务机关盖章：

填表说明：

本申报表适用于增值税一般纳税人填报。增值税一般纳税人销售按简易办法缴纳增值税的货物，也使用本表。

1. 本表“税款所属时间”是指纳税人申报的增值税应纳税额的所属时间，填写具体的起止年、月、日。

2. 本表“填表日期”是指纳税人填写本表的具体日期。

3. 本表“纳税人识别号”栏，填写税务机关为纳税人确定的识别号，即：税务登记证号码。

4. 本表“所属行业”栏，按照国民经济行业分类与代码中的最细项（小类）进行填写（国民经济行业分类与代码附后）。

5. 本表“纳税人名称”栏，填写纳税人单位名称全称，不得填写简称。

6. 本表“法定代表人姓名”栏，填写纳税人法定代表人的姓名。

7. 本表“注册地址”栏，填写纳税人税务登记证所注明的详细地址。

8. 本表“营业地址”栏，填写纳税人营业地的详细地址。

9. 本表“开户银行及账号”栏，填写纳税人开户银行的名称和纳税人在该银行的结算账户号码。

10. 本表“企业登记注册类型”栏，按税务登记证填写。

11. 本表“电话号码”栏，填写纳税人注册地和经营地的电话号码。

12. 本表“一般货物及劳务”是指享受即征即退的货物及劳务以外的其他货物及劳务。

13. 本表“即征即退货物及劳务”是指纳税人按照税法规定享受即征即退税收优惠政策的货物及劳务。

14. 本表第1栏“（一）按适用税率征税货物及劳务销售额”，填写纳税人本期按适用税率缴纳增值税的应税货物和应税劳务的销售额（销货退回的销售额用负数表示）。包括在财务上不作销售但按税法规定应缴纳增值税的视同销售货物和价外费用销售额，外贸企业作价销售进料加工复出口的货物，税务、财政、审计部门检查按适用税率计算调整的销售额。“一般货物及劳务”的“本月数”栏数据与“即征即退货物及劳务”的“本月数”栏数据之和，应等于“附表一”第7栏的“小计”中的“销售额”数。“本年累计”栏数据，应为年度内各月数之和。

15. 本表第2栏“其中：应税货物销售额”，填写纳税人本期按适用税率缴纳增值税的应税货物的销售额（销货退回的销售额用负数表示）。包括在财务上不作销售但按税法规定应缴纳增值税的视同销售货物和价外费用销售额，以及外贸企业作价销售进料加工复出口的货物。“一般货物及劳务”的“本月数”栏数据与“即征即退货物及劳务”的“本月数”栏数据之和，应等于“附表一”第5栏的“应税货物”中17%税率“销售额”与13%税率“销售额”的合计数。“本年累计”栏数据，应为年度内各月数之和。

16. 本表第3栏“应税劳务销售额”，填写纳税人本期按适用税率缴纳增值税的应税劳务的销售额。“一般货物及劳务”的“本月数”栏数据与“即征即退货物及劳务”的“本月数”栏数据之和，应等于“附表一”第5栏的“应税劳务”中的“销售额”数。“本年累计”栏数据，应为年度内各月数之和。

17. 本表第4栏“纳税检查调整的销售额”，填写纳税人本期因税务、财政、审计部门检查，并按适用税率计算调整的应税货物和应税劳务的销售额。但享受即征即退税收优惠政策的货物及劳务经税务稽查发现偷税的，不得填入“即征即退货物及劳务”部分，而应将本部分销售额在“一般货物及劳务”栏中反映。“一般货物及劳务”的“本月数”栏数据与“即征即退货物及劳务”的“本月数”栏数据之和，应等于“附表一”第6栏的“小计”中的“销售额”数。“本年累计”栏数据，应为年度内各月数之和。

18. 本表第5栏“（二）按简易征收办法征税货物的销售额”，填写纳税人本期按简易征收办法征收增值税货物的销售额（销货退回的销售额用负数表示）。包括税务、财政、审计部门检查，并按简易征收办法计算调整的销售额。“一般货物及劳务”的“本月数”栏数据与“即征即退货物及劳务”的“本月数”栏数据之和，应等于“附表一”第14栏的“小计”中的“销售额”数。“本年累计”栏数据，应为年度内各月数之和。

19. 本表第6栏“其中：纳税检查调整的销售额”，填写纳税人本期因税务、财政、审计部门检查，并按简易征收办法计算调整的销售额，但享受即征即退税收优惠政策的货物及劳务经税务稽查发现偷税的，不得填入“即征即退货物及劳务”部分，而应将本部分销售额在“一般货物及劳务”栏中反映。“一般货物及劳务”的“本月数”栏数据与“即征即退货物及劳务”的“本月数”栏数据之和，应等于“附表一”第13栏的“小计”中的“销售额”数。“本年累计”栏数据，应为年度内各月数之和。

20. 本表第7栏“（三）免、抵、退办法出口货物销售额”，填写纳税人本期执行免、抵、退办法出口货物的销售额（销货退回的销售额用负数表示）。“本年累计”栏数据，应为年度内各月数之和。

21. 本表第8栏“（四）免税货物及劳务销售额”，填写纳税人本期按照税法规定直接免征增值税的货物及劳务的销售额及适用零税率的货物及劳务的销售额（销货退回的销售额用负数表示），但不包括适用免、抵、退办法出口货物的销售额。“一般货物及劳务”的“本月数”栏数据，应等于“附表一”第18栏的“小计”中的“销售额”数。“本年累计”栏数据，应为年度内各月数之和。

22. 本表第9栏“其中：免税货物销售额”，填写纳税人本期按照税法规定直接免征增值税货物的销售额及适用零税率货物的销售额（销货退回的销售额用负数表示），但不包括适用免、抵、退办法出口货物的销售额。“一般货物及劳务”的“本月数”栏数据，应等于“附表一”第18栏的“免税货物”中的“销售额”数。“本年累计”栏数据，应为年度内各月数之和。

23. 本表第10栏“免税劳务销售额”，填写纳税人本期按照税法规定直接免征增值税劳务的销售额及适用零税率劳务的销售额（销货退回的销售额用负数表示）。“一般货物及劳务”的“本月数”栏数据，应等于

“附表一”第18栏的“免税劳务”中的“销售额”数。“本年累计”栏数据，应为年度内各月数之和。

24. 本表第11栏“销项税额”，填写纳税人本期按适用税率计征的销项税额。该数据应与“应交税金——应交增值税”明细科目贷方“销项税额”专栏本期发生数一致。“一般货物及劳务”的“本月数”栏数据与“即征即退货物及劳务”的“本月数”栏数据之和，应等于“附表一”第7栏的“小计”中的“销项税额”数。“本年累计”栏数据，应为年度内各月数之和。

25. 本表第12栏“进项税额”，填写纳税人本期申报抵扣的进项税额。该数据应与“应交税金——应交增值税”明细科目借方“进项税额”专栏本期发生数一致。“一般货物及劳务”的“本月数”栏数据与“即征即退货物及劳务”的“本月数”栏数据之和，应等于“附表二”第12栏中的“当期申报抵扣进项税额合计”数。“本年累计”栏数据，应为年度内各月数之和。

26. 本表第13栏“上期留抵税额”，填写纳税人前一申报期的“期末留抵税额”数，该数据应与“应交税金——应交增值税”明细科目借方月初余额一致。

27. 本表第14栏“进项税额转出”，填写纳税人已经抵扣但按税法规定应作进项税转出的进项税额总数，但不包括销售折扣、折让，销货退回等应负数冲减当期进项税额的数额。该数据应与“应交税金——应交增值税”明细科目贷方“进项税额转出”专栏本期发生数一致。“一般货物及劳务”的“本月数”栏数据与“即征即退货物及劳务”的“本月数”栏数据之和，应等于“附表二”第13栏中的“本期进项税额转出”数。“本年累计”栏数据，应为年度内各月数之和。

28. 本表第15栏“免、抵、退货物应退税额”，填写退税机关按照出口货物免、抵、退办法审批的应退税额。“本年累计”栏数据，应为年度内各月数之和。

29. 本表第16栏“按适用税率计算的纳税检查应补缴税额”，填写税务、财政、审计部门检查按适用税率计算的纳税检查应补缴税额。“本年累计”栏数据，应为年度内各月数之和。

30. 本表第17栏“应抵扣税额合计”，填写纳税人本期应抵扣进项税额的合计数。

31. 本表第18栏“实际抵扣税额”，填写纳税人本期实际抵扣的进项税额。“本年累计”栏数据，应为年度内各月数之和。

32. 本表第19栏“按适用税率计算的应纳税额”，填写纳税人本期按适用税率计算并应缴纳的增值税额。“本年累计”栏数据，应为年度内各月数之和。

33. 本表第20栏“期末留抵税额”，填写纳税人在本期销项税额中尚未抵扣完，留待下期继续抵扣的进项税额。该数据应与“应交税金——应交增值税”明细科目借方月末余额一致。

34. 本表第21栏“按简易征收办法计算的应纳税额”，填写纳税人本期按简易征收办法计算并应缴纳的增值税额，但不包括按简易征收办法计算的纳税检查应补缴税额。“一般货物及劳务”的“本月数”栏数据与“即征即退货物及劳务”的“本月数”栏数据之和，应等于“附表一”第12栏的“小计”中的“应纳税额”数。“本年累计”栏数据，应为年度内各月数之和。

35. 本表第22栏“按简易征收办法计算的纳税检查应补缴税额”，填写纳税人本期因税务、财政、审计部门检查并按简易征收办法计算的纳税检查应补缴税额。“一般货物及劳务”的“本月数”栏数据与“即征即退货物及劳务”的“本月数”栏数据之和，应等于“附表一”第13栏的“小计”中的“应纳税额”数。“本年累计”栏数据，应为年度内各月数之和。

36. 本表第23栏“应纳税额减征额”，填写纳税人本期按照税法规定减征的增值税应纳税额。“本年累计”栏数据，应为年度内各月数之和。

37. 本表第24栏“应纳税额合计”，填写纳税人本期应缴增值税的合计数。“本年累计”栏数据，应为年度内各月数之和。

38. 本表第25栏“期初未缴税额（多缴为负数）”，填写纳税人前一申报期的“期末未缴税额（多缴为负数）”。

39. 本表第26栏“实收出口开具专用缴款书退税额”，填写纳税人本期实际收到税务机关退回的，因开具“出口货物税收专用缴款书”而多缴的增值税款。该数据应根据“应交税金——未交增值税”明细科目贷方本期发生额中“收到税务机关退回的多缴增值税款”数据填列。“本年累计”栏数据，为年度内各月数之和。

40. 本表第27栏“本期已缴税额”，填写纳税人本期实际缴纳的增值税额，但不包括本期入库的查补税款。“本年累计”栏数据，为年度内各月数之和。

41. 本表第28栏“①分次预缴税额”，填写纳税人本期分次预缴的增值税额。

42. 本表第29栏“②出口开具专用缴款书预缴税额”，填写纳税人本期销售出口货物而开具专用缴款书向主管税务机关预缴的增值税额。

43. 本表第30栏“③本期缴纳上期应纳税额”，填写纳税人本期上缴上期应缴未缴的增值税款，包括缴纳上期按简易征收办法计提的应缴未缴的增值税额。“本年累计”栏数据，为年度内各月数之和。

44. 本表第31栏“④本期缴纳欠缴税额”，填写纳税人本期实际缴纳的增值税欠税额，但不包括缴纳入库的查补增值税额。“本年累计”栏数据，为年度内各月数之和。

45. 本表第32栏“期末未缴税额（多缴为负数）”，填写纳税人本期期末应缴未缴的增值税额，但不包括纳税检查应缴未缴的税额。“本年累计”栏与“本月数”栏数据相同。

46. 本表第33栏“其中：欠缴税额（≥0）”，填写纳税人按照税法规定已形成欠税的数额。

47. 本表第34栏“本期应补（退）税额”，填写纳税人本期应纳税额中应补缴或应退回的数额。

48. 本表第35栏“即征即退实际退税额”，填写纳税人本期因符合增值税即征即退优惠政策规定，而实际收到的税务机关返还的增值税额。“本年累计”栏数据，为年度内各月数之和。

49. 本表第36栏“期初未缴查补税额”，填写纳税人前一申报期的“期末未缴查补税额”。该数据与本表第25项“期初未缴税额（多缴为负数）”栏数据之和，应与“应交税金——未交增值税”明细科目期初余额一致。“本年累计”栏数据应填写纳税人上年度末的“期末未缴查补税额”数。

50. 本表第37栏“本期入库查补税额”，填写纳税人本期因税务、财政、审计部门检查而实际入库的增值税款，包括：①按适用税率计算并实际缴纳的查补增值税款；②按简易征收办法计算并实际缴纳的查补增值税款。“本年累计”栏数据，为年度内各月数之和。

51. 本表第38栏“期末未缴查补税额”，填写纳税人纳税检查本期期末应缴未缴的增值税额。该数据与本表第32栏“期末未缴税额（多缴为负数）”数据之和，应与“应交税金——未交增值税”明细科目期初余额一致。“本年累计”栏与“本月数”栏数据相同。

增值税纳税申报表附列资料（表二）

（本期进项税额明细）

税款所属时间：　年　月

纳税人名称：（公章）　　　　填表日期：　年　月　日　　金额单位：　元（列至角分）

一、申报抵扣的进项税额				
项目	栏次	份数	金额	税额
（一）认证相符的防伪税控增值税专用发票	1			
其中：本期认证相符且本期申报抵扣	2			
前期认证相符且本期申报抵扣	3			
（二）非防伪税控增值税专用发票及其他扣税凭证	4			
其中：海关完税凭证	5			
农产品收购凭证及普通发票	6			

（续上表）

废旧物资发票	7			
运费发票	8			
6%征收率	9			
4%征收率	10			
（三）期初已征税款	11		—	
当期申报抵扣进项税额合计	12			
二、进项税额转出额				
项目	栏次		税额	
本期进项税转出额	13			
其中：免税货物用	14			
非应税项目用	15			
非正常损失	16			
按简易征收办法征税货物用	17			
免、抵、退税办法出口货物不得抵扣进项税额	18			
纳税检查调减进项税额	19			
未经认证已抵扣的进项税额	20			
红字专用发票通知单注明的进项税额	21			
三、待抵扣进项税额				
项目	栏次	份数	金额	税额
（一）认证相符的防伪税控增值税专用发票	22	—	—	—
期初已认证相符但未申报抵扣	23			
本期已认证相符且本期未申报抵扣	24			
期末已认证相符但未申报抵扣	25			
其中：按照税法规定不允许抵扣	26			
（二）非防伪税控增值税专用发票及其他扣税凭证	27			
其中：17%税率	28			
13%税率及扣除率	29			
10%扣除率	30			
7%扣徐率	31			
6%征收率	32			
4%征收率	33			
	34			
四、其他				
项目	栏次	份数	金额	税额
本期认证相符的全部防伪税控增值税专用发票	35			
期初已征税款挂账额	36			
期初已征税款余额	37			
代扣代缴税额	38			

填表说明：

1. 本表“税款所属时间”是指纳税人申报的增值税应纳税额的所属时间，填写具体的起止年、月。

2. 本表“填表日期”是指纳税人填写本表的具体日期。

3. 本表“纳税人名称”栏，应加盖纳税人单位公章。

4. 本表“一、申报抵扣的进项税额”部分各栏，分别填写纳税人按税法规定符合抵扣条件，在本期申报抵扣的进项税额情况。

（1）第1栏“（一）认证相符的防伪税控增值税专用发票”，填写本期申报抵扣的认证相符的防伪税控增值税专用发票情况，包括认证相符的红字防伪税控增值税专用发票，应等于第2栏“其中：本期认证相符且本期申报抵扣”与第3栏“前期认证相符且本期申报抵扣”数据之和。

（2）第2栏“其中：本期认证相符且本期申报抵扣”，填写本期认证相符且本期申报抵扣的防伪税控增值税专用发票情况，应与第35栏“本期认证相符的全部防伪税控增值税专用发票”减第24栏“本期已认证相符且本期未申报抵扣”后的数据相等。

（3）第3栏“前期认证相符且本期申报抵扣”，填写前期认证相符本期申报抵扣的防伪税控增值税专用发票情况，应与第23栏“期初已认证相符但未申报抵扣”加第24栏“本期已认证相符且本期未申报抵扣”减第25栏“期末已认证相符但未申报抵扣”后数据相等。

（4）第4栏“（二）非防伪税控增值税专用发票及其他扣税凭证”，填写本期申报抵扣的非防伪税控增值税专用发票及其他扣税凭证情况，应等于第5栏至第10栏之和。

（5）第11栏“（三）期初已征税款”，填写按照规定比例在本期申报抵扣的初期存货挂账税额。

（6）第12栏“当期申报抵扣进项税额合计”应等于第1栏、第4栏、第11栏之和。

5. 本表“二、进项税额转出额”部分填写纳税人已经抵扣但按税法规定应作进项税额转出的明细情况。但不包括销售折扣、折让、进货退出等应负数冲减当期进项税额的情况。

第13栏“本期进项税转出额”应等于第14栏至第21栏之和。

6. 本表“三、待抵扣进项税额”部分各栏数据，分别填写纳税人已经取得，但按税法规定不符合抵扣条件，暂不予在本期申报抵扣的进项税额情况及按照税法规定不允许抵扣的进项税额情况。

（1）第23栏“期初已认证相符但未申报抵扣”，填写已前期认证相符，但按照税法规定，暂不予抵扣，结存至本期的防伪税控增值税专用发票，应与上期“期末已认证相符但未申报抵扣”栏数据相等。

（2）第24栏“本期已认证相符且本期未申报抵扣”，填写本期认证相符，但因按照税法规定暂不予抵扣及按照税法规定不允许抵扣，而未申报抵扣的防伪税控增值税专用发票。包括商业企业购进货物未付款、工业企业购进货物未入库、购进固定资产、外贸企业购进供出口的货物、因退货将抵扣联退还销货方等。

（3）第25栏“期末已认证相符但未申报抵扣”，填写截至本期期末，按照税法规定仍暂不予抵扣及按照税法规定不允许抵扣且已认证相符的防伪税控增值税专用发票情况。

（4）第26栏“其中：按照税法规定不允许抵扣”，填写期末已认证相符但未申报抵扣的防伪税控增值税专用发票中，按照税法规定不允许抵扣，而只能作为出口退税凭证或应列入成本、资产等项目的防伪税控增值税专用发票。包括外贸出口企业用于出口而采购货物的防伪税控增值税专用发票；纳税人购买固定资产的防伪税控增值税专用发票；因退货将抵扣联退还销货方的防伪税控增值税专用发票等。

7. 本表“四、其他”栏“本期认证相符的全部防伪税控增值税专用发票”项指标，应与防伪税控认证子系统中的本期认证相符的防伪税控增值税专用发票数据相同。“代扣代缴税额”项指标，填写纳税人根据《中华人民共和国增值税暂行条例实施细则》第三十四条的规定扣缴的增值税额。

六、习题训练

（一）单项选择题

1. 将购买的货物用于（　　）项目，其进项税额准予抵扣。

A. 对外投资　　　　B. 无偿赠送给职工

C. 发放奖品　　　　　　　　　　　　　D. 修建展销厅

2. 某酒厂系增值税一般纳税人，本期销售散装白酒10吨，增值税专用发票上注明的销售额为50 000元；收取包装物押金1 755元，已单独入账核算。该厂此项业务应申报的增值税销项税额为（　　）元。

A. 8 500　　B. 8 798. 35　　C. 8 755　　D. 7 519. 96

3. 下列项目不允许扣除进项税额的是（　　）。

A. 一般纳税人购进应税劳务　　　　B. 生产企业购进并验收入库的原材料

C. 一般纳税人销售货物支付的运输费　D. 专门用于免税项目购进的存货

4. 某皮革厂将自产的皮鞋作为福利发给本厂职工，该批产品制造成本共计8万元，利润率为10%，按当月同类产品平均销售价格计算为10万元。则该笔业务计征增值税的销售额应为（　）万元。

A. 8. 8　　B. 10　　C. 8　　D. 9

5. 某商场开展"买一送一"促销活动销售货物。本期销售A商品30台，零售价为3 510元/台；同时赠送B商品30件，零售价为23. 4元/件。已知A、B商品的适用税率为17%。该商场此项业务应申报的增值税额是（　　）元。

A. 15 402　　B. 17 901　　C. 15 300　　D. 18 054

6. 已开业的小规模企业，其年应税销售额超过小规模纳税人标准的，应在（　　）申请办理一般纳税人认定手续。

A. 当年12月底以前

B. 次年1月底以前

C. 应税销售额超过小规模纳税人标准之日起15日内

D. 次年3个月内

7. 单位和个体经营者发生的下列行为中，应视同销售货物计算增值税销项税额或应纳税额的是（　　）。

A. 将购买的货物用于非应税项目

B. 将购买的货物用于职工福利或个人消费

C. 将购买的货物用于对外投资

D. 将购买的货物用于生产应税产品

8. 进口下列货物应按13%的税率征收增值税的是（　　）。

A. 电视机　　B. 汽车　　C. MP3　　D. 农机

9. 纳税人进口货物应纳的增值税，应当自海关填发税款缴纳证的次日起（　　）日内缴纳。

A. 5　　B. 7　　C. 15　　D. 10

10. 下列业务按规定应征收增值税的是（　　）。

A. 电器修理　　B. 房屋装修　　C. 饮食服务　　D. 装卸搬运

（二）多项选择题

1. 下列销售行为属于增值税征税范围的是（　　）。

A. 销售电力　　B. 转让专利　　C. 销售水泥　　D. 销售自来水

2. 单位和个人提供下列劳务，应征增值税的有（　　）。

A. 房屋修理　　B. 房屋装潢　　C. 汽车修理　　D. 受托加工服装

3. 一般纳税人将购买货物用于（　　）时，则其进项税额在计算增值税时允许抵扣。

A. 非应税项目　　B. 职工福利或个人消费

C. 对外投资　　D. 生产应税产品

4. 下列混合销售行为，应当征收增值税的有（　　）。

A. 企业生产防盗门并负责安装

B. 电信部门销售移动电话并为客户提供电信服务

C. 建筑公司为承建的某项工程既提供建筑材料又承担建筑、安装业务

D. 商场批发货物并负责运输

5. 根据增值税法规规定，一般纳税人在下列情况下不可开具增值税专用发票的是（　　）。

A. 商品零售企业将货物出售给消费者　　B. 生产企业将货物出售给小规模纳税人

C. 销售免税货物　　D. 生产企业将货物销售给批发企业

6. 一般纳税人向购买方收取的（　　）需计入销售额计算销项税额。

A. 包装物押金　　B. 手续费　　C. 包装物租金　　D. 销项税额

7. 下列（　　）结算方式，以货物发出当天作为增值税专用发票开具时限。

A. 预收货款　　B. 分期收款销售　　C. 赊销　　D. 托收承付

8. 下列各项中，应按税法规定征收增值税的是（　　）。

A. 货物期货

B. 寄售业销售寄售物品

C. 邮政部门以外的其他单位和个人销售集邮商品

D. 歌厅向顾客收取的茶水饮料费

（三）判断题

1. 年应税销售额未超过小规模纳税人认定标准的企业，即使企业会计核算健全，能准确核算并提供销项税额、进项税额，一定不能申请办理一般纳税人手续。（　　）

2. 销售给商业小规模纳税人的货物应按 4% 的征收率计税，销售给其他小规模纳税人的货物应按 6% 的征收率计税。（　　）

3. 年应税销售额超过小规模纳税人标准的个人、非企业性单位，不属于增值税一般纳税人。（　　）

4. 采用分期收款方式销售货物，应以货物发出当天作为增值税专用发票的开具时限。（　　）

5. 汽车制造厂回收旧汽车可按收购金额的 10% 抵扣进项税额。（　　）

6. 纳税人为鼓励顾客及早偿还货款而承诺给予顾客的折扣额，可以从销售额中扣除，按扣除折扣后的余额计算增值税的销项税额。（　　）

7. 对从事成品油销售的加油站，无论其年应税销售额是否超过 180 万元，一律按增值税一般纳税人征税。（　　）

8. 现行销售货物的增值税的起征点为月销售额 2 000 ~ 5 000 元。（　　）

9. 在未收回专用发票抵扣联及发票联，或虽已收回专用发票抵扣联及发票联但购货方已将

专用发票抵扣联报送税务机关认证的情况下，销货方一律不得作废已开具的专用发票。(　　)

10. 增值税一般纳税人认证通过的防伪税控系统开具的增值税专用发票，应在认证通过的当月按照增值税有关规定核算当期进项税额并申报抵扣，否则不予抵扣进项税额。(　　)

(四) 实务题

1. 某大型百货商场为增值税一般纳税人，2007 年 3 月购进货物一批，取得增值税专用发票，购进价为 1 500 万元，当月将其中的一部分货物分别销售给宾馆和个体零售商，取得含税销售收入分别为 1 989 万元和 351 万元。个体零售商将购进的货物销售给消费者，取得含税销售收入 411 万元。试分别计算百货商场和个体零售商当月应缴纳的增值税税额。

2. 某企业为增值税一般纳税人，某月进口原材料一批，到岸价 50 万元，已验收入库，关税税率为 15%。当月内销货物一批，取得销售收入 80 万元（不含税）。企业当期其他符合抵扣条件的进项税额为 5 万元。计算企业当月应纳增值税税额。

3. 某涂料厂系增值税一般纳税人，2007 年 3 月份发生下列经济业务：

（1）购进化工原料一批，取得增值税专用发票注明价款 80 000 元，增值税税额为 13 600 元，原料已验收入库并部分投入使用。在购货过程中支付运输费用 2 200 元，其中：运费1 950 元，建设基金 50 元，装卸费、保险费等杂费 200 元，已取得运输部门开具的运费发票。

（2）购进包装物一批，取得增值税专用发票注明价款 3 000 元，增值税额为 510 元。月末，该批包装物尚未运达企业。

（3）销售甲种涂料 2 000 桶，开具增值税专用发票注明的销售额为 120 000 元；同时收取包装物押金 23 400 元，并单独设账核算。

（4）没收逾期包装物押金 23 400 元，已入账核算。

（5）为粉刷办公室、车间，从成品库领用甲种涂料 20 桶，已按成本价转账核算。甲种涂料的单位生产成本为 40 元 / 桶。

计算该涂料厂本月应缴增值税税额。

4. 某商场为增值税一般纳税人，2007 年 3 月份发生以下购销业务：

（1）购入日用品取得增值税专用发票上注明的货款为 100 000 元，同时支付货物运输费 3 500元。

（2）将购入的一批货物作为礼物赠送给关联企业，同类商品的销售价为 30 000 元（不含税价）。

（3）向小规模纳税人销售货物金额为 23 400 元，柜台零售货物金额为 11 700 元，向一般纳税人销售货物价款 60 000 元。

（4）“三八”节以价值 8 000 元（不含税进价）的库存商品为女职工搞福利。

（5）向灾区捐赠货物一批，不含税金额为 50 000 元。

计算该商场本月应缴增税值税税额。

5. 某商业企业为增值税一般纳税人，2007 年 2 月发生下列经济业务：

（1）因购进商品质量有问题，退回上月从 A 企业购进的货物 40 件，每件不含税价 500 元。商业企业取得了税务机关开具的进货退出证明单，退货手续符合规定。

（2）销售给 B 企业货物一批，不含税价为 260 000 元，合同约定的折扣条件为“5/10，2/20，*n*/30”。B 企业于提货后 9 天全部付清货款。该企业以自有汽车运送上述货物，同时向购买方收取运费 2 000 元。

（3）企业促销开办以旧换新业务，回收旧电视机 50 台，原价每台 3 000 元，换出新电视机市场价为 2 500 元（含税价）。

已知商业企业当月允许抵扣的进项税额为 100 000 元，除上述业务外还销售商品取得收入 2 340 000 元（含税价）。计算商业企业当期应缴纳的增值税税额。

（五）综合题

某工业企业为增值税一般纳税人，以一个月为纳税期限。2007 年 7 月发生下列经济业务：

（1）购进原材料一批，取得增值税专用发票上注明的价款为 700 000 元，增值税额为 119 000元。供货单位交来的运单上反映其代垫运费 20 000 元。企业因资金不足，上述各款项全部尚未支付，材料尚未验收入库。

（2）上述材料到达验收入库。

（3）接受联营单位投入的一批原材料，专用发票上注明的货款为 40 000 元，增值税额为 6 800元，材料已验收入库。假定均享受注册资本份额。

（4）接受某公司无偿捐赠的原材料一批，增值税专用发票上注明的货款为 30 000 元，增值税额为 5 100 元，材料已验收入库，以银行存款支付相关手续费 300 元。假设所得税税率为 30%。

（5）基本生产车间委托某机修厂修理设备，以银行存款支出修理费 3 000 元，增值税额为 510 元。工厂已收到机修厂开具的增值税专用发票。

（6）购入不需安装的新设备一台，取得的专用发票上注明的价款为 20 000 元，增值税额为 3 400 元，款项已用银行存款支付。

（7）销售产品获得销售价款 500 000 元，按规定收取增值税额为 85 000 元，款项已收到存入银行。

（8）随同产品出售一批单独计价的包装物，应收取包装物价款为 900 元，按规定收取增值税额为 153 元，款项均未收到。

（9）结转逾期未退还的包装物押金 936 元，适用增值税税率为 17%。

（10）委托 A 公司代销产品 100 件，协议价为 80 元/件，制造成本为 50 元/件，增值税率为 17%。A 公司把全部产品出售后送来代销清单时，工厂开具增值税专用发票，发票上注明售价为 8 000 元，增值税为 1 360 元。A 公司实际销售时开具的增值税专用发票上注明的售价为 10 000 元，增值税额为 1 700 元。

（11）工厂的基建部门因从事某项目的建设领用自制的产品 50 件，每件售价 150 元，每件的实际成本为 100 元，适用的增值税率为 17%。

（12）将一批外购的原材料对外投资，原材料账面实际成本为65 000元，增值税组成计税价为 70 000 元，适用增值税率为 17%。

（13）工厂以自产的一批产品作为福利发放给本厂职工，该批产品实际制造成本为 60 000 元，无同类产品销售价，适用增值税率为 17%。

（14）将自产的一批产品送给某灾区，作为抗洪救灾用。该批产品按售价计算金额为 80 000元，其实际制造成本为 60 000 元，增值税适用税率为 17%。

（15）购进一批原材料发生非正常损失 10 000 元，经查实其中有 7 000 元材料是因自然灾害造成的损失，有2 000元材料发生了霉烂变质，有1 000元材料因管理人员失职造成丢失。该批材料在购进时增值税专用发票上注明的增值税额为1 700元。

（16）工厂因火灾烧毁一批自制库存商品，其制造成本为60 000元，其中原材料成本为40 000元，该材料适用的增值税率为17%，根据保险部门核批，该批发生自然灾害的库存商品应取得保险赔款10 000元。

（17）计算当期应交增值税额。并填制增值税申报表。

增值税纳税申报表

（适用于增值税一般纳税人）

根据《中华人民共和国增值税暂行条例》第二十二条和第二十三条的规定制定本表。纳税人不论有无销售额，均应按主管税务机关核定的纳税期限按期填报本表，并于次月一日起十日内，向当地税务机关申报。

税款所属时间：自2007年07月01日至2007年07月31日　　填表日期：2007年08月01日　　金额单位：元（列至角分）

纳税人识别号　　　　　　　　　　　　　　　　　　　　　　　　　　　　所属行业：

纳税人名称	（公章）	法定代表人姓名		注册地址	营业地址	
开户银行及账号		企业登记注册类型			电话号码	

项目		栏次	一般货物及劳务		即征即退货物及劳务	
			本月数	本年累计	本月数	本年累计
销售额	（一）按适用税率征税货物及劳务销售额	1				
	其中：应税货物销售额	2				
	应税劳务销售额	3				
	纳税检查调整的销售额	4				
	（二）按简易征收办法征税货物销售额	5				
	其中：纳税检查调整的销售额	6				
	（三）免、抵、退办法出口货物销售额	7				
	（四）免税货物及劳务销售额	8				
	其中：免税货物销售额	9				
	免税劳务销售额					

(续上表)

税款计算	销项税额	11				
	进项税额	12				
	上期留抵税额	13				
	进项税额转出	14				
	免、抵、退货物应退税额	15				
	按适用税率计算的纳税检查应补缴税额	16				
	应抵扣税额合计	17 = 12 + 13 - 14 - 15 + 16				
	实际抵扣税额	18(如 17 < 11,则为17,否则为11)				
	按适用税率计算的应纳税额	19 = 11 - 18				
	期末留抵税额	20 = 17 - 18				
	按简易征收办法计算的应纳税额	21				
	按简易征收办法计算的纳税检查应补缴税额	22				
	应纳税额减征额	23				
	应纳税额合计	24 = 19 + 21 - 23				
税款缴纳	期初未缴税额（多缴为负数）	25				
	实收出口开具专用缴款书退税额	26				
	本期已缴税额	27 = 28 + 29 + 30 + 31				
	①分次预缴税额	28				
	②出口开具专用缴款书预缴税额	29				
	③本期缴纳上期应纳税额	30				
	④本期缴纳欠缴税额	31				
	期末未缴税额（多缴为负数）	32 = 24 + 25 + 26 - 27				
	其中：欠缴税额（≥0）	33 = 25 + 26 - 27				
	本期应补（退）税额	34 = 24 - 28 - 29				
	即征即退实际退税额	35				
	期初未缴查补税额	36				
	本期入库查补税额	37				
	期末未缴查补税额	38 = 16 + 22 + 36 - 37				
授权声明	如果你已委托代理人申报，请填写下列资料： 为代理一切税务事宜，现授权（地址） 为本纳税人的代理申报人，任何与本申报表有关的往来文件，都可寄予此人。 授权人签字：		申报人声明	此纳税申报表是根据《中华人民共和国增值税暂行条例》的规定填报的，我相信它是真实的、可靠的、完整的。		

(以下由税务机关填写)

收到日期： 接收人： 主管税务机关盖章：

（六）案例分析题

1. 刘某2003年5月1日起在某场地，以两台雪泥机、两台鲜果机销售冷饮和鲜果汁，就此项业务，刘某不知是按饮食服务业缴纳营业税还是按饮食加工业缴纳增值税，请你帮忙解决。

2. 某造纸厂是一般纳税人，主要生产各种纸张。2004年4月该厂外购货物的全部进项税是40 000元，本月货物的销售情况如下：

销售各种纸张不含税收入分别为180 000元、150 000元、100 000元、60 000元。该厂设一非独立核算的汽车运输车队，负责给购货方送货，本月随同销售纸张取得运输收入30 000元。问该厂进行的是否为增值税的混合销售行为？若是，计算应纳增值税税额；若不是，请说明理由。

3. 某手机厂（一般纳税人）为了占领市场，以不含税价1 000元/部出售自产手机，该企业本月共发生下列经济业务：

（1）向本市各商家销售6 000部，手机厂均给予了2%的折扣销售，但对折扣额另外开出红字发票入账。

（2）售给外地其他商场2 000部，并支付运杂费1.5万元。运输单位开具的货票上注明运费1.2万元，装卸及保险费0.3万元。

（3）根据政府有关规定，对外地企业销售，除收取货款和税金外，还应当按每部10元代政府收取电力基金，此款已收到。

（4）为扩大销售，厂商决定任何品牌的手机都可以用来以旧换新，旧手机收购价为80元/部，本月以旧换新手机400部。为奖励某体育代表队为国争光，该厂商决定给每位队员赠送一部手机，共赠30部。

（5）购进生产用原材料，专用发票上注明的货款金额为300万元。

（6）从国外进口一台手机检测设备，完税凭证上注明增值税额为20万元。

（7）本厂新成立一销售公司，由于尚未办理税务登记，本月销售的50部手机由手机厂代开增值税专用发票。该单位的会计员计算当月的应纳增值税是：

当月销项税额 = $[6\,000 \times 1\,000 \times (1 - 2\%) + 2\,000 \times 1\,000 + (1\,000 - 80) \times 400] \times 17\% \div 10\,000 = 140.216$（万元）

进项税额 $= 300 \times 17\% + 20 + 1.5 \times 7\% + 0.008 \times 10\% \times 400 = 71.425$（万元）

当月的应纳税额 $= 140.216 - 71.425 = 68.791$（万元）

要求：根据以上资料，依据增值税法有关规定分析该厂商应纳增值税的计算是否正确，若不正确，错误何在？并正确计算应纳增值税额。

项目三　消费税的纳税申报

学习目标

1. 了解消费税的概念及历史。
2. 熟悉消费税的征纳管理方法。
3. 掌握消费税的基本要素。
4. 掌握应纳税额的计算。
5. 熟悉消费税的税务处理。

税收小贴士

日本的消费税

消费税是国家及地方的财源，其所占的比例越来越大，已成为一项国家与地方的重要财源。日本的消费税法规定，凡在日本国内进行商品买卖，提供劳务服务的事业者（法人或个人事业者）都是消费税纳税义务者。

在日本，消费税是由事业者缴纳，与有无利润无关的税金。它是伴随着购入及销售物品、提供劳务服务而必然产生的。税率为：消费税4% + 地方消费税1% =5%。在日本买任何东西都是要加消费税的，所以在你买东西的时候要把5%的消费税算进去。有些东西的标价是包含税的，就在价格旁边写上（税入）。如果是不含税的价格则写上（税拔）。超市里的零食价格一般都是包含税的价格。但是工资、支付利息、保险费等的支出中不包含消费税。

日本的健康保险法、学校教育法等明文规定了一些非课税的情况。

社会政策上允许作为非课税的情况，如健康保险法等规定的诊疗报酬、社会福利事业法中作为事业规定的与助产有关的诸费用、埋葬费、火葬费、残疾人所使用物品的转让费等，学校教育法等规定的学费、入学金、设施设备费等，所规定的教科书的转让费、住宅的出租费等。

知识点

一、消费税的纳税人

1. 消费税

消费税（或销售税）是对在我国境内生产、委托加工和进口的特定消费品所征收的一种税。消费税是政府向消费品征收的税项，可向批发商或零售商征收。消费税是典型的间接税。消费税是1994 年税制改革在流转税中新设置的一个税种。

2. 消费税的作用

消费税是在对货物普遍征收增值税的基础上，选择少数消费品再征收的一个税种，主要是为了调节产品结构，引导消费方向和保证国家财政收入。现行消费税的征收范围主要包括烟、酒及酒精、鞭炮、焰火、化妆品、成品油、贵重首饰及珠宝玉石、高尔夫球及球具、高档手表、游艇、木制一次性筷子、实木地板、汽车轮胎、摩托车、小汽车等税目，有的税目还进一步划分若干子目。

消费税实行价内税，只在应税消费品的生产、委托加工和进口环节缴纳，在以后的批发、零售等环节，因为价款中已包含消费税，因此不用再缴纳消费税，税款最终由消费者承担。

3. 消费税的纳税人

消费税的纳税人是我国境内生产、委托加工、零售和进口《中华人民共和国消费税暂行条例》规定的应税消费品的单位和个人。具体包括：

在我国境内生产、委托加工、零售和进口应税消费品的国有企业、集体企业、私有企业、股份制企业、其他企业、行政单位、事业单位、军事单位、社会团体和其他单位、个体经营者及其他个人。根据《国务院关于外商投资企业和外国企业适用增值税、消费税、营业税等税收暂行条例有关问题的通知》规定，在我国境内生产、委托加工、零售和进口应税消费品的外商投资企业和外国企业，也是消费税的纳税人。

二、消费税的征税范围

消费税的征收范围包括了五种类型的产品：

第一类：一些过度消费会对人类健康、社会秩序、生态环境等方面造成危害的特殊消费品，如烟、酒、鞭炮、焰火等；

第二类：奢侈品、非生活必需品，如贵重首饰、化妆品等；

第三类：高能耗及高档消费品，如小轿车、摩托车等；

第四类：不可再生和不可替代的能源消费品，如汽油、柴油等；

第五类：不利于可持续发展和环保，但具有一定财政意义的产品，如汽车轮胎、实木地板等。

2006 年 3 月 21 日，财政部、国家税务总局联合发出通知，对消费税的税目、税率进行调整。这次调整新增了高尔夫球及球具、高档手表、游艇、木制一次性筷子、实木地板等税目；

取消了护肤护发品税目；并对部分税目的税率进行了调整。2008 年 11 月，国税总局发布了《中华人民共和国消费税暂行条例》，对消费税条例进行了修订。随后又出台法规明确了对调味料、汽/柴油、汽车、白酒消费税的征收，自 2009 年 1 月 1 日起施行。

三、消费税税率的确定

消费税共设置了 14 个税目，21 个子目，列举了 25 个征税项目，共 34 个征税项目。实行比例税率的有 21 个，实行定额税率的有 4 个。共有 14 个档次的税率，最低 3%，最高 45%（2008 年 9 月 1 日起排气量在 1.0 升（含 1.0 升）以下的乘用车，税率由 3% 下调至 1%）。

消费税税目税率表

税目	税率
一、烟	
1. 卷烟	
（1）甲类卷烟	45% 加 0.003 元/支
（2）乙类卷烟	30% 加 0.003 元/支
2. 雪茄烟	25%
3. 烟丝	30%
二、酒及酒精	
1. 白酒	20% 加 0.5 元/500 克（或者 500 毫升）
2. 黄酒	240 元/吨
3. 啤酒	
（1）甲类啤酒	250 元/吨
（2）乙类啤酒	220 元/吨
4. 其他酒	10%
5. 酒精	5%
三、化妆品	30%
四、贵重首饰及珠宝玉石	
1. 金银首饰、铂金首饰和钻石及钻石饰品	5%
2. 其他贵重首饰和珠宝玉石	10%
五、鞭炮、焰火	15%

（续上表）

税目	税率
六、成品油	
1. 汽油	
（1）含铅汽油	0.28 元/升
（2）无铅汽油	0.20 元/升
2. 柴油	0.10 元/升
3. 航空煤油	0.10 元/升
4. 石脑油	0.20 元/升
5. 溶剂油	0.20 元/升
6. 润滑油	0.20 元/升
7. 燃料油	0.10 元/升
七、汽车轮胎	3%
八、摩托车	
1. 气缸容量（排气量，下同）在 250 毫升（含 250 毫升）以下的	3%
2. 气缸容量在 250 毫升以上的	10%
九、小汽车	
1. 乘用车	
（1）气缸容量（排气量，下同）在 1.0 升（含 1.0 升）以下的	1%
（2）气缸容量在 1.0 升以上至 1.5 升（含 1.5 升）的	3%
（3）气缸容量在 1.5 升以上至 2.0 升（含 2.0 升）的	5%
（4）气缸容量在 2.0 升以上至 2.5 升（含 2.5 升）的	9%
（5）气缸容量在 2.5 升以上至 3.0 升（含 3.0 升）的	12%
（6）气缸容量在 3.0 升以上至 4.0 升（含 4.0 升）的	25%
（7）气缸容量在 4.0 升以上的	40%
2. 中轻型商用客车	5%
十、高尔夫球及球具	10%
十一、高档手表	20%
十二、游艇	10%
十三、木制一次性筷子	5%
十四、实木地板	5%

四、消费税的减、免税

消费税的减、免税是指对纳税人应纳消费税予以减征或免征。我国消费税减免可分为政策性减免和临时性减免。政策性减免主要是国家为了鼓励出口创汇以及根据国际通行做法对纳税人出口的应税消费品免征消费税。临时性减免有：对香皂、甲类卷烟暂时按 5% 的税率征收消费税，对金银首饰暂按 5% 税率征收消费税；从 1996 年 1 月 1 日起至 1997 年 12 月 31 日止对摩托车轮胎暂按 5% 税率征收。

能力点

一、消费税的计算

（一）计税依据

消费税的计税依据分别采用从价和从量两种计税方法。实行从价计税办法征税的应税消费品，计税依据为应税消费品的销售额。实行从量定额办法计税时，通常以每单位应税消费品的重量、容积或数量为计税依据。

（二）计税方法

（1）从价计税时：应纳税额＝应税消费品销售额×适用税率

（2）从量计税时：应纳税额＝应税消费品销售数量×适用税额标准

（3）自产自用应税消费品用于连续生产应税消费品的，不纳税。用于其他方面的，有同类消费品销售价格的，按照纳税人生产的同类消费品销售价格计算纳税；没有同类消费品销售价格的，组成计税价格。

组成计税价格＝（成本＋利润）÷（1－消费税税率）

应纳税额＝组成计税价格×适用税率

（4）委托加工应税消费品的由受托方交货时代扣代缴消费税。按照受托方的同类消费品销售价格计算纳税；没有同类消费品销售价格的，组成计税价格。

组成计税价格＝（材料成本＋加工费）÷（1－消费税税率）

应纳税额＝组成计税价格×适用税率

（5）进口应税消费品，按照组成计税价格计算纳税。

组成计税价格＝（关税完税价格＋关税）÷（1－消费税税率）

应纳税额＝组成计税价格×消费税税率

（6）零售金银首饰的纳税人在计税时，应将含税的销售额换算为不含增值税税额的销售额。

金银首饰的应税销售额＝含增值税的销售额÷（1＋增值税税率或征收率）

对于生产、批发、零售单位用于馈赠、赞助、集资、广告、样品、职工福利、奖励等方面或未分别核算销售的按照组成计税价格计算纳税。

组成计税价格＝购进原价×（1＋利润率）÷（1－金银首饰消费税税率）

应纳税额＝组成计税价格×金银首饰消费税税率

二、消费税的几种经营行为的税务处理

为了反映和监督消费税的计算和征缴，会计核算上应设置“应交税费”一级科目，下设二级账户“应交消费税”。“应交税费”账户是负债类账户，当企业计算应交消费税时，记入“应交税费——应交消费税”账户的贷方；当企业实际交纳时，记入“应交税费——应交消费税”账户的借方。期末贷方余额反映企业应交未交的消费税税额；期末如果出现借方余额则反

映企业多交的消费税额。

1. 自产自用应税消费品应纳税额的确定及纳税规定

（1）用于连续生产应税消费品的自产自用的应税消费品，用于连续生产应税消费品，不再征税，体现了税不重征和计税简便的原则，避免了重复征税。

（2）用于其他方面的纳税人自产自用的应税消费品，不是用于连续生产应税消费品，而是用于其他方面的，于移送使用时纳税。

（3）组成计税价格纳税人自产自用的应税消费品，凡用于其他方面的，应当纳税。具体分为以下两种情况：

①有同类消费品的销售价格的，按照纳税人生产的同类消费品的销售价格计算纳税：

应纳税额＝同类消费品销售价格×自产自用数量×适用税率

②没有同类消费品销售价格的，应按组成计税价格计算纳税。组成计税价格计算公式：

组成计税价格＝（成本＋利润）÷（1－消费税税率）

＝［成本×（1＋成本利润率）］÷（1－消费税税率）

应纳税额＝组成计税价格×适用税率

“成本”，是指应税消费品的产品生产成本；“利润”，是指根据应税消费品的全国平均成本利润率计算的利润。应税消费品全国平均成本利润率由国家税务总局确定。

2. 委托加工应税消费品的确定及纳税规定

委托加工应税消费品是指由委托方提供原材料和主要材料，受托方只收取加工费和代垫部分辅助材料加工的应税消费品。除此之外，其他形式的均不属委托加工产品。

（1）纳税人委托个体经营者加工应税消费品，一律于委托方收回后在委托方所在地缴纳消费税。除此之外，委托加工应税消费品，由受托方向委托方交货时代收代缴消费税。

（2）委托加工的应税消费品，按照受托方的同类消费品的销售价格计算纳税，没有同类消费品销售价格的，按照组成计税价格计算纳税。组成计税价格的计算公式为：

组成计税价格＝（材料成本＋加工费）÷（1－消费税税率）

应纳税额＝组成计税价格×适用税率

（3）受托方未代收代缴税款的，委托方要补缴税款，并对受托方按征收管理法的规定进行处罚；委托方收回未代收消费税的委托消费品直接出售的，按销售额计税；收回的应税消费品尚未销售或不能直接销售的（如收回后用于连续生产等），按组成计税价格计税。

组成计税价格＝（材料成本＋加工费）÷（1－消费税税率）

（4）委托加工的应税消费品，受托方在交货时已代收代缴消费税，委托方收回后直接出售的，不再征收消费税。

（5）生产领用委托加工收回的应税消费品已纳税款的扣除。

当期准予扣除的委托加工应税消费品已纳税款＝期初库存的委托加工应税消费品已纳税款＋当期收回的委托加工应税消费品已纳税款－期末库存的委托加工应税消费品已纳税款

纳税人用委托加工收回的已税珠宝玉石生产的改在零售环节征收消费税的金银首饰（镶嵌首饰），计算应纳消费税时不得扣除委托加工收回的珠宝玉石的已纳税款。

3. 兼营不同税率应税消费品的税务处理

纳税人兼营不同税率的应税消费品，应当分别核算不同税率应税消费品的销售额、销售数量；未分别核算销售额、销售数量，或者将不同税率的应税消费品组成成套消费品销售的，从高适用税率。

4. 进口应税消费品的税务处理

纳税人进口应税消费品，应当自海关填发税款缴纳证之日起15日内，按组成计税价格计算缴纳税款。

组成计税价格 =（关税完税价格 + 关税）÷（1 − 消费税税率）

应纳税额 = 组成计税价格 × 适用税率

这里的组成计税价格与增值税中的规定是一致的。

三、消费税的纳税申报案例

案例1

某化妆品生产企业为增值税一般纳税人，5月份加工一批产品用作广告样品，已知该批产品的生产成本为10 000元，增值税税率为17%，消费税税率为30%，成本利润率为5%，则该产品应纳消费税（　　）。

A. 1 785元　　B. 3 150元　　C. 4 500元　　D. 16 450元

答案：C

解析：自产自用应税消费品，用于其他方面的，于移送使用时纳税。理解“用于其他方面”的含义。没有同类消费品销售价格的，应按组成计税价格计算纳税，组成计税价格 =［成本×（1 + 成本利润率）］÷（1 − 消费税税率）=［10 000×（1 + 5%）］÷（1 − 30%）= 15 000元；应纳税额 = 组成计税价格×适用税率 = 15 000×30% = 4 500元。

案例2

甲酒厂为增值税一般纳税人，2002年5月发生以下业务：

（1）从农业生产者手中收购粮食30吨，每吨收购价2 000元，共计支付收购价款60 000元。

（2）甲酒厂将收购的粮食从收购地直接运往异地的乙酒厂生产加工白酒，白酒加工完毕，企业收回白酒8吨，取得乙酒厂开具的增值税专用发票，注明加工费25 000元，代垫辅料价值15 000元，加工的白酒当地无同类产品市场价格。

（3）本月内甲酒厂将收回的白酒批发售出7吨，每吨不含税销售额16 000元。

（4）另外支付给运输单位的销货运输费用12 000元，取得普通发票。

（白酒的消费税固定税额为每斤0.5元，比例税率为25%）

要求：计算甲酒厂应纳的消费税和增值税。

解析：① 收回委托加工的白酒应纳的消费税：

代收代缴的消费税的组成计税价格 =［30×2 000×（1 − 13%）+（25 000 + 15 000）］÷（1 − 25%）= 122 933.33（元）

应纳的消费税 = 122 933.33×25% + 8×2 000×0.5 = 38 733.33（元）

② 销售委托加工收回的白酒不交消费税。

③ 应纳增值税：

销项税额 $=7\times16\ 000\times17\%=19\ 040$（元）

进项税额 $=30\times2\ 000\times13\%+6\ 800+12\ 000\times7\%=15\ 440$（元）

应纳增值税 $=19\ 040-15\ 440=3\ 600$（元）

四、消费税的征收管理

（一）消费税的纳税环节的具体规定

1. 生产销售应税消费品的纳税环节

纳税人生产的应税消费品于销售时纳税。所谓“纳税人生产的应税消费品于销售时纳税”是指有偿转让应税消费品的所有权，即以从受让方取得货币、货物、劳务或其他经济利益为条件转让的应税消费品。

2. 自产自用应税消费品的纳税环节

纳税人自产自用的应税消费品，用于连续生产应税消费品的，不纳税；用于其他方面的，于移送使用时纳税。所谓“纳税人自产自用的应税消费品用于连续生产应税消费品的”是指作为生产最终应税消费品的直接材料，并构成最终产品实体的应税消费品。

所谓“用于其他方面的”是指纳税人用于生产非应税消费品和在建工程、管理部门、非生产机构、提供劳务，以及用于馈赠、赞助、集资、广告、样品、职工福利、奖励等方面的应税消费品。

3. 委托加工应税消费品的纳税环节

委托加工的应税消费品，由受托方向委托方交货时代收代缴。

所谓“委托加工的应税消费品”，是指由委托方提供原料和主要材料，受托方只收取加工费和代垫部分辅助材料加工的应税消费品。对于受托方提供原材料生产的应税消费品，或者受托方先将原材料卖给委托方，然后再接受加工的消费品，以及由受托方以委托方名义购进原材料生产的应税消费品，不论纳税人在财务上是否作销售处理，都不得作为委托加工应税消费品，而应当按照销售自制应税消费品缴纳消费税。

委托加工的应税消费品直接销售的，不再征收消费税。

4. 进口应税消费品的纳税环节

进口的应税消费品于报关进口时纳税。

（二）消费税纳税义务发生时间的确定

1. 纳税人销售的应税消费品

纳税人销售的应税消费品，其纳税义务的发生时间为：

（1）纳税人采取赊销和分期收款结算方式的，其纳税义务的发生时间，为销售合同规定的收款日期的当天。

（2）纳税人采取预收货款结算方式的，其纳税义务的发生时间，为发出应税消费品的当天。

（3）纳税人采取托收承付和委托银行收款方式销售的应税消费品，其纳税义务的发生时间，为发出应税消费品并办妥托收手续的当天。

（4）纳税人采取其他结算方式的，其纳税义务发生时间，为收讫销售款或取得索取销售款凭据的当天。

纳税人委托加工的应税消费品，其纳税义务的发生时间，为纳税人提货的当天。

2. 自产自用的应税消费品

自产自用的应税消费品，其纳税义务的发生时间，为移送使用的当天。

3. 进口应税消费品

纳税人进口的应税消费品，其纳税义务的发生时间，为报关进口的当天。

（三）消费税纳税地点的确定

1. 销售或自产自用应税消费品的纳税地点

（1）纳税人销售的应税消费品，以及自产自用的应税消费品，除国家另有规定者外，应当向纳税人核算地主管税务机关申报纳税。

（2）纳税人到外（县）市销售或委托外（县）市代销自产应税消费品的，于应税消费品销售后，回纳税人核算地或所在地缴纳消费税。

（3）纳税人的总机构与分支机构不在同一（县）市的，应在生产应税消费品和分支机构所在地缴纳消费税。但经国家税务总局及所属税务分局批准，纳税人分支机构应纳消费税税款也可由总机构汇总向总机构所在地主管税务机关缴纳。

（4）对纳税人的总机构与分支机构不在同一省（自治区、直辖市）的，如需改由总机构汇总在总机构所在地纳税的，需报经国家税务总局批准，对纳税人的总机构与分支机构在同一省（自治区、直辖市）内，而不在同一县（市）的，如需改由总机构汇总在总机构所在地纳税的，需报经国家税务总局所属分局批准。

2. 委托加工的应税消费品的纳税地点

（1）委托加工的应税消费品，由受托方向所在地主管税务机关解缴消费税税款。

（2）对纳税人委托个体经营者加工的应税消费品，一律于委托方收回后在委托方所在地缴纳消费税。

3. 进口应税消费税的纳税地点

进口的应税消费品，由进口人或者其代理人向报关地海关申报纳税。

（四）消费税的纳税期限

（1）消费税的纳税期限分别为1日、3日、5日、10日、15日或者1个月。纳税人具体纳税期限，由主管税务机关根据纳税人应纳税额的大小分别核定，不能按照固定期限纳税的，可以按次纳税。

（2）纳税人以1个月为一期纳税的，自期满之日起10日内申报纳税；以1日、3日、5日、10日或者15日为一期纳税的，自期满之日起5日内予缴税款，于次月1日起10日内申报纳税并结清上月应纳税款。

（3）纳税人进口应税消费品，应当自海关填发税款缴纳证的次日起7日内缴纳税款。

五、消费税的纳税申报

消费税纳税申报表

填表日期：　　年　月　日

纳税编码：

纳税人识别号：

纳税人名称：　　　　　　　　　　　　　　　　　　地　　址：

税款所属期：　　年　　月　　日至　　年　　月　　日　　　　联系电话：

应税消费品名称	适用税目	应税销售额（数量）	适用税率（单位税额）	当期准予扣除外购应税消费品买价				外购应税消费品适用税率
				合计	期初库存外购应税消费品买价	当期购进外购应税消费品买价	期末库存外购应税消费品买价	
1	2	3	4	5 = 6 + 7 − 8	6	7	8	9
合计								

应纳消费税		当期准予扣除外购应税消费品已纳税款	当期准予扣除委托加工应税消费品已纳税款			
本期	累计		合计	期初库存委托加工应税消费品已纳税款	当期收回委托加工应税消费品已纳税款	期末库存委托加工应税消费品已纳税款
15 = 3 × 4 − 10 或 3 × 4 − 11 或 3 × 4 − 10 − 11	16	10 = 5 × 9	11 = 12 + 13 − 14	12	13	14

已纳消费税		本期应补（退）税金额			
本期	累计	合计	上期结算税额	补交本年度欠税	补交以前年度欠税
17	18	19 = 15 − 17 + 20 + 21 + 22	20	21	22

截至上年底累计欠税额	本年度新增欠税额		减免税额	预缴税额	多缴税额
	本期	累计			
23	24	25			

如纳税人填报，由纳税人填写以下各栏	如委托代理人填报，由代理人填写以下各栏	备注

（续上表）

<table>
<tr><td rowspan="3">会计主管：

（签章）</td><td rowspan="3">纳税人：

（公章）</td><td>代理人名称</td><td></td><td colspan="2" rowspan="2">代理人：
（公章）</td></tr>
<tr><td>代理人地址</td><td></td></tr>
<tr><td>经办人</td><td></td><td>电话</td><td></td></tr>
<tr><td colspan="6">以下由税务机关填写</td></tr>
<tr><td>收到申报表日期</td><td colspan="2"></td><td>接收人</td><td colspan="2"></td></tr>
</table>

填表说明：

①表中第2栏“适用税目”必须按照《中华人民共和国消费税暂行条例》规定的税目填写。

②本表一式三份，区（分）局、计征局、纳税人各一份。

六、习题训练

（一）单项选择题

1. 我国绝大多数应税消费品选择征收消费税的环节是（　　）。

A. 生产环节　　B. 流通环节

C. 消费环节　　D. 分配环节

2. 下列项目中可以抵扣外购应税消费品的已纳税额的项目有（　　）。

A. 为生产化妆品而领用的酒精　　B. 为零售金银首饰而出库的金银首饰

C. 领用外购已税白酒勾兑的白酒　　D. 为生产卷烟而外购的烟丝

3. 委托加工应纳消费税产品收回后，用于继续加工生产应纳消费税产品的，由受托方代收代缴的消费税，应计入的科目是（　　）。

A. 生产成本　　B. 应交税金

C. 委托加工成本　　D. 主营业务成本

4. 下列消费品中，实行从量征收的有（　　）。

A. 黄酒　　B. 酒精

C. 小汽车　　D. 高尔夫球

5. 委托加工应税消费品是指（　　）。

A. 由受托方以委托方名义购进原材料生产的产品

B. 由受托方提供原材料生产的产品

C. 由受托方将原材料卖给委托方，然后再接受加工的产品

D. 由委托方提供原材料和主要材料，受托方只收取加工费和代垫部分辅助材料加工的产品

6. 纳税人用外购应税消费品连续生产应税消费品，在计算纳税时，其外购应税消费品的已纳消费税税款应按下列办法处理（　　）。

A. 该已纳税款当期可以全部扣除

B. 该已纳税款当期可扣除50%

C. 可对外购应税消费品当期领用部分的已纳税款予以扣除

D. 该已纳税款当期不得扣除

7. 自产自用应税消费品计算消费税时，若没有同类应税消费品销售价格的，按组成计税价格计算，其组成计税价格为（　　）。

A. （成本 + 利润）÷（1 - 消费税税率）

B. （成本 + 利润）÷（1 + 消费税税率）

C. （成本 + 利润）÷（1 - 增值税税率或征收率）

D. （成本 + 利润）÷（1 + 增值税税率或征收率）

8. 消费税纳税人发生下列行为，其具体纳税地点不正确的是（　　）。

A. 纳税人到外县（市）销售应税消费品的，应向销售地税务机关申报缴纳消费税

B. 纳税人直接销售应税消费品的，必须向纳税人核算地主管税务机关申报缴纳消费税

C. 委托加工应税消费品的，必须由受托方向其所在地主管税务机关缴纳消费税

D. 进口应税消费品，由进口人或者其代理人向报关地海关申报纳税

（二）多项选择题

1. 下列消费品中属于消费税征税范围的有（　　）。

A. 贵重首饰　　B. 鞭炮

C. 木制一次性筷子　　D. 摩托车

2. 纳税人自产自用的应税消费品，用于（　　）的应缴纳消费税。

A. 在建工程　　B. 职工福利

C. 管理部门　　D. 连续生产应税消费品

3. 纳税人销售应税消费品向购买方收取的价外费用不包括（　　）。

A. 承运部门的运费发票开具给购货方的代垫运费

B. 手续费

C. 委托方代收代缴的消费税

D. 违约金

4. 下列表述中，正确的规定有（　　）。

A. 消费税是价内税

B. 消费税是价外税

C. 实行从价定率征收的消费品，以含消费税而不含增值税的销售额为计税依据

D. 实行从价定率征收的消费品，以含有消费税和增值税的销售额为计税依据

5. 木材加工厂将自产的一批实木地板用于在建工程的会计分录为（　　）。

A. 借：在建工程　　贷：应交税费——应交增值税（销项税额）

B. 借：在建工程　　贷：应交税费——应交消费税

C. 借：营业税金及附加　　贷：应交税费——应交消费税

D. 借：在建工程　　贷：库存商品

（三）判断题

1. 我国现行消费税的征税对象大多为最终消费品，因此选择在零售环节征收。（　　）

2. 我国现行消费税采取多环节课征制，即每流转一个环节课征一次。（　　）

3. 我国现行消费税条例规定将所有应税消费的征收环节确定在产制环节。（　　）

4. 消费税作为流转税的一种，税款作为商品价格的一部分由消费者承担，因此说其税负

具有转嫁性。(　　)

5. 委托加工应税消费品，受托方为消费税的纳税人。(　　)

6. 纳税人自产自用的应税消费品，包括用于生产应税消费品，用于在建工程及馈赠、赞助等方面的应税消费品应缴纳消费税。(　　)

7. 如委托方只提供主要原材料，辅助材料则由受托方提供，受托方收取加工费所加工出来的应税消费品，按销售自制应税消费品处理，缴纳消费税。(　　)

8. 用部分护肤护发品生产成套化妆品的，如未分别核算，应按化妆品的税率征收护肤护发品部分的消费税。(　　)

9. 我国现行消费税采用单一比例税率的形式。(　　)

10. 我国现行消费税中采用定额税率的有烟、黄酒、汽油、柴油。(　　)

11. 残次品卷烟一律按同牌号规格正品卷烟的征税类别确定适用税率。(　　)

12. 实行从价定率计税的应税消费品，其计税依据是包含增值税而不含消费税税款的销售额。(　　)

13. 委托加工的应税消费品，按照委托方的同类消费品的销售价格计算缴纳消费税；没有同类消费品销售价格的，按照组成计税价格计算消费税。(　　)

（四）简答题

1. 消费税的纳税人是谁？征收范围有哪些？

2. 消费税应纳税额的计算方法是怎样的？

3. 什么时候应该缴纳消费税？

4. 消费税的缴纳地点是哪里？

（五）案例分析题

1. 某化妆品厂2007年5月发生如下经济业务：

（1）销售一批化妆品，适用消费税税率为30%，开出增值税专用发票，收取价款为100万元，增值税款17万元，货款已存入银行。

（2）没收逾期未归还的化妆品包装物押金23 400元。

（3）将自产化妆品一批以福利形式发放给职工，按同类产品不含税售价计算，价款为50 000元，成本价为30 000元。

（4）受托加工化妆品一批，委托方提供原材料20万元，本企业收取加工费8万元，本企业无同类化妆品销售价格。

（5）将护肤品、护发品、化妆品装入一盒内作为礼品送给关系单位，成本价为16 000元，不含税售价应为20 000元。

计算该厂本月应纳消费税税额（含代收代缴消费税），并填制消费税纳税申报表。

2. A卷烟厂为增值税一般纳税人，2007年5月份生产并销售卷烟500箱，每标准箱售价12 500元（不含税）；同期从收购部门购入烟叶40万元，委托B卷烟厂加工成烟丝，支付加工费30万元；收回烟丝的50%按成本价加价10%用于对外销售，余下的50%用于连续加工成卷烟出售。试计算A、B卷烟厂各应纳增值税和消费税税额，并编制相关会计分录。

3. 某有进出口经营权的生产企业某月进口一批摩托车200辆，每辆的关税完税价格为2万元，已纳关税1万元。当月在国内销售180辆，获得不含税销售收入850万元。已知摩托车的消费税率为10%，计算该企业当月应纳的消费税和增值税税额，并填制消费税纳税申报表。

4. 某轮胎厂为增值税一般纳税人，生产各种汽车轮胎，该企业通过外购橡胶、钢材等原材料自制外胎，用委托加工的内胎组装成各种汽车轮胎。该厂2003年8月份增值税、消费税的纳税资料情况如下：卡车轮胎不含税售价为400元/个，小轿车轮胎不含税最高售价为350元/个；轮胎的消费税税率为10%。根据产品成本有关资料得知，各种轮胎成本中的外购货物和劳务的采购成本约占60%，外购货物和劳务的增值税税率为17%。8月份企业已按产品销售收入计提了消费税，并按抵减全部委托加工代收代缴消费税后的余额缴纳了消费税。8月末“应交税费——应交增值税”账户无余额。

8月份有关账务处理如下：

（1）8月4日，委托橡胶制品厂加工卡车用内胎，发出橡胶2吨，价值36 000元。

（2）8月14日，以银行存款支付委托加工费，取得增值税专用发票上注明加工费22 500元、税额3 825元。同时支付受托方代收代缴的消费税6 500元。共收到委托加工内胎1 000个，其中500个收回后直接被生产领用，连续生产卡车轮胎；另外500个以含税价80元/个，直接销售给某农机厂。后附有增值税专用发票1张，注明价款200 000元，税额34 000元；普通发票1张，注明收取代垫运输、装卸费，金额2 000元。其中运费1 800元，装卸费200元；承运部门开具给轮胎厂的运费结算单据1张，注明运费1 800元，装卸费200元。

（3）8月20日，本厂在建工程领用卡车轮胎8个，账面成本价245元/个。

（4）8月25日，以库存小轿车轮胎100个，抵顶租用出租汽车公司房屋租金40 950元，小轿车轮胎账面成本价为230元/个。

（5）8月30日，产成品库月末盘点，发现短缺卡车轮胎10个，账面价格共计2 450元。

要求：指出上述业务应如何计提消费税。

项目四　营业税的纳税申报

学习目标

1. 了解营业税的概念及历史。
2. 熟悉营业税的征纳管理方法。
3. 掌握营业税的基本要素。
4. 掌握应纳税额的计算。
5. 熟悉营业税的税务处理。

税收小贴士

“国三条”出台对二手房交易的影响

2008年12月17日，温家宝总理主持召开国务院常务会议，研究部署促进房地产市场健康发展的政策措施，出台了《国务院办公厅关于促进房地产市场健康发展的若干意见》（简称“国三条”），其中包括：加大保障性住房建设力度；二套房政策松动；满2年二手房交易免征营业税；支持房地产开发企业合理融资需求，按照法定程序取消城市房地产税等。

新政对商品房的影响应该是比较大的，加大保障房和经济适用房建设，将会让商品房的供需关系发生变化，商品房的销售价格将进一步受影响。对二手房而言，营业税改对增值部分进行征收，将大大降低售房成本；对于一些急于变现的业主来说，他们更多会选择调整出售价格，以更短的时间成交；对于购房者来说，得到的将是更加实惠的房子。

楼市新政将个人购买普通住房不足2年转让的，由按其转让收入全额征收营业税，改为按其转让收入减去购买住房原价的差额征收营业税。以一套2年内50万的房子为例，如果原值是40万的话，新政前业主需要支付的营业税是500 000×5.55% = 27 750元；新政后，需要支付的营业税将是（500 000 - 400 000）×5.55% =5 550元，减少22 200元。

知识点

一、营业税的纳税人

1. 营业税

营业税是对在我国境内提供应税劳务、转让无形资产或销售不动产的单位和个人，就其所取得的营业额征收的一种税。营业税属于流转税制中的一个主要税种。

2. 营业税历史

营业税是国家对工商营利事业按营业额征收的税，属于流转课税的一类。营业税起源甚早，如中国明代的门摊、课铁，清代的铺间房税等税，皆属营业税性质，只是并未命名营业税。欧洲中世纪政府对营业商户每年征收一定金额始准营业，称为许可金。后因许可金不论营业商户营业规模之大小均无区别，很多小企业负担不起，1791 年法国始改许可金为营业税，以营业额大小征收。其后，各国相继效仿。1931 年，中国国民党政府制定营业税法，开征此税。新中国成立后，废止旧的营业税，于 1950 年公布《工商业税暂行条例》。其中规定，凡在中国境内的工商营利事业，均应按营业额于营业行为所在地缴纳营业税。1958 年至 1984 年，营业税不作为独立税种，而在试行的工商统一税及后来试行的工商税中设置若干税目征收。1984 年恢复征收营业税。1993 年 12 月 13 日国务院发布《中华人民共和国营业税暂行条例》，自 1994 年 1 月 1 日起施行。现行营业税的基本规范是经 2008 年 11 月 5 日国务院第 34 次常务会议修订通过，自 2009 年 1 月 1 日起施行的《中华人民共和国营业税暂行条例》。

3. 营业税的特点

（1）征税范围广、税源普遍。营业税的征税范围包括在我国境内提供应税劳务、转让无形资产和销售不动产的经营行为，涉及国民经济中第三产业这一广泛的领域。第三产业直接关系着城乡人民群众的日常生活，因而营业税的征税范围具有广泛性和普遍性。随着第三产业的不断发展，营业税的收入也将逐步增长。

（2）以营业额为计税依据，计算方法简便。营业税的计税依据是各种应税劳务收入的营业额、转让无形资产的转让额、销售不动产的销售额（三者统称为营业额），税收收入不受成本、费用高低影响，收入比较稳定。营业税实行比例税率，计征方法简便。

（3）按行业设计税目税率。营业税与其他流转税税种不同，它不按商品或征税项目的种类、品种设置税目、税率，而是从应税劳务的综合性经营特点出发，按照不同经营行业设计不同的税目、税率，即行业相同，税目、税率相同；行业不同，税目、税率不同。营业税税率设计的总体水平较低。

4. 营业税的纳税人

在中华人民共和国境内提供《中华人民共和国营业税暂行条例》规定的劳务（以下简称应税劳务）、转让无形资产或者销售不动产的单位和个人，为营业税的纳税义务人（以下简称纳税人），应当依照本条例缴纳营业税。

单位，是指国有企业、集体企业、私有企业、股份制企业、其他企业和行政单位、事业单位、军事单位、社会团体及其他单位。

个人，是指个体工商户及其他有经营行为的个人。

根据全国人大常委会的决定，单位中还包括外商投资企业和外国企业；个人中还包括在中国境内有经营行为的外国人。

5. 营业税扣缴义务人

根据营业税有关规定，负有代扣代缴营业税义务的单位和个人主要有：

（1）建筑业务实行分包或者转包的，以总承包人为扣缴义务人。

（2）委托金融机构发放贷款，以受托发放贷款的金融机构为扣缴义务人。

（3）分保险业务，以初保人为扣缴义务人。

（4）单位或者个人进行演出由他人售票的，其应纳税款以售票者为扣缴义务人。

（5）演出经纪人为个人时，其办理演出业务的应纳税款以售票者为扣缴义务人。

（6）个人转让除土地使用权以外的其他无形资产，其应纳税款以受让者为扣缴义务人。

（7）境外纳税人发生应税行为而在境内未设有经营机构的，其应纳税款以代理者为扣缴人；没有代理者的，以受让者或购买者为扣缴义务人。

（8）财政部规定的其他扣缴义务人。

二、营业税的征税范围

营业税的征税范围指在中华人民共和国境内提供《中华人民共和国营业税暂行条例》规定的应税劳务，转让无形资产或者销售不动产的行为。

所谓“在境内”是指：

（1）所提供的应税劳务发生在境内。

（2）在境内载运旅客或货物。

（3）在境内组织旅客出境旅游。

（4）所转让的无形资产在境内使用。

（5）所销售的不动产在境内。

（6）境内保险机构提供的除出口货物险、出口信用险外的保险劳务。

（7）境外保险机构以境内的物品为标的提供的保险劳务。

注意：境内单位派本单位的员工赴境外，为境外企业提供劳务服务所取得的各项收入，不征营业税。单位和个体经营者聘用的员工为本单位或雇主提供劳务，不属于营业税征税范围。

所谓应税劳务是指有偿或视同有偿提供交通运输业、建筑业、金融保险业、邮电通信业、文化体育业、娱乐业、服务业税目规定范围的劳务；转让无形资产是指有偿或视同有偿转让土地的使用权和转让专利权、非专利技术、商标权、著作权、商誉的所有权和使用权；销售不动产是指有偿或视同有偿转让建筑物及其他土地附着物的所有权。

营业税是对提供应税劳务、转让无形资产和销售不动产征税，增值税是对销售货物征税。如果一项销售行为既涉及应税劳务又涉及货物，为混合销售行为。从事货物的生产、批发或零售的企业、企业性单位及个体经营者的混合销售行为，视为销售货物，不征收营业税；其他单位和个人的混合销售行为，视为提供应税劳务，应当征收营业税。纳税人既提供应征营业税的劳务，又从事应征增值税的货物销售行为，为兼营行为。纳税人兼营应税劳务与货物，凡不分别核算或不能准确核算的，其应税劳务与货物一并征收增值税，不征营业税。

三、营业税税目、税率的确定

1. 营业税税目

营业税税目是指对课税对象分类规定的具体征税项目。它是按照不同营业行为，在综合分类基础上，采取正列举办法分别设计的。对列举税目范围内的行为征税，没有列举的不征税。现行营业税的税目有9个，即交通运输业、建筑业、邮电通信业、文化体育业、金融保险业、服务业、转让无形资产、销售不动产、娱乐业。每个税目下又设有若干个子目。

2. 营业税税率

营业税税率是指应纳营业税税额与营业收入的比例。营业税实行比例税率。营业税的税率，是根据不同的行业和不同的经营业务，按照这些行业在国民经济中的作用程度、基本保持原总体税负水平、简便的原则进行设计的。具体税率分为4档：

（1）交通运输业、建筑业、邮电通信业、文化体育业4个税目的税率为3%。

（2）金融保险业的税率为8%（从2010年起将分三年由8%降为5%）。

（3）服务业、转让无形资产、销售不动产3个税目的税率为5%。

（4）娱乐业税目的税率为5%至20%，具体适用税率由省级人民政府确定。

3. 营业税税目、税率表

营业税税目、税率表

税目	税率
一、交通运输业	3%
二、建筑业	3%
三、金融保险业	8%
四、邮电通信业	3%
五、文化体育业	3%
六、娱乐业	5%~20%
七、服务业	5%
八、转让无形资产	5%
九、销售不动产	5%

对上表9个税目解释如下：

（1）交通运输业。交通运输业是指使用运输工具或人力、畜力将货物或旅客送达目的地，使其空间位置得到转移的业务活动。

本税目的征收范围包括：陆路运输、水路运输、航空运输、管道运输、装卸搬运。凡与运营业务有关的各项劳务活动，均属本税目的征税范围。

①陆路运输。陆路运输是指通过陆路（地上或地下）运送货物或旅客的运输业务，包括铁路运输、公路运输、缆车运输、索道运输及其他陆路运输。

②水路运输。水路运输是指通过江、河、湖、川等天然、人工水道或海洋航道运送货物或

旅客的运输业务。

打捞比照水路运输征税。

③航空运输。航空运输是指通过空中航线运送货物或旅客的运输业务。

通用航空业务、航空地面服务业务，比照航空运输征税。

通用航空业务是指为专业工作提供飞行服务的业务，如航空摄影、航空测量、航空勘探、航空护林、航空吊挂飞播、航空降雨等。

航空地面服务业务是指航空公司、飞机场、民航管理局、航站向在我国境内航行或在我国境内机场停留的境内外飞机或其他飞行器提供的导航等劳务性地面服务的业务。

④管道运输。管道运输是指通过管道设施输送气体、液体、固体物质的运输业务。

⑤装卸搬运。装卸搬运是指使用装卸搬运工具或人力、畜力将货物在运输工具之间、装卸现场之间或运输工具与装卸现场之间进行装卸和搬运的业务。

（2）建筑业。建筑业是指建筑安装工程作业。

本税目的征收范围包括：建筑、安装、修缮、装饰和其他工程作业。

①建筑。建筑是指新建、改建、扩建各种建筑物、构筑物的工程作业，包括与建筑物相连的各种设备或支柱、操作平台的安装或装设工程作业，以及各种窑炉和金属结构工程作业在内。

②安装。安装是指生产设备、动力设备、起重设备、运输设备、传动设备、医疗实验设备及其他各种设备的装配、安置工程作业，包括与设备相连的工作台、梯子、栏杆的装设工程作业和被安装设备的绝缘、防腐、保温、油漆等工程作业在内。

③修缮。修缮是指对建筑物、构筑物进行修补、加固、养护、改善，使之恢复原来的使用价值或延长其使用期限的工程作业。

④装饰。装饰是指对建筑物、构筑物进行修饰，使之美观或具有特定用途的工程作业。

⑤其他工程作业。其他工程作业是指上列工程作业以外的各种工程作业，如代办电信工程、水利工程、道路修建、疏浚、钻井（打井）、拆除建筑物或构筑物、平整土地、搭脚手架、爆破等工程作业。

（3）金融保险业。金融保险业是指经营金融、保险的业务。

本税目的征收范围包括：金融、保险。

①金融。金融是指经营货币资金融通活动的业务，包括贷款、融资租赁、金融商品转让、金融经纪业和其他金融业务。

贷款是指将资金贷与他人使用的业务，包括自有资金贷款和转贷。

自有资金贷款是指将自有资本金或吸收的单位、个人的存款贷与他人使用。

转贷是指将借来的资金贷与他人使用。

典当业的抵押贷款业务，无论其资金来源如何，均按自有资金贷款征税。

人民银行的贷款业务不征税。

融资租赁是指具有融资性质和所有权转移特点的设备租赁业务。即出租人根据承租人所要求的规格、型号、性能等条件购入设备租赁给承租人，合同期内设备所有权属于出租人，承租人只拥有使用权，合同期满付清租金后，承租人有权按残值购入设备，以拥有设备的所有权。凡融资租赁，无论出租人是否将设备残值销售给承租人，均按本税目征税。

金融商品转让是指转让外汇、有价证券或非货物期货的所有权的行为。非货物期货是指商品期货、贵金属期货以外的期货，如外汇期货等。

金融经纪业是指受托代他人经营金融活动的业务。

其他金融业务是指上列业务以外的各项金融业务，如银行结算、票据贴现等。存款或购入金融商品行为，不征收营业税。

②保险。保险是指将通过契约形式集中起来的资金，用以补偿被保险人经济利益损失的业务。

（4）邮电通信业。邮电通信业是指专门办理信息传递的业务。

本税目的征收范围包括：邮政、电信。

①邮政。邮政是指传递实物信息的业务，包括传递函件或包件、邮汇、报刊发行、邮务物品销售、邮政储蓄及其他邮政业务。

传递函件或包件是指传递函件或包件的业务以及与传递函件或包件相关的业务。

传递函件是指收寄信函、明信片、印刷品的业务。

传递包件是指收寄包裹的业务。

与传递函件或包件相关的业务是指出租信箱、对进口函件或包件进行处理、保管逾期包裹、附带货载及其他与传递函件或包件相关的业务。

邮汇是指为汇款人传递汇款凭证并兑取的业务。

报刊发行是指邮政部门代出版单位收订、投递和销售各种报纸、杂志的业务。

邮务物品销售是指邮政部门在提供邮政劳务的同时附带销售与邮政业务相关的各种物品（如信封、信纸、汇款单、邮件包装用品等）的业务。

邮政储蓄是指邮电部门办理储蓄的业务。

其他邮政业务是指上列业务以外的各项邮政业务。

②电信。电信是指用各种电传设备传输电信号来传递信息的业务，包括电报、电传、电话、电话机安装、电信物品销售及其他电信业务。

电报是指用电信号传递文字的通信业务及相关的业务，包括传递电报、出租电报电路设备、代维修电报电路设备以及电报分送、译报、查阅去报报底或来报回单、抄录去报报底等。

电传（即传真）是指通过电传设备传递原件的通信业务，包括传递资料、图表、相片、真迹等。

电话是指用电传设备传递语言的业务及相关的业务，包括有线电话、无线电话、寻呼电话、出租电话电路设备、代维修或出租广播电路、电视信道等业务。

电话机安装是指为用户安装固定或移动电话机的业务。

电信物品销售是指在提供电信劳务的同时附带销售专用和通用电信物品（如电报纸、电话号码簿、电报签收簿、电信器材、电话机等）的业务。

其他电信业务是指上列业务以外的电信业务。

（5）文化体育业。文化体育业是指经营文化、体育活动的业务。

本税目的征收范围包括：文化业、体育业。

①文化业。文化业是指经营文化活动的业务，包括表演、播映、其他文化业。

经营游览场所的业务，比照文化业征税。

表演是指进行戏剧、歌舞、时装、健美、杂技、民间艺术、武术、体育等表演活动的业务。

播映是指通过电台、电视台、音响系统、闭路电视、卫星通信等无线或有线装置传播作品以及在电影院、影剧院、录像厅及其他场所放映各种节目的业务。广告的播映不按本税目征税。

其他文化业是指经营上列活动以外的文化活动的业务，如各种展览、培训活动，举办文学、艺术、科技讲座、演讲、报告会，图书馆的图书和资料借阅业务等。

经营游览场所的业务是指公园、动（植）物园及其他各种游览场所销售门票的业务。

②体育业。体育业是指举办各种体育比赛和为体育比赛或体育活动提供场所的业务。

以租赁方式为文化活动、体育比赛提供场所，不按本税目征税。

（6）娱乐业。娱乐业是指为娱乐活动提供场所和服务的业务。

本税目征收范围包括：经营歌厅、舞厅、卡拉 OK 歌舞厅、音乐茶座、台球场、高尔夫球场、保龄球场、游艺场等娱乐场所，以及娱乐场所为顾客进行娱乐活动提供服务的业务。

①歌厅。歌厅是指在乐队的伴奏下顾客进行自娱自乐形式的演唱活动的场所。

②舞厅。舞厅是指供顾客进行跳舞活动的场所。

③卡拉 OK 歌舞厅。卡拉 OK 歌舞厅是指在音像设备播放的音乐伴奏下，顾客自娱自乐进行歌舞活动的场所。

④音乐茶座。音乐茶座是指为顾客同时提供音乐欣赏和茶水、咖啡、酒及其他饮料消费的场所。

⑤台球场、高尔夫球场、保龄球场。台球场、高尔夫球场、保龄球场是指顾客进行台球、高尔夫球、保龄球活动的场所。

⑥游艺场。游艺场是指举办各种游艺、游乐（如射击、狩猎、赛马、玩游戏机等）活动的场所。

上列娱乐场所为顾客进行娱乐活动提供的饮食服务及其他各种服务，均属于本税目征收范围。

（7）服务业。服务业是指利用设备、工具、场所、信息或技能为社会提供服务的业务。

本税目的征收范围包括：代理业、旅店业、饮食业、旅游业、仓储业、租赁业、广告业、其他服务业。

①代理业。代理业是指代委托人办理受托事项的业务，包括代购代销货物、代办进出口、介绍服务和其他代理服务。

代购代销货物是指受托购买货物或销售货物，按实购或实销额进行结算并收取手续费的业务。

代办进出口是指受托办理商品或劳务进出口的业务。

介绍服务是指中介人介绍双方商谈交易或其他事项的业务。

其他代理服务是指受托办理上列事项以外的其他事项的业务。

金融经纪业、邮政部门的报刊发行业务，不按本税目征税。

②旅店业。旅店业是指提供住宿服务的业务。

③饮食业。饮食业是指通过同时提供饮食和饮食场所的方式为顾客提供饮食消费服务的

业务。

饭馆、餐厅及其他饮食服务场所，为顾客在就餐的同时进行的自娱自乐形式的歌舞活动所提供的服务，按“娱乐业”税目征税。

④旅游业。旅游业是指为旅游者安排食宿、交通工具和提供导游等旅游服务的业务。

⑤仓储业。仓储业是指利用仓库、货场或其他场所代客贮放、保管货物的业务。

⑥租赁业。租赁业是指在约定的时间内将场地、房屋、物品、设备或设施等转让给他人使用的业务。

融资租赁不按本税目征税。

⑦广告业。广告业是指利用图书、报纸、杂志、广播、电视、电影、幻灯、路牌、招贴、橱窗、霓虹灯、灯箱等形式为介绍商品、经营服务项目、文体节目或通告、声明等事项进行宣传和提供相关服务的业务。

⑧其他服务业。其他服务业是指上列业务以外的服务业务，如沐浴、理发、洗染、照相、美术、裱画、誊写、打字、镌刻、计算、测试、试验、化验、录音、录像、复印、晒图、设计、制图、测绘、勘探、打包、咨询等。

航空勘探、钻井（打井）勘探、爆破勘探，不按本税目征税。

（8）转让无形资产。转让无形资产是指转让无形资产的所有权或使用权的行为。

无形资产是指不具实物形态，但能带来经济利益的资产。

本税目的征收范围包括：转让土地使用权、转让商标权、转让专利权、转让非专利技术、转让著作权、转让商誉。

①转让土地使用权。转让土地使用权是指土地使用者转让土地使用权的行为。

土地所有者出让土地使用权和土地使用者将土地使用权归还给土地所有者的行为，不征收营业税。

土地租赁不按本税目征税。

②转让商标权。转让商标权是指转让商标的所有权或使用权的行为。

③转让专利权。转让专利权是指转让专利技术的所有权或使用权的行为。

④转让非专利技术。转让非专利技术是指转让非专利技术的所有权或使用权的行为。

提供无所有权技术的行为不按本税目征税。

⑤转让著作权。转让著作权是指转让著作的所有权或使用权的行为。著作包括文字著作、图形著作（如画册、影集）、音像著作（如电影母片、录像带母带）。

⑥转让商誉。转让商誉是指转让商誉的使用权的行为。

以无形资产投资入股，参与接受投资方的利润分配、共同承担投资风险的行为，不征收营业税。但转让该项股权，应按本税目征税。

（9）销售不动产。销售不动产是指有偿转让不动产所有权的行为。

不动产是指不能移动，移动后会引起性质、形状改变的财产。

本税目的征收范围包括：销售建筑物或构筑物、销售其他土地附着物。

①销售建筑物或构筑物。销售建筑物或构筑物，是指有偿转让建筑物或构筑物的所有权的行为。以转让有限产权或永久使用权的方式销售建筑物，视同销售建筑物。

②销售其他土地附着物。销售其他土地附着物是指有偿转让其他土地附着物所有权的

行为。

其他土地附着物是指建筑物或构筑物以外的其他附着于土地的不动产。

单位将不动产无偿赠与他人，视同销售不动产。

在销售不动产时连同不动产所占土地的使用权一并转让的行为，比照销售不动产征税。

以不动产投资入股，参与接受投资方利润分配、共同承担投资风险的行为，不征营业税。但转让该项股权，应按本税目征税。不动产租赁不按本税目征税。

四、营业税的减、免税

为了贯彻国家政策，照顾某些纳税人的特殊情况，税法和国家有关政策对营业税的起征点、法定免税项目、税收优惠作出了具体规定。

另外税法还规定，纳税人兼营免税、减税项目的，应当单独核算免税、减税项目的营业额；未单独核算的，不得免税、减税。

1. 起征点规定

营业税起征点的规定适用于个人。纳税人的营业额未达到起征点的，不纳税；营业额达到起征点的，应按营业额全额计算应纳税额。营业税起征点的幅度规定为：按期纳税的起征点为月营业额200～800元；按次纳税的起征点为每次（日）营业额50元。各省、自治区、直辖市人民政府所属地方税务机关可以在规定的幅度内，根据当地实际情况确定本地区适用的起征点，并报国家税务总局备案。

2. 法定免税项目

（1）托儿所、幼儿园、养老院、残疾人福利机构提供的育养服务、婚姻介绍服务、殡葬服务。

（2）医院、诊所、其他医疗机构提供的医疗服务。

（3）学校及其他教育机构提供的教育劳务、学生勤工俭学提供的劳务。

（4）农业机耕、排灌、病虫害防治、植保、农牧保险以及相关技术培训业务，家禽、牲畜、水生动物的配种和疾病防治项目。

（5）纪念馆、博物馆、文化馆、美术馆、书画馆、文物保护单位举办文化活动的门票收入，以及宗教场所举办文化、宗教活动的门票收入。

（6）司法机关、行政机关自己直接收取，属于国务院、省级人民政府或其所属财政、物价部门以正式文件允许的，而且收费标准符合文件规定的各类行政性收费项目。

（7）残疾人员个人为社会提供的劳务。

3. 补充优惠项目

（1）校办企业的优惠。校办企业凡同时符合三个条件（必须由学校出资自办、由学校负责经营管理和经营收入归学校所有），其为本校教学、科研服务所提供的应税劳务（服务业税目中的旅店业、饮食业和娱乐业除外），可免征营业税。

（2）社会福利企业的优惠。民政部门举办的福利企业和街道、乡镇举办的福利企业，凡安置的“四残”人员占企业从业人员总数35%以上的，其从事服务性业务的收入已纳的营业税，经税务机关批准，可退还给福利企业。对“四残”人员个人从事劳务等服务性业务取得的收入免征营业税。

（3）返还性人身保险收入的优惠。这是指保险公司开展的1年期以上的返还性人身保险业务取得的保险收入项目。

（4）著作权转让收入的优惠。这是指个人转让著作权所取得的收入项目。

（5）土地使用权转让收入的优惠。这是指将土地使用权转让给农业生产者用于农业生产所取得的收入项目。

（6）技术转让收入的优惠。这是指科研单位有偿转让专利和非专利技术的所有权或使用权所取得的收入项目。

（7）财政性收入的优惠。这是指国有粮食企业保管政府储备粮油取得的财政性补贴收入项目。

4. 有关行业性的税收优惠

（1）对于从事国际航空运输业务的外国企业或我国香港、澳门、台湾等地的企业从我国内地运载旅客、货物、邮件的运输收入，在国家另有规定之前，应按4.65%的综合计征率计算征税。

（2）中国人民保险公司和中国进出口银行办理的出口信用保险业务，不作为境内提供保险，为非应税劳务，不征收营业税。

（3）人民银行对金融机构的贷款业务，不征收营业税。人民银行对企业贷款或委托金融机构贷款的业务，应征收营业税。

（4）金融机构往来业务暂不征收营业税。金融机构往来是指金融企业联行、金融企业与人民银行及同业之间的资金往来业务，包括再贴现、转贴现业务取得的收入。

（5）对电影放映单位放映电影取得的票价收入按收入全额征收营业税后，对电影发行单位向放映单位收取的发行收入不再征收营业税，但对电影发行单位取得的片租收入仍应按全额征收营业税。

能力点

一、营业税的计算

1. 计算公式

纳税人提供应税劳务、转让无形资产，或者销售不动产，按照营业额和规定的税率计算应纳营业税税额。应纳营业税税额的计算公式为：

$$应纳营业税税额 = 营业额 \times 税率$$

2. 计税依据

营业税的计税依据是营业额。营业额为纳税人提供应税劳务、转让无形资产的转让额或者销售不动产的销售额，它是纳税人向对方收取的全部价款和价款之外取得的一切费用，包括取得的货币、货物或其他经济利益。价外费用包括向对方收取的手续费、服务费、基金、集资费、代收款项、代垫款项和其他性质的价外收费等。凡价外费用，无论会计制度如何核算，均应并入营业额计算应纳税额。

3. 计税依据的具体规定

（1）运输业。运输企业自中华人民共和国境内旅客或者货物出境，在境外改由其他运输企业承运乘客或者货物的，以全程运费减付给该承运企业的运费后的余额为营业额。联营运输业务以实际取得的营业收入为营业额，即以收到的收入扣除支付给以后承运者的运费、装卸费、换装费等费用后的余额为营业额。

（2）旅游业。旅游企业组织旅游团到中华人民共和国境外旅游，在境外改由其他旅游企业接团的，以全程旅游费减去付给该接团企业的旅游费后的余额为营业额。旅游企业在境内组团旅游，改由其他旅游企业接待的，其营业额也允许扣除付给其他旅游企业的费用。旅游业务以收取全部旅游费减去替旅游者付给其他单位的餐费、住宿费、交通费、门票和其他代付费用后的余额为营业额。

（3）建筑业。建筑业的总承包人将工程分包或者转包他人的，以工程全部承包额减去付给分包人或转包人的价款后的余额为营业额。从事建筑、修缮、装饰工程作业，无论与对方如何结算，其营业额均应包括工程所用原材料及其他物资和动力价款在内。从事安装工程作业的，其设备价值作为安装价值的，设备价款计入营业额。单位和个人自建建筑物销售，其自建行为的营业额，由主管税务机关确定。

（4）金融保险转贷业务。转贷业务以贷款利息减去借款利息后的余额为营业额。一般贷款业务，一律以利息收入全额为营业额。

（5）外汇、有价证券、期货买卖业务。以卖出价减去付给分保人的保费后的余额为营业额。

（6）保险业实行分保的，初保业务以全部保费收入减去付给分保人的保费后的余额为营业额。

（7）文化体育业。单位或个人进行演出，以全部收入减去付给提供演出场地的单位、演出公司或经纪人的费用后的余额为营业额。

（8）娱乐业。娱乐业的营业额为经营娱乐业向顾客收取的各项费用，包括门户票收费、台位费、点歌费、烟酒和饮料费及经营娱乐业的其他各项收费。

（9）其他方面。

①单位将不动产无偿赠送他人，其营业额由主管税务机关确定。

②对纳税人提供应税劳务、转让无形资产或者销售不动产价格明显偏低而无正当理由的，主管税务机关有权依据规定原则确定营业额，具体见下述第（10）条。

（10）关于价格偏低的营业额的核定。对于纳税人提供劳务、转让无形资产或销售不动产价值明显偏低而无正当理由的，主管税务机关有权按下列顺序核定其营业额：

①按纳税人当月提供的应税劳务或者销售同类不动产的平均价格核定。

②按纳税人最近时期提供的同类应税劳务或销售同类不动产的平均价格核定。

③按下列计算公式核定计税价格：

$$计税价格=营业成本或工程成本\times（1+成本利润率）\div（1-营业税税率）$$

上列公式中的成本利润率由省人民政府所属税务机关确定。纳税人以外汇结算营业额的，应折合成人民币。外汇折合成人民币的折合率，可以按营业额发生的当天或当月 1 日中国人民银行公布的市场汇率。纳税人应事先确定选择何种折合率，确定后一年内不得变动。

二、营业税的几种经营行为的税务处理

1. 兼营不同税目的应税行为

正确处理不同经营活动的税收问题是维护税法严肃性的需要，也是保护纳税人合法利益的客观要求。税法规定，纳税人兼营不同税目应税行为的，应当分别核算不同税目的营业额、转让额和销售额，然后按各自的适用税率计算应纳税额；未分别核算的，将从高适用税率计算应纳税额。

营业额是指从事交通运输业、建筑业、金融保险业、邮电通信业、文化体育业、娱乐业和服务业取得的营业收入；转让额是指转让无形资产取得的收入；销售额是指销售不动产取得的收入。

2. 混合销售行为

一项销售行为如果既涉及应税劳务又涉及货物的，为混合销售行为。从事货物的生产、批发或零售的企业、企业性单位及个体经营者以及从事货物的生产、批发或零售为主，并兼营应税劳务的企业、企业性单位及个体经营者的混合销售行为，视为销售货物，不征收营业税；其他单位和个人的混合销售行为，视为提供应税劳务，应当征收营业税。

以上所述的“货物”是指有形动产，包括电力、热力、气体在内。上述“从事货物的生产、批发或零售的企业、企业性单位及个体经营者”，包括以从事货物的生产、批发或零售为主，并兼营应税劳务的企业、企业性单位及个体经营者在内。上述“从事货物的生产、批发或零售为主，并兼营应税劳务”是指纳税人的年货物销售额与应税劳务营业额的合计中，年货物销售额超过50%，应税劳务营业额不到50%。

纳税人的销售行为是否属于混合销售行为，由国家税务总局所属征收机关确定。

3. 兼营应税劳务与货物或非应税劳务行为

“兼营应税劳务与货物或非应税劳务行为”是指纳税人在从事营业税应税劳务的同时，还从事货物销售或提供非应税劳务（即增值税应税项目），且从事的货物销售与某一项应税劳务无直接的联系和从属关系。纳税人兼营应税劳务与货物或非应税劳务行为的，应分别核算应税劳务的营业额与货物或非应税劳务的销售额；不分别核算或者不能准确核算的，其应税劳务与货物或非应税劳务一并征收增值税，不征收营业税。

纳税人兼营的应税劳务是否应当一并征收增值税，由国家税务总局所属征收机关确定。纳税人兼营免税、减税项目的，应当单独核算免税、减税项目的营业额；未单独核算营业额的，不得免税、减税。

三、营业税的纳税申报案例

案例1

经甲演出公司联系协商，某歌舞团在乙剧院进行演出，由乙剧院代售门票，乙剧院代售门票收入88万元。根据协议，歌舞团支付给甲演出公司中介费10万元，支付给乙剧院场租费8万元，对上述业务税务处理正确的是（　　）。

A. 乙剧院自行申报缴纳营业税0.4万元

B. 歌舞团自行申报缴纳营业税3.5万元

C. 歌舞团应纳营业税 2.1 万元，由乙剧院代扣代缴

D. 歌舞团应纳营业税 2.64 万元，由乙剧院代扣代缴

E. 甲演出公司应纳营业税 0.5 万元，并负责代扣代缴歌舞团和乙剧院应纳的营业税

答案：A，C

解析：单位或个人进行演出由他人售票的，其应纳营业税以售票者为扣缴义务人；单位或个人进行演出，以全部票价收入或包场收入减去付给提供演出场所、演出公司或者经纪人的费用后的余额为营业额征收营业税；演出收入应按“文化体育业 - 文化业”税目征税；提供演出场所的单位按“服务业 - 租赁业”税目征税；经纪人的收入按“服务业 - 代理业”税目征税。

歌舞团营业税（由剧院代扣代缴）=（88 - 10 - 8）×3% = 2.1（万元）

剧院自行申报应纳营业税 = 8 × 5% = 0.4（万元）

甲演出公司应纳营业税 = 10 × 3% = 0.3（万元）

案例 2

某旅游公司组织 100 人的旅游团去上海旅游，每人收取旅游费 800 元，旅游中由公司支付每人房费 140 元、餐费 160 元、交通费 130 元、门票等费用 70 元。请计算公司这次旅游收入应纳营业税税额。

答案：应纳税营业额 =（800 - 140 - 160 - 130 - 70）×100 = 300 × 100 = 30 000（元）

应纳营业税税额 = 30 000 × 5% = 1 500（元）

解析：旅游企业组团境内旅游，按照收取的全部旅游费减去替旅游者支付给其他单位的餐费、住宿费、交通费、门票等费用之后的余额为营业额。

案例 3

A 公司发生的经济业务如下：

（1）该公司自建同一规格和标准的楼房 3 栋，建筑安装成本为 6 000 万元，成本利润率是 10%，房屋建成后，该公司将其中 1 栋留作自用，1 栋对外出租，取得租金收入 200 万元，另 1 栋对外销售，取得销售收入 3 500 万元。

（2）A 公司承接我国境内的某外国独资企业的建筑工程两起。其中一起工程在境外，工程总造价 3 000 万元；另一起在境内，工程总造价 5 000 万元。该公司将 3 000 万元的境内工程分包给 B 建筑公司。工程结束后，该外国企业除支付工程价款外，又支付给 A 公司材料差价款 200 万元、劳动保护费 50 万元、施工机构迁移费 20 万元、全优工程奖 150 万元、提前竣工奖 100 万元。A 公司又将收取的五项价外费用各支付一半给 B 公司。

（3）A 公司和 C 建筑公司共同承接某建设单位一项工程，工程总造价 2 000 万元。分工如下：工程合同由建设单位与 C 公司签订，A 公司负责设计及对建设单位承担质量保证，并向 C 公司按工程总额的 15% 收取管理费 300 万元。

（4）A 公司承接某商场建筑工程业务，其形式为实行一次承包到底，工程总造价 1 000 万元，其中包括商场电梯价款 120 万元。工程竣工后，经有关部门验收，发现工程质量存在一定的问题，按合同规定，该商场对 A 公司处以 5 万元的罚款，并从其工程价款中扣除。

要求：根据上述资料，分析计算 A 公司应纳的营业税及应代扣代缴的营业税。

解析：（1）应纳营业税 =［6 000 ×（1/3）×（1 + 10%）］÷（1 − 3%）× 3% + 200 × 5% + 3 500 × 5% = 253.04（万元）

税法规定，自建自用行为不征营业税，对自建建筑物后销售的行为要按“建筑业”和“销售不动产”各征一道营业税。其中，自建部分需按组成计税价格计算。

本例中用于出租的房屋，由于其所有权并未发生转移，也应视同自用行为处理。

（2）应纳营业税 =［5 000 − 3 000 +（200 + 50 + 20 + 150 + 100）× 1/2］× 3% = 67.8（万元）

应代扣代缴营业税 =［3 000 +（200 + 50 + 20 + 150 + 100）× 1/2］× 3% = 97.8（万元）

税法规定，建筑业营业税的征税范围是指建筑安装企业和个人在我国境内从事建筑安装业务。因此对境外工程不征营业税。建筑业的营业额为建筑安装企业向建设单位收取的工程价款及工程款之外收取的各种费用。A 公司将工程分包给 B 公司的价款及支付给 B 公司的五项费用应从 A 公司的营业额中扣除。但分包收入应由总承包人 A 公司代扣代缴营业税。

（3）应纳营业税 = 300 × 5% = 15（万元）

税法规定，对工程承包公司不直接与建设单位签订承包合同，只负责协调组织业务，应按“服务业”中的“代理服务”税目征收营业税。

（4）对建筑安装企业由于工程质量问题而发生企业向建筑单位支付的罚款和延误工期所造成的损失不得从营业收入中扣除。财税〔2003〕16 号文件规定，建筑安装工程的计税营业额不包括设备价值在内。另外，应纳营业税 =（1 000 − 120）× 3% = 26.4（万元）。

综上，A 公司应纳营业税 = 253.04 + 67.8 + 15 + 26.4 = 362.24（万元）；应代扣代缴营业税 97.8 万元。

四、营业税的征收管理

营业税纳税义务发生时间为纳税人提供应税劳务、转让无形资产或者销售不动产并收讫营业收入款项或者取得索取营业收入款项凭据的当天。

（一）纳税义务发生时间的特殊规定

1. 建筑业纳税义务发生时间的具体规定

（1）一次性结算价款的工程的纳税义务发生时间。实行合同完成后一次性结算价款办法的工程项目，其营业纳税义务发生时间为施工单位与发包单位进行工程合同价款结算的当天。

（2）平时预支、竣工后结算价款的工程的纳税义务发生时间。实行旬末或月中预支、月终结算、竣工后结算办法的工程项目，其营业税纳税义务发生时间为月份终了与发包单位进行已完工程价款结算的当天。

（3）分阶段结算价款的工程的纳税义务发生时间。实行按工程形象进度划分不同阶段结算价款办法的工程项目，其营业税纳税义务发生时间为各月份终了与发包单位进行已完工程价款结算的当天。

（4）其他方式结算价款的工程的纳税义务发生时间。实行其他结算方式的工程项目，其营业税纳税义务发生时间为与发包单位结算工程价款的当天。

（5）自建行为的纳税义务发生时间。纳税人有《中华人民共和国营业税暂行条例实施细则》第四条所称自建行为的，其自建行为的纳税义务发生时间为其销售自建建筑物并收讫营业额或者取得索取营业额凭证的当天。

2. 金融业纳税义务发生时间的具体规定

金融机构的逾期贷款纳税义务发生时间，为纳税人取得利息收入权利的当天。对超过催收贷款核算年限按财务制度的有关规定执行。催收贷款的核算年限按财务制度的有关规定执行。

3. 娱乐业纳税义务发生时间的具体规定

对俱乐部会员入会时一次性缴清的入会费，根据《中华人民共和国营业税暂行条例》第九条，营业税的纳税义务发生时间，为纳税人收讫营业收入款项或者取得索取营业收入款项凭据的当天，无论该项收入在财务上如何处理，将以取得收入的当天为纳税义务发生时间计算征收营业税。

4. 转让土地使用权纳税义务发生时间的具体规定

《中华人民共和国营业税暂行条例实施细则》第二十八条规定："纳税人转让土地使用权或销售不动产，采用预收款方式的，其纳税义务发生时间为收到预收款的当天。"此项规定所称预收款，包括预收定金，因此预收定金的营业税纳税义务发生时间为收到预收定金的当天。

5. 销售不动产纳税义务发生时间的具体规定

（1）采用预收款方式的纳税义务发生时间。纳税人销售不动产，采用预收款方式，其纳税义务发生时间为收到预收款的当天。

预收款包括预收定金，因此预收定金的营业纳税义务发生时间为收到预收定金的当天。

（2）无偿赠送不动产的纳税义务发生时间。纳税人将不动产无偿赠与他人，其纳税义务发生时间为不动产所有权转移的当天。

6. 收取会员费、席位费、资格保证金等的纳税发生时间的具体规定

对俱乐部、交易所或类似的会员制经济、文化、体育组织（以下简称会员组织），在会员入会时收取的会员费、席位费、资格保证金等其他类似费用，应按营业税有关规定确定适用税目征收营业税。其营业税纳税义务发生时间为会员组织收讫会员费、席位费、资格保证金和其他类似费用款项或者取得索取这些费用款项凭据的当天。

会员组织的上述费用，如果在会员退会时予以退还，并且在账务上直接冲减退还当期的营业收入，在计征营业税时可以从当期的营业额减除。

7. 营业税扣缴税款义务发生时间

营业税的扣缴税款义务发生时间，为扣缴义务人代纳税人收讫营业收入款项或者取得索取营业收入款项凭据的当天。

（二）营业税的纳税期限

按营业税有关规定所确定的纳税人发生纳税义务后，计算应缴纳营业税税款的期限。根据营业税有关规定，营业税具体的纳税期限，由主管税务机关依纳税人应纳税额之大小核定，可核定为5日、10日、15日或者1个月；不能按照固定期限纳税的，可以按次纳税。

（1）纳税人以1个月为一期纳税的，自期满之日起10日内申报纳税；以5日、10日或15日为一期纳税的，自期满之日起5日内预缴税款，于次月1日起10日内申报纳税并结清上月应纳税款。

（2）金融业（不包括典当业）的纳税期限为一个季度，自纳税期满之日起10日内申报

纳税。

(3) 保险业的纳税期限为1个月。

(4) 扣缴义务人的纳税期限，比照上述规定执行。纳税人的具体纳税期限，由主管税务机关确定。

(三) 营业税的纳税地点

《中华人民共和国营业税暂行条例》及财政部、国家税务总局《关于营业税若干政策问题的通知》(财税〔2003〕16号) 对营业税的纳税地点作了如下具体规定：

(1) 纳税人提供应税劳务，应当向劳务发生地主管税务机关申报纳税。纳税人从事运输业务，应当向其机构所在地主管税务机关申报纳税。

(2) 纳税人转让土地使用权，应当向土地所在地主管税务机关申报纳税。纳税人转让其他无形资产，应当向其机构所在地主管税务机关申报纳税。

(3) 纳税人销售不动产，应当向不动产所在地主管税务机关申报纳税。

(4) 单位和个人出租土地使用权、不动产的营业税纳税地点为土地、不动产所在地；单位和个人出租物品、设备等动产的营业税纳税地点为出租单位机构所在地或个人居住地。

(5) 在中华人民共和国境内的电信单位提供电信业务的营业税纳税地点为电信单位机构所在地。

(6) 在中华人民共和国境内的单位提供的设计（包括在开展设计时进行的勘探、测量等业务)、工程监理、调试和咨询等应税劳务的，其营业税纳税地点为单位机构所在地。

(7) 在中华人民共和国境内的单位通过网络为其他单位和个人提供培训、信息和远程调试、检测等服务的，其营业税纳税地点为单位机构所在地。

此外，税法还对营业税的纳税地点作如下特殊规定：

(1) 纳税人提供的应税劳务发生在外县（市)，应向劳务发生地主管税务机关申报纳税而未申报纳税的，由其向机构所在地或居住地主管税务机关补缴税款。

(2) 纳税人承包的工程跨省、自治区、直辖市的，向其机构所在地主管税务机关申报纳税。

(3) 纳税人在本省、自治区、直辖市范围内发生应税行为，其纳税地点需要调整的，由省、自治区、直辖市人民政府所属税务机关确定。

五、营业税的纳税申报

营业税纳税申报表

（适用于查账征收的营业税纳税人）

纳税人识别号：

纳税人名称：（公章）

税款所属期： 自 年 月 日至 年 月 日

填表日期： 年 月 日 金额单位：元（列至角分）

税目	营业额				税率（%）	本期税款计算			税款缴纳								
											本期已缴税额				本期应缴税额计算		
	应税收入	应税减除项目金额	应税营业额	免税收入		小计	本期应纳税额	免（减）税额	期初欠缴税额	前期多缴税额	小计	已缴本期应纳税额	本期已被扣缴税额	本期已缴欠缴税额	小计	本期期末应缴税额	本期期末应缴欠缴税额
1	2	3	4=2-3	5	6	7=8+9	8=(4-5)×7	9=5×7	10	11	12=13+14+15	13	14	15	16=17+18	17=8-13-14	18=10-11-15
交通运输业																	
建筑业																	
邮电通信业																	
服务业																	
娱乐业																	

（续上表）

金融保险业																		
文化体育业																		
销售不动产																		
转让无形资产																		
合计																		
代扣代缴项目																		
总计																		

（续上表）

<table>
<tr><td>纳税人或代理人声明</td><td colspan="8">如纳税人填报，由纳税人填写以下各栏：</td></tr>
<tr><td rowspan="3">此纳税申报表是根据国家税收法律的规定填报的，我确定它是真实的、可靠的、完整的。</td><td>办税人员（签章）</td><td></td><td>财务负责人（签章）</td><td></td><td>法定代表人（签章）</td><td></td><td>联系电话</td><td></td></tr>
<tr><td colspan="8">如委托代理人填报，由代理人填写以下各栏：</td></tr>
<tr><td>代理人名称</td><td></td><td>经办人（签章）</td><td></td><td>联系电话</td><td></td><td>代理人（公章）</td><td></td></tr>
</table>

以下由税务机关填写：

受理人： 受理日期： 年 月 日 受理税务机关（签章）：

本表为A3横式一式三份，一份纳税人留存，一份主管税务机关留存，一份征收部门留存。

填表说明：

1. 根据《中华人民共和国税收征收管理法》及其实施细则、《中华人民共和国营业税暂行条例》的有关规定，制定本表。

2. 本表适用于除经主管税务机关核准实行简易申报方式以外的所有营业税纳税人（以下简称纳税人）。

3. 本表“纳税人识别号”栏，填写税务机关为纳税人确定的识别号，即税务登记证号码。

4. 本表“纳税人名称”栏，填写纳税人单位名称全称，并加盖公章，不得填写简称。

5. 本表“税款所属期”栏，填写纳税人申报的营业税应纳税额的所属时间，应填写具体的起止年、月、日。

6. 本表“填表日期”栏，填写纳税人填写本表的具体日期。

7. 本表“娱乐业”行应区分不同的娱乐业税率填报申报事项。

8. 本表“代扣代缴项目”行应填报纳税人本期按照现行规定发生代扣代缴行为所应申报的事项，分不同税率填报。

9. 本表所有栏次数据均不包括本期纳税人经税务机关、财政、审计部门检查以及纳税人自查发生的相关数据。

10. 本表第2栏“应税收入”栏，填写纳税人本期因提供营业税应税劳务、转让无形资产或者销售不动产所取得的全部价款和价外费用（包括免税收入），分营业税税目填报，该栏数据为各相应税目营业税纳税申报表中“应税收入”栏的“合计”数。纳税人提供营业税应税劳务、转让无形资产或者销售不动产发生退款或因财务会计核算办法改变冲减营业额时，不在本栏次调减，在第11栏“前期多缴税额”栏次内直接调减税额。

11. 本表第3栏“应税减除项目金额”栏，填写纳税人本期提供营业税应税劳务、转让无形资产或者销售不动产所取得的应税收入中按规定可扣除的项目金额，分营业税税目填报，该栏数据为相应税目营业税纳税申报表中“应税减除项目金额”栏（或“应税减除项目金额”栏中“小计”项）的“合计”数。

12. 本表第5栏“免税收入”栏，填写纳税人本期提供营业税应税劳务、转让无形资产或者销售不动产所取得的应税收入中不需税务机关审批可直接免缴税款的应税收入或已经税务机关批准的免税项目应税收入，分营业税税目填报，该栏数据为相应税目营业税纳税申报表中“免税收入”栏的“合计”数。

13. 本表第10栏“期初欠缴税额”栏，填写截至本期（不含本期），纳税人经过纳税申报或报告、批准延期缴纳、税务机关核定等确定应纳税额后，超过法律、行政法规规定或者税务机关依照法律、行政法规规定确定的税款缴纳期限未缴纳的税款，分营业税税目填报，该栏数据为相应税目营业税纳税申报表中“期初欠缴税额”栏的“合计”数。

14. 本表第11栏“前期多缴税额”栏，填写纳税人截至本期（不含本期）多缴纳的营业税税额分营业税税目填报，该栏数据为相应税目营业税纳税申报表中“前期多缴税额”栏的“合计”数。

15. 本表第13栏“已缴本期应纳税额”栏，填写纳税人已缴的本期应纳营业税税额。该栏数据为相应税目营业税纳税申报表中“已缴本期应纳税额”栏的“合计”数。

16. 本表第14栏“本期已被扣缴税额”栏，填写纳税人本期发生纳税义务，按现行税法规定被扣缴义务人扣缴的营业税税额。该栏数据为相应税目营业税纳税申报表中“本期已被扣缴税额”栏的“合计”数。

17. 本表第15栏“本期已缴欠缴税额”栏，填写纳税人本期缴纳的前期欠税，包括本期缴纳的前期经过纳税申报或报告、批准延期缴纳、税务机关核定等确定应纳税额后，超过法律、行政法规规定或者税务机关依照法律、行政法规规定确定的税款缴纳期限未缴纳的税款。该栏数据为相应税目营业税纳税申报表中“本期已缴欠缴税额”栏的“合计”数。

六、习题训练

（一）单项选择题

1. 某餐饮企业在提供正常业务外，提供部门外卖销售应缴纳（　　）。

A. 增值税　　B. 营业税

C. 消费税　　D. 个人所得税

2. 建筑企业分包工程的扣缴义务人为（　　）。

A. 总承包人　　B. 分包

C. 建设单位　　D. 监理公司

3. 纳税人从事运输业务，其纳税地点为（　　）。

A. 机构所在地　　B. 劳务发生地

C. 运输业务所经地　　D. 以上任选一地

4. 从事运输业务的单位和个人，发生销售货物并运输所售货物的混合销售行为，应该征收（　　）。

A. 营业税　　B. 增值税

C. 同时征收营业税和增值税　　D. 根据业务量的大小确定征收的税种

5. 以下项目需要征收营业税的有（　　）。

A. 按政府规定价格出租的公有住房和廉租房

B. 个人按市场价格出租的居民住房

C. 个人购买并居住超过1年的普通住宅销售

D. 个人自建自用住房进行销售

6. 下列混合销售行为应当征收营业税的有（　　）。

A. 从事零售的个体经营者的混合销售行为

B. 从事运输业务的个人销售货物并负责运输的混合销售行为
C. 因转让著作所有权而发生的销售电影母片的业务
D. 从事运输业务的单位销售货物并负责运输的混合销售行为
7. 营业税按期纳税的起征点为（　　）。

A. 0～1 000 元　　B. 200～800 元
C. 500～1 000 元　　D. 5 000～10 000 元

8. 下列各项中，应作为营业税计税依据的是（　　）。
A. 建筑企业不扣除其转包工程额的全部承包额
B. 广告代理企业向委托方收取的全部价款
C. 旅行团在国内旅游收取的全部旅游费用
D. 娱乐业向顾客收取的包括烟酒、饮料、水果、糕点在内的各项费用
9. 以下不属于代购代销行为中征收营业税而不征收增值税的必要条件是（　　）。
A. 受托方不垫付资金
B. 销货方将增值税发票开具给委托方，由受托方将发票转交给委托方
C. 受托方按代购实际发生的销售额和增值税税额与委托方计算款额，并另收手续费
D. 受托方收取低于3%的手续费
10. 按照营业税的规定，下列项目免征营业税的有（　　）。
A. 科研单位从事技术咨询、技术培训业务
B. 从事农业机耕、排灌、病虫害防治技术培训业务
C. 残疾人福利企业为社会提供的劳务
D. 公园、动植物园的门票收入

（二）多项选择题

1. 纳税义务人包括在中国境内（　　）。

A. 提供应税劳务　　B. 转让无形资产
C. 销售不动产　　D. 销售文化用品

2. 下列负有代扣代缴营业税义务的单位和个人有（　　）。
A. 建筑业务实行分包或者转包的总承包人
B. 某专家出售专利技术，由其子代收专利费
C. 单位或者个人进行演出由他人售票的售票者
D. 境外纳税人发生应税行为而在境内未设有经营机构的代理者或直接购买服务者
3. 以下行业营业税税率是5%的有（　　）。

A. 交通运输业　　B. 服务业
C. 销售不动产　　D. 建筑业

4. 营业税纳税义务发生时间为（　　）。
A. 采取预收账款方式转让土地使用权的，收到预收账款的当天
B. 采取预收账款方式转让土地使用权的，转让土地使用权的当天
C. 实行月中预支、月终结算、竣工后清算办法的工程项目，月份终了与发包单位进行已完工工程价款结算的当天

D. 实行月中预支、月终结算、竣工后清算办法的工程项目，支付款项的当天

5. 下列按全额征收营业税的是（　　）。

A. 电影放映单位的票价收入　　B. 电影发行单位的片租收入

C. 电影发行单位的发行收入　　D. 电影院和票价一起收取的饮料收入

6. 下列经营活动应征收营业税的有（　　）。

A. 电信公司为客户安装电话时，随同销售电话机取得的收入

B. 邮政局出售的邮寄物品包装纸箱

C. 保龄球馆出租球鞋收入

D. 建材商店销售建材并同时负责安装和装饰业务取得的收入

7. 营业税的纳税地点是（　　）。

A. 纳税人销售不动产，应在不动产所在地申报纳税

B. 纳税人销售不动产，应在纳税人核算所在地申报纳税

C. 纳税人从事应税劳务，应在纳税劳务发生地申报纳税

D. 纳税人从事应税劳务，应回其机构所在地申报纳税

8. 下列混合销售行为应征收营业税的有（　　）。

A. 运输公司卖货并负责运输收入　　B. 商场卖货并负责安装调试收入

C. 火车上销售零食饮料　　D. 卡拉 OK 厅供应点心等小吃

9. 下列属于营业税免税项目的有（　　）。

A. 会计师事务所收取的咨询费、评估费收入

B. 残疾人本人向社会提供的劳务

C. 科研单位取得的技术转让收入

D. 执法、行政单位按规定项目和标准的收费

10. 对于邮电业务，不应征收营业税的有（　　）。

A. 集邮商品在市场上自由买卖

B. 邮政部门销售集邮商品

C. 个人发行报纸

D. 电信部门销售捆绑移动电话和手机卡

（三）判断题

1. 某艺术团在演出时，共收到购票款 10 万元，支付场租、经纪人费用共 2 万元，营业税计税依据为 8 万元。（　　）。

2. 从事建筑、修缮、装饰工程作业，无论怎样结算，营业税计税营业额均包括工程所用原材料及其他物资和动力的价款。（　　）

3. 纳税人兼有不同税目行为的应分别核算不同税目的营业额，未分别核算的，从高确定适用税率。（　　）

4. 境外某民间服装表演队来我国 A 市演出、展销，在境内未设立经营机构，也没有代理者，其税款应由税务机关负责代扣代缴。（　　）

5. 外汇、期货、有价证券买卖业务，以买入价减卖出价余额为计算营业税依据。（　　）

6. 营业税和增值税、消费税一样，都是按商品来设计税目、税率的。（　　）

（四）业务题

1. 善云建筑安装公司总承包某高速公路项目，工程总收入 16 900 000 元，其中 900 000 元分包给水电安装建筑公司，使用税率 3%。

要求：计算两家公司的应纳税额。

2. 运河集团出售专利权一项，该无形资产账面价值 800 000 元，取得营业收入 1 000 000 元，营业税率为 5%。

要求：就该业务计算应交税费。

3. 某信托投资公司受 A 企业委托，2007 年 4 月 1 日委托放款 400 万元，月利率 4.5‰，按月支付利息。

要求：计算营业税。

（五）案例分析题

华兴饭庄是集住宿、饮食、旅游、娱乐为一体的服务企业。2007 年 8 月份发生的有关收入业务如下：

（1）客房部本月收入 600 000 元，已全部存入银行。餐饮部本月收入 135 000 元。

（2）歌舞厅送来本月收入清单：门票收入 400 000 元，烟酒饮料收入 50 000 元，点歌费收入 50 000 元，收入款已存入银行。（营业税税率为 14%）

（3）预收旅游费用 700 000 元，其中 300 000 元支付给境外旅行社接团费。

（4）该饭店本月出售一处附属建筑物，原价 5 000 000 元，已使用 10 年，提取折旧 1 000 000元，出售价格为 4 500 000 元。

（5）该饭店将一食品只作专利出售，收入 400 000 元，原购买时花费 300 000 元，此专利尚未开始摊销。

要求：计算本月应交营业税，并填制营业税申报表。

项目五　关税的纳税申报

学习目标

1. 了解关税的概念及历史。
2. 熟悉关税的征纳管理方法。
3. 掌握关税的基本要素。
4. 掌握应纳税额的计算。
5. 熟悉关税的税务处理。

税收小贴士

东汉之关税

在汉代，关税属于通过税性质，包括内地关税和国境关税两种。内地关税是指对通过主要关卡的货物而征收的税；国境关税则是指同匈奴等民族通商贸易所征的税。

秦汉以前，设关的主要目的是检查行旅货物，以纠察违法行为。但是关卡之多，为各国商旅所不便。秦统一全国，为商业交往开通了道路。汉初，为了促进经济的恢复，“开关梁，弛山泽之禁”，使“富商大贾周流天下”，以沟通各地财货，活跃城乡经济。文帝时，把关也撤掉了。景帝四年春，因吴、楚、赵、胶西、胶东、济南、淄川等七国联合发动叛乱，又复置诸关，但没有说明收税之责。至武帝太初四年（公元前101年），才有明文记载，在武关设官收税，不过税率不高，所收的钱也不列入国家财政，仅供“关吏卒食”，所以财政意义不大。发展到东汉，关税日显重要，征收也较繁苛。延康元年（公元220年），曹丕上台时下了一个诏文，指出关津加重征税于商民不便，今后要减轻关津之税，恢复十一税率。可见，东汉末年关税税率已超过10%。至于同匈奴设关贸易，主要是为维护民族关系，是否课税、如何课税、税率高低、有无优免，史籍均没有记载。

知识点

一、关税的纳税人

1. 关税

关税是指国家授权海关对出入关境的货物和物品征收的一种税。关税在各国一般属于国家最高行政单位指定税率的高级税种，对于对外贸易发达的国家而言，关税往往是国家税收乃至国家财政的主要收入。

2. 关税历史

早期关税的界定，英语中有两个专用名词，即“Customs”和“Tariff”。

“Customs”一词原意为习惯、惯例、例行。据《大英百科全书》解释，古时欧洲商人进入市场交易时向当地领主所交纳的一种例行的、常规的入市税称 Customary Tolls，其后 Customs 就成了关税的专用名词。这个词有通行费或通行税的含义。

“Tariff”一词为地名，据说在古代地中海西口，距直布罗陀 21 英里处，有一个海盗盘踞的港口叫塔利法（Tarifa），那些因往返贸易而进出地中海的商船为了避免被抢劫，不得不向塔利法港口的海盗们缴纳一笔价值可观的买路费。此后 Tariff 就成为关税的另一通用名称了。这里也有通行费的含义。

英国 17 世纪的古典政治经济学家威廉·配第在其代表作《赋税论》中也指出，“关税是对输入或输出君主领土的货物所课征的一种捐税”，“关税最初是为了保护进出口的货物免遭海盗劫掠而送给君主的报酬”。

由此可见，西方国家的关税起源，其最直接的动因就是增加君主的收入，并随着国家形态的成熟和扩大，财政需求日趋迫切，其保护费、买路钱、通行费、使用费等便应运而生，但本质上仍然是一种通过税，这就是西方关税起源的基本轨迹。

我国关税的起源要比西方国家早五六百年，而且形式也比较独特，其基本特征就是与早期的关卡有关。

周代职官制度与关卡、关税直接有关的主要是“司关”、“司门”和“掌节”，据史籍记载：西周时期就出现了“关市之赋”、“关市之征”、“司关”、“关人”等记载。如《周礼·地官》记载，西周“以九赋敛财贿，一曰邦中之赋，二曰四郊之赋，三曰邦甸之赋，四曰家削之赋，五曰邦县之赋，六曰邦都之赋，七曰关市之赋，八曰山泽之赋，九曰币余之赋”。

上述史料一方面说明当时“关市之赋”的收入不多，地位也不是很重要，在九赋之中排列第七位；另一方面也反映了西周社会经济发展、市场活跃的情况。因此，新辟税源以满足国家日益增长的需要，实属必然。西周关税的财政性目的是十分明确的，从“关市讥而不征”到“关市之征”，是社会发展的必然规律。关市之赋是我国关税的雏形，我国“关税”的名称也是由此演进而来的。

秦汉时期，关税得到进一步发展。但是财政意义不大。自唐朝开始我国一直关税自主。鸦片战争后，关税出现了畸形状态。1842 年清政府与英国签订了《南京条约》，并于次年议定《中英五口通商章程》和海关税则，中国即丧失了制定关税税则的自主权。新中国成立后，彻底废除了一切不平等条约，海关行政管理权和自主权得以恢复，中央人民政府设立了海关总署，统一领导全国的海关机构和关税业务。1950 年 1 月，政务院发布了《关于关税政策和海关工作的决定》，1951 年 5 月又公布施行了《中华人民共和国暂行海关法》。1985 年 3 月 7 日，国务院发布《中华人民共和国进出口关税条例》。1987 年 1 月 22 日，第六届全国人民代表大会常务委员会第十九次会议通过《中华人民共和国海关法》，其中第五章为“关税”。1987 年 9 月 12 日，国务院根据海关法重新修订并发布《中华人民共和国进出口关税条例》。此后，关税进行了多次修订与调整。

3. 关税的纳税人

《中华人民共和国进出口关税条例》第四条规定：“进口货物的收货人、出口货物的发货人，是关税的纳税义务人。接受委托办理有关手续的代理人，应当遵守本条例对其委托人的各项规定。”

在外贸企业逐步实行进出口代理制以后，凡由外贸企业代理进出口业务的，都由办理进出口业务的外贸企业代纳税；不通过外贸企业而自行经营进出口业务的，则由收、发货人自行申报纳税。非贸易性物品的纳税人是物品持有人、所有人或收件人。

4. 关税的类别

（1）按征收对象分，有进口税、出口税和过境税。

①进口税。它是指海关在外国货物进口时所课征的关税。进口税通常在外国货物进入关境或国境时征收；或在外国货物从保税仓库提出运往国内市场时征收。现今世界各国的关税，主要是征收进口税。征收进口税的目的在于保护本国市场和增加财政收入。

②出口税。它是指海关在本国货物出口时所课征的关税。为了降低出口货物的成本，提高本国货物在国际市场上的竞争能力，世界各国一般少征或不征出口税。但为了限制本国某些产品或自然资源的输出，或为了保护本国生产、本国市场供应和增加财政收入以及某些特定的需要，有些国家也征收出口税。

我国现行出口关税征税货物（主要为国内紧缺、限制出口的原材料，如鳗鱼苗、矿产品等）的税号共有 37 个，税率从 20% 到 50% 不等，共有 5 个差别税率。

③过境税，又称通过税。它是对外国货物通过本国国境或关境时征收的一种关税。过境税最早产生并流行于欧洲各国，主要是为了增加国家财政收入而征收的。后由于各国的交通事业发展，竞争激烈，征收过境税不仅妨碍国际商品流通，而且还减少港口、运输、仓储等方面的收入，于是自 19 世纪后半期起，各国相继废止征收，1921 年资本主义国家在巴塞罗那签订自由过境公约后，便废除了过境税的条款。

（2）按征收目的分，有财政关税和保护关税。

①财政关税，又称收入关税。它是以增加国家财政收入为主要目的而课征的关税。财政关税的税率比保护关税低，因为过高就会阻碍进出口贸易的发展，达不到增加财政收入的目的。随着世界经济的发展，财政关税的意义逐渐降低，而为保护关税所代替。

②保护关税。它是以保护本国经济发展为主要目的而课征的关税。保护关税主要是进口税，税率较高，有的高达百分之几百。通过征收高额进口税，使进口商品成本较高，从而削弱

它在进口国市场的竞争能力，甚至阻碍其进口，以达到保护本国经济发展的目的。保护关税是实现一个国家对外贸易政策的重要措施之一。

（3）按征收标准分，有从量税、从价税、混合税和滑准税。

①从量税。以进口商品的重量、长度、容量、面积等计量单位为计税依据，以每计量单位的应征税额为关税税收。

②从价税。以进口商品的价格为计税依据，适用规定税率而征收的关税。

③混合税。是从量税与从价税混合使用的一种计税方法，其特点是既可发挥从量税可抑制瞒骗价格、低价倾销的特点，又可发挥从价税税负合理、稳定的特点。

④滑准税。指关税的税率随着进口商品价格的变动而反方向变动的一种税率形式，即进口商品价格越高，其进口关税税率越低，进口商品的价格越低，其进口关税税率越高。它的主要特点是可以保持滑准税商品的国内市场价格的相对稳定，尽可能减少国际市场价格波动的影响。

（4）按税率制定分，有自主关税和协定关税。

①自主关税，又称国定关税。一个国家基于其主权，独立自主制定的并有权修订的关税，包括关税税率及各种法规、条例。国定税率一般高于协定税率，适用于没有签订关税贸易协定的国家。

②协定关税。两个或两个以上的国家，通过缔结关税贸易协定而制定的关税税率。协定关税有双边协定税率、多边协定税率和片面协定税率。双边协定税率是两个国家达成协议而相互减让的关税税率。多边协定税率是两个以上的国家之间达成协议而相互减让的关税税率，如关税及贸易总协定中的相互减让税率的协议。片面协定税率是一国对他国输入的货物降低税率，为其输入提供方便，而他国并不以降低税率回报的税率制度。

（5）按差别待遇和特定的实施情况分，有进口附加税、差价税、特惠税和普遍优惠制。

①进口附加税。它是指除了征收一般进口税以外，还根据某种目的再加征额外的关税。它主要有反补贴税和反倾销税。

②差价税，又称差额税。当某种本国生产的产品的国内价格高于同类的进口商品价格时，为了削弱进口商品的竞争力，保护国内生产和国内市场，按国内价格与进口价格之间的差额征收关税，就叫差价税。

③特惠税，又称优惠税。它是指对某个国家或地区进口的全部商品或部分商品，给予特别优惠的低关税或免税待遇。但它不适用于从非优惠国家或地区进口的商品。特惠税有的是互惠的，有的是非互惠的。

④普遍优惠制，简称普惠制。它是发展中国家在联合国贸易与发展会议上经过长期斗争，在1968年通过建立普惠制决议后取得的。该决议规定，发达国家承诺对从发展中国家或地区输入的商品，特别是制成品和半成品，给予普遍的、非歧视性的和非互惠的优惠关税待遇。

5. 国境与关境的区别与联系

关境亦称“税境”、“海关境域”、“关税境域”或“关税领域”，指一国海关法规可以全面实施的领域。一般而言，一国的关境与其国境（包括领陆、领水、领空）的范围是一致的，关境即国境。但是，也有一些国家和地区的关境与国境不一致。在设有自由区、自由港、保税区的国家，这些自由港、自由区及保税区不属于该国的关境范围，这部分地区被称为“关境以外的本国领土”，此时关境小于国境。相反，在缔结关税同盟的国家之间，相互不征收进出境货物的关税，此时关境包括了几个缔约国的领土，所包括的这一地区被称为“关境以内的外国领土”，关境则大于国境。有关关境的法律条文一般在各国的海关法中予以载明。

二、关税的征税范围

关税的纳税范围（对象）是进出我国国境的货物和物品。货物是指贸易性商品；物品包括入境旅客随身携带的行李和物品、个人邮递物品，各种运输工具上的服务人员携带进口的自用物品、馈赠物品以及以其他方式进入我国国境的个人物品。

三、关税税率的确定

1. 关税税则、税目

关税税则又称海关税则。它是一国对进出口商品计征关税的规章和对进出口的应税与免税商品加以系统分类的一览表。海关凭此征收关税，是关税政策的具体体现。

海关税则一般包括两个部分：一部分是海关课征关税的规章条例及说明；另一部分是关税税目税率表。

关税税率表主要包括：税则号列（简称税号）、货品分类目录、税率三部分。

1985 年我国采用《海关合作理事会商品分类目录》，重新制定进出口税则，共设 21 类、99 章、1 011 个四位数编码税则号列，其下又设两级子目，共有税目 2 208 个。税则仍沿用进出口合一体例，设最低、普通两栏税率。1992 年我国又制定并实施了以《协调制度》为基础的新税则，在《协调制度》六位数编码的基础上加列 1 827 个七位数子目和 300 个八位数子目，税则实际 8 位税目 6 265 个。1996 年世界海关组织对《协调制度》目录作了修订。我国也据此制定了 1996 年税则，新税则号列共有 8 位税目 6 549 个，于同年 4 月 1 日起实施。1997 年税则共有 8 位税目 6 633 个，于 10 月 1 日起实施。从 2001 年起，新调整的税则税目由 7 062 个增加至 7 111 个。

1998 年 1 月 1 日起实施的《中华人民共和国海关进口税则》规定，进口商品的征税范围包括 21 大类、97 章，税则号列从 01. 01 ~ 97. 06 的全部货品。

自 1998 年 4 月 1 日开始实施的《中华人民共和国海关出口税则》列示了硅铁、铜丝、山羊绒、鳗鱼苗、栗、生漆、磷、苯等 36 种商品征收出口关税。

自 2006 年 7 月 1 日起，根据我国加入世贸组织以后所签订的相关协议，国家对进口关税税率进行下行调整并实施有关协定税率、特惠税率。这次税率下调涉及的税目商品总计多达 3 217种。《2009 年关税实施方案》自 2009 年 1 月 1 日实施。降低“进口税则”中鲜草莓等 5 个税目的最惠国税率；对冷冻的格陵兰庸鲽鱼等部分进口商品实施暂定税率；根据我国与有关国家或地区签署的贸易或关税优惠协定，对有关国家或地区实施协定税率；根据我国与有关国家或地区签署的贸易或关税优惠协定，继续对老挝等东南亚 4 国、埃塞俄比亚等非洲 31 国、阿富汗等 6 国，共 41 个联合国认定的最不发达国家的部分税目商品实施特惠税率；普通税率维持不变。调整后，我国进出口税则（2009 年）税目总数为 7 868 个。

2. 关税税率

（1）进口货物税率。进口关税设普通税率和优惠税率。对原产于与我国未订有关税互惠协议的国家或者地区的进口货物，按照普通税率征税；对原产于与我国订有关税互惠协议的国家或者地区的进口货物，按照优惠税率征税。

为了应对别国对我国出口货物的歧视，任何国家或者地区如对进口原产于我国的货物征收歧视性关税或者给予其他歧视性待遇的，海关可以对原产于该国家或者地区的进口货物征收特别关税。征收特别关税的货物品种、税率和起征、停征时间，由国务院关税税则委员会决定并公布施行。特别关税手段的运用，是国际经济斗争中的一种重要防范手段。

我国现行进口关税税率以从价税比例税率为主，辅以从量税、混合税和滑准税。进口货物税率可以从《中华人民共和国海关进口税则》中查找。

（2）出口货物税率。我国确定征出口关税的总原则是：既要服从鼓励出口的政策，又要做到能够控制一些商品的盲目出口，因而征出口税只限于少数产品。主要是指：盈利特别高而且利润比较稳定的大宗商品；在国际市场上我国出口已占有相当比重的商品；国际市场上容量有限而盲目出口容易在国外形成削价竞销的商品，国内紧俏又大量进口的商品，以及国家控制出口的商品。出口关税实行从价税，其税率从20%～50%，共分5级。

（3）暂定税率。为了调节商品进出口，国家可以在海关进出口税则规定的进口优惠税率和出口税率的基础上，临时制定并实施更低的税率。暂定税率由国务院关税税则委员会负责制定。关税暂定税率是在海关进出口税则规定的进口优惠税率和出口税率的基础上，对进口的某些重要的工农业生产原材料和机电产品关键部件（但只限于从与中国订有关税互惠协议的国家和地区进口的货物）以及出口的部分资源性产品实施的更为优惠的关税税率。这种税率一般按照年度制订，并且随时可以根据需要恢复按照法定税率征税。

四、关税的减、免税

根据海关法规定，减免进出口关税的权限属于中央政府；未经中央政府许可，各地海关不得擅自决定减免，以确保国家关税政策的统一。关税的减免可以分为法定减免、特定减免和临时减免。

（一）法定减免

我国《海关法》和《进出口条例》明确规定，下列货物、物品予以减免关税：

（1）关税税额在人民币50元以下的一票货物，可免征关税。

（2）无商业价值的广告品和货样，可免征关税。

（3）外国政府、国际组织无偿赠送的物资，可免征关税。

（4）进出境运输工具装载的途中必需的燃料、物料和饮食用品，可予免税。

（5）经海关核准暂时进境或者暂时出境，并在6个月内复运出境或复运进境的，在货物收发货人向海关缴纳相当于税款的保证金或提供担保后，可予暂时免税。

（6）为境外厂商加工、装配成品和为制造外销产品而进口的原材料、辅料、零件、部件、配套件和包装物料，海关按照实际加工出口的成品数量免征进口关税；或者对进口料件先征进口关税，再按照实际加工出口的成品数量予以退税。

（7）因故退还的中国出口货物，经海关审查属实，可予免征进口关税，但已征收的出口关税不予退还。

（8）因故退还的境外进口货物，经海关审查属实，可予免征出口关税，但已征收的进口关税不予退还。

(9) 进口货物如有以下情形，经海关查明属实，可酌情减免进口关税：

①在境外运输途中或者在起卸时，遭受损失或者损坏的；

②起卸后海关放行前，因不可抗力遭受损坏或者损失的；

③海关查验时已经破漏、损坏或者腐烂，经证明不是保管不慎造成的。

(10) 无代价抵偿货物。即进口货物在征税放行后，发现货物残损、短少或品质不良，而由国外承运人、发货人或保险公司免费补偿或更换的同类货物，可以免税。但有残损或质量问题的原进口货物如未退运国外的，其进口的无代价抵偿货物应照章征税。

(11) 我国缔结或者参加的国际条约规定减征、免征关税的货物、物品，按照规定予以减免关税。

(12) 法律规定减征、免征的其他货物。

(二) 特定减免

特定减免税也称政策性减免税。在法定减免税之外，国家按照国际通行规则和我国实际情况，制定发布的有关进出口货物减免关税的政策，称为特定或政策性减免税。特定减免税货物一般有地区、企业和用途的限制，海关需要进行后续管理，也需要减免税统计。

1. 科教用品

对科学研究机构和学校不以营利为目的，在合理数量范围内进口国内不能生产的科学研究和教学用品，直接用于科学研究和教学的，免征进口关税和进口环节增值税、消费税。

2. 残疾人专用品

对康健、福利机构、假肢厂和荣誉军人康复医院进口国内不能生产的、对规定的残疾个人专用品，免征进口关税和进口环节增值税、消费税。

3. 扶贫、慈善性捐赠物资

对境外自然人、法人或者其他组织等境外捐赠人无偿向经国务院主管部门依法批准成立的、以人道救助和发展扶贫、慈善事业为宗旨的社会团体以及国务院有关部门和各省、自治区、直辖市人民政府捐赠的，直接用于扶贫、慈善事业的物资，免征进口关税和进口增值税。

4. 加工贸易产品

(1) 加工装配和补偿贸易。国家对加工装配和补偿贸易给予一定的关税优惠：进境料件不予征税，准许在境内保税加工为成品后返销出口；进口外商的不作价设备和作价设备，分别比照外商投资项目和国内投资项目的免税规定执行；剩余料件或增产的产品，经批准转内销时，价值在进口料件总值 2% 以内，且总价值在 3 000 元以下的，可予免税。

(2) 进料加工。对专为加工出口商品而进口的料件，海关按实际加工复出口的数量，免征进口税；加工的成品出口，免征出口税，但内销料件及成品照章征税；对加工过程中产生的副产品、次品、边角料，海关根据其使用价值分析估价征税或者酌情减免税；剩余料件或增产的产品，经批准转内销时，价值在进口料件总值 2% 以内，且总价值在 5 000 元以下的，可予免税。

5. 边境贸易进口物资

边民通过互市贸易进口的商品，每人每日价值在 3 000 元以下的，免征进口关税和进口环节增值税。

6. 保税区进出口货物

保税区的主要关税优惠政策有：进口供保税区使用的机器、设备、基建物资、生产用车辆，为加工出口产品进口的原材料、零部件、元器件、包装物料，供储存的转口货物以及在保税区内加工运输出境的产品免征进口关税和进口环节税；保税区内企业进口专为生产加工出口产品所需的原材料、零部件、包装物料以及转口货物予以保税；从保税区运往境外的货物，一般免征出口关税。

7. 出口加工区进出口货物

出口加工区的主要关税优惠政策有：从境外进入区内生产性的基础设施建设项目所需的机器、设备和建设生产厂房、仓储设施所需的基建物资，区内企业生产所需的机器、设备、模具及其维修用零配件，区内企业和行政管理机构自用合理数量的办公用品，予以免税进口关税和进口环节税；区内企业为加工出口产品所需的原材料、零部件、元器件、包装物料及消耗性材料，予以保税；对加工区运往区外的货物，海关按照对进口货物的有关规定办理报关手续，并按照制成品征税；对从区外进入加工区的货物视同出口，可按规定办理出口退税。

8. 进口设备

对符合“外商投资产业指导目录”鼓励类和限制乙类，并转让技术和外商投资项目，在投资总额内进口的自用设备，以及外国政府贷款和国际金融组织贷款项目进口的自用设备、加工贸易外商提供的不作价进口设备，除“外商投资项目不予免税的进口商品目录”所列商品外，免征进口关税和进口环节增值税；对符合“当前国家重点鼓励发展的产业、产品和技术目录”的国内投资项目，在投资总额内进口的自用设备，除“国内投资项目不予免税的进口商品目录”所列商品外，免征进口关税和进口环节增值税；对符合上述规定的项目，按照合同随设备进口的技术及配套件、备件，也免征进口关税和进口环节增值税。

9. 特定行业或用途的减免税政策

为鼓励、支持部分行业或特定产品的发展，国家制定了部分特定行业或用途的减免税政策，这类政策一般对可以减免税的商品列有具体清单。如为支持我国海洋和陆上特定地区石油、天然气开采作业，对相关项目进口国内不能生产或性能不能满足要求的，直接用于开采作业的设备、仪器、零附件、专用工具，免征进口关税和进口环节增值税。

10. 特定地区的减免税政策

经国务院批准，自 2005 年 8 月 1 日起对原产于台湾地区的 15 种进口鲜水果实施零关税。海关凭借海关总署认可的台湾地区签发水果产地证明文件和有关机构和民间组织于 2005 年 8 月 1 日后签发的、能够证明水果原产于台湾地区的产地证明文件，办理享受零关税水果的征税验放手续。原产于台湾地区水果的原产地标准为在台湾地区完全获得，即在台湾地区收获、采摘或采集。

能力点

一、关税的计算

1. 计税依据

关税以进出口货物的价格为计税依据。进出口货物的价格应当等于进出口货物数量乘以单位完税价格。进出口货物的完税价格，由海关以该货物的成交价格为基础审查确定。成交价格不能确定时，由海关依法估定。实际成交价格是一般贸易项下进口或者出口货物的买方为购买该项货物向卖方实际支付或者应当支付的价格。

（1）进口货物完税价格。进口货物以海关审定的成交价格为基础的到岸价格作为完税价格。到岸价格包括货价、货物运抵我国境内输入地点起卸前的运输及相关费用、保险费。进口货物的到岸价格经过海关审查未能确定的，海关可以以下列价格为基础估定完税价格：

①从该项进口货物同一出口国或者地区购进的相同或者类似货物的成交价格；

②该项进口货物的相同或者类似货物在国际市场上的成交价格；

③该项进口货物的相同或者类似货物在国内市场上的批发价格，减去进口关税、进口环节其他税收和进口后的运输、储存、营业费用及利润后的价格；

④海关用其他合理方法估定的价格。

运往境外修理的机械器具、运输工具和其他货物，出境时已经向海关报明并在海关规定的期限之内复运进境的，应当以海关审定的修理费和料件费作为完税价格。

运往境外加工的货物，出境时已经向海关报明并在海关规定的期限之内复运进境的，应当以加工后的货物进境时的到岸价格与原出境货物或者相同、类似货物在进境时的到岸价格之间的差额作为完税价格。

以租赁（包括租借）方式进口的货物，应当以海关审定的货物租金作为完税价格。

经过批准减税、免税进口的货物，在转让或者出售需要补税时，可以按照该货物原进口时的完税价格纳税。

进口货物的完税价格，应当包括为了在境内制造和使用的目的而向境外支付的与该进口货物有关的专利、商标、著作权以及专有技术、计算机软件和资料等费用。

（2）出口货物完税价格。出口货物应当以海关审定的货物售与境外的离岸价格扣除关税后作为完税价格，计算公式为：

出口货物完税价格＝离岸价格÷（1＋出口关税税率）

离岸价格应当按照应税出口货物运离出境前的最后一个口岸的离岸价格计算，具体包括货价、货物运至我国境内输出地点装载前的运输及相关费用、保险费。如果该货物是从内地起运的，则将该货物从内地运至出境口岸所支付的运输费用可以扣除。

当离岸价格不能确定时，完税价格由海关估定。

进出口货物的到岸价格、离岸价格或者租金、修理费、料件费等以外国货币计价的，应当按照海关填发税款缴纳证之日的汇价折合成人民币，再计算纳税。

进出口货物的收发货人或者他们的代理人，应当如实向海关申报进出口货物的成交价格。如果申报的成交价格明显低于或者高于相同或者类似货物的成交价格，海关可以根据相同或者类似货物的成交价格、国际市场价格、国内市场价格或者其他合理的方法估定完税价格。

进出口货物的收发货人或者他们的代理人，在向海关递交进出口货物报关单时，应当交验载明货物真实价格、运费、保险费和其他费用的发票、包装清单和其他有关单证（必要时，海关还可以检查买卖双方的有关合同、账册、单据和文件，或者作其他调查）；否则，应当按照海关估定的完税价格纳税；事后补交单证的，税款也不作调整。

2. 应纳税额的计算

海关对申报人提交的申报单证进行审核，确认单货一致后，对进出口货物按税则进行归类，确定所适用的税率，然后根据审定的完税价格计算出应纳关税税额，最后填发税款缴纳证（税款缴款书）交纳税义务人缴纳税款。以进出口货物的价格或数量作为计税依据，采取从价定率和从量定额两种基本办法进行征收。

（1）从价定率的应纳税额的计算公式为：

应纳税额＝应税进出口货物数量×单位关税完税价格×适用税率

（2）从量定额的应纳税额的计算公式为：

应纳税额＝应税进出口货物数量×适用税额标准

二、关税的税务处理案例

案例 1

某中外合资化妆品生产企业为增值税一般纳税人，2007 年 2 月发生以下业务：

（1）从国外进口一批散装化妆品，支付给国外的货价 120 万元，运抵我国海关前的运杂费和保险费 30 万元。

（2）进口机器设备一套，支付给国外的货价 35 万元，运抵我国海关前的运杂费和保险费 5 万元。进口散装化妆品和机器设备均取得了完税凭证。

（3）本月内企业将进口的散装化妆品全部生产加工为成套化妆品，对外批发销售取得不含税销售额 290 万元；向消费者零售取得含税销售额 51.48 万元。

（化妆品的进口关税税率 40%、消费税税率 30%，机器设备的进口关税税率 20%）

要求：根据以上资料，回答下列问题：

（1）计算进口散装化妆品应缴纳的消费税。

（2）计算进口散装化妆品应缴纳的增值税。

（3）计算进口机器设备应缴纳的增值税。

（4）计算该企业国内生产销售环节应缴纳的增值税。

（5）计算该企业国内生产销售环节应缴纳的消费税。

解析：（1）进口散装化妆品应缴纳的关税＝关税完税价格×关税税率＝（120＋30）×40%＝60（万元）

进口散装化妆品应缴纳的消费税＝（关税完税价格＋关税）÷（1－消费税税率）×消费税税率＝（150＋60）÷（1－30%）×30%＝90（万元）

（2）进口散装化妆品应缴纳的增值税 =（关税完税价格 + 关税 + 消费税）×增值税税率 =（150 + 60 + 90）×17% = 51（万元）

（3）计算进口机器设备应纳的增值税：

进口机器设备应缴纳的关税 = 关税完税价格 × 关税税率 =（35 + 5）×20% = 8（万元）

进口机器设备应缴纳的增值税 =（关税完税价格 + 关税）×增值税税率 =（40 + 8）×17% = 8.16（万元）

（4）国内生产销售化妆品应缴纳的增值税 = [290 + 51.48 ÷（1 + 17%）] ×17% − 51 = 5.78（万元）

（5）国内生产销售化妆品应缴纳的消费税 = [290 + 51.48 ÷（1 + 17%）] ×30% − 90 = 10.2（万元）

案例2

某公司2003年10月发生以下业务：

（1）从国外进口一批A类化妆品，关税完税价格为820 000元，已缴纳关税230 000元。

（2）委托某工厂生产B类化妆品，提供原材料价值68 000元，支付加工费2 000元，该批加工产品已收回（受托方没有B类化妆品同类货物价格）。

（3）销售本企业生产的C类护肤品，取得销售额580 000元（不含增值税）。

（4）国庆节，向全体女职工发放C类护肤品，计税价格8 000元（不含增值税）。

其他相关资料：化妆品适用的消费税税率为30%。

要求：

（1）计算A类化妆品应缴纳的消费税。

（2）计算B类化妆品应缴纳的消费税。

（3）计算C类护肤品应缴纳的消费税。

（4）计算该公司10月份应缴纳的消费税。

解析：（1）进口A类化妆品应缴纳的消费税 =（820 000 + 230 000）/（1 − 30%）×30% = 450 000（元）

（2）B类化妆品应缴纳的消费税 =（68 000 + 2 000）/（1 − 30%）×30% = 30 000（元）

（3）销售C类护肤品应缴纳的消费税 = 580 000 ×30% = 174 000（元）

国庆节发放的C类护肤品应缴纳的消费税 = 8 000 ×30% = 2 400（元）

C类护肤品应缴纳的消费税总额 = 174 000 + 2 400 = 176 400（元）

（4）该公司10月应缴纳消费税 = 450 000 + 30 000 + 174 000 + 2 400 = 656 400（元）

案例3

某房地产开发公司2007年4月购买国产小轿车2辆，每辆的车价款和价外费用为28万元（不包括增值税税额）；经批准进口小轿车1辆，关税完税价格为46万元。已知小轿车消费税税率为5%，关税税率为40%，车辆购置税税率为10%。

要求：

（1）计算进口小轿车在进口环节应缴纳的关税。

（2）计算进口小轿车在进口环节应缴纳的消费税。

（3）计算进口小轿车在进口环节应缴纳的增值税。

（4）计算进口小轿车应缴纳的车辆购置税。

（5）计算购买使用国产小轿车应缴纳的车辆购置税。

解析：（1）进口小轿车在进口环节应缴纳的关税＝关税完税价格×税率＝46×40%＝18.4（万元）

（2）进口小轿车在进口环节应缴纳的消费税：

进口消费税组价＝（关税完税价格＋关税）÷（1－消费税税率）＝（46＋18.4）÷（1－5%）≈67.79（万元）

进口环节应缴纳的消费税＝67.79×5%≈3.39（万元）

（3）进口小轿车在进口环节应缴纳的增值税＝67.79×17%≈11.52（万元）

（4）进口小轿车应缴纳的车辆购置税＝（关税完税价格＋关税＋消费税）×税率＝（46＋18.4＋3.39）×10%＝67.79×10%≈6.78（万元）

（5）购买使用国产小轿车应缴纳的车辆购置税＝计税价格×税率＝28×2×10%＝5.6（万元）

三、关税的征收管理

征收关税是海关的基本职能之一。因此，《海关法》对关税的征收管理确立了基本规范。

（一）关税税款的缴纳

关税缴纳是保证国家关税收入的重要环节，必须依法实施管理，要求海关依法征收，同时要求纳税义务人依法缴纳。为了保证国家关税的收入，海关在关税征收和缴纳过程中还可以依法采取一定的强制措施。所以《海关法》第六十条作出如下几项规定：

（1）进出口货物的纳税义务人，应当自海关填发税款缴款书之日起十五日内缴纳税款。

（2）未按上述规定期限缴纳税款而逾期缴纳的，由海关征收滞纳金。

（3）纳税义务人、担保人超过三个月仍未缴纳的，经直属海关关长或者其授权的隶属海关关长批准，海关可以采取下列强制措施：

①书面通知其开户银行或者其他金融机构从其存款中扣缴税款；

②将应税货物依法变卖，以变卖所得抵缴税款；

③扣留并依法变卖其价值相当于应纳税款的货物或者其他财产，以变卖所得抵缴税款。

（4）海关采取强制措施时，对前述所列的纳税义务人、担保人未缴纳的滞纳金同时强制执行。

（5）进出境物品的纳税义务人，应当在物品放行前缴纳税款。

（二）关税税收保全措施

为了保证国家的关税收入，海关需要依法采取税收保全措施。因此《海关法》第六十一条对其作出了具体规定。

1. 采取税收保全措施的对象和权限

进出口货物的纳税义务人在规定的纳税期限内有明显的转移、藏匿其应税货物以及其他财产迹象的，海关可以责令纳税义务人提供担保；纳税义务人不能提供纳税担保的，经直属海关关长或者其授权的隶属海关关长批准，海关可以采取税收保全措施。

2. 税收保全措施的内容

《海关法》对此规定：一是书面通知纳税义务人开户银行或者其他金融机构暂停支付纳税义务人相当于应纳税款的存款；二是扣留纳税义务人价值相当于应纳税款的货物或者其他财产。

3. 税收保全措施的解除和税款扣缴、抵缴

在采取税收保全措施之后，纳税义务人在规定的纳税期限内缴纳税款的，海关必须立即解除税收保全措施。而纳税义务人在规定的纳税期限届满仍未缴纳税款的，经直属海关关长或者其授权的隶属海关关长批准，海关可以书面通知纳税义务人开户银行或者其他金融机构从其暂停支付的存款中扣缴税款，或者依法变卖所扣留的货物或者其他财产，以变卖所得抵缴税款。

4. 税收保全措施不当的赔偿责任

对纳税义务人采取税收保全措施应当依法进行，涉及纳税义务人的合法权益也应当依法保护。如果采取税收保全措施有不当情况时，或者纳税义务人在规定期限内已缴纳税款，海关未立即解除税收保全措施，致使纳税义务人的合法权益受到损失的，海关应当依法承担赔偿责任。

（三）关税的补征、追征和多征退还

这是在关税征收过程中出现的三种情况，在《海关法》第六十二条、第六十三条中分别作出了规定。

1. 补征

补征是指在进出口货物、进出境物品放行后，海关发现少征或者漏征税款，应当自缴纳税款或者货物、物品放行之日起 1 年内，向纳税义务人补征。

2. 追征

追征是指因纳税义务人违反规定而造成的少征或者漏征税款，海关可以在 3 年内进行追征，征回这部分税款。

3. 多征退还

多征退还是指海关多征了税款，如果海关发现后则应当立即退还原纳税人；纳税义务人如果知道有多征情况的，则从缴纳税款之日起 1 年内，可以要求海关退还多征的税款。

（四）纳税争议的解决

在关税的征收和缴纳过程中，纳税义务人同海关发生纳税争议时，《海关法》第六十四条的规定为：应当缴纳税款，并可以申请行政复议；税务当事人对复议决定仍不服的，可以依法向人民法院提起诉讼。这项法律规定中所明确的行政复议，是一种海关行政复议。具体来说是税务当事人，在《海关法》第六十四条中规定是纳税义务人，对海关的具体行政行为提出复查的申请，要求复议机关对其合法性和适当性进行审查并作出裁决，如果对这个复议决定不服的，纳税义务人有权提起诉讼。有关这方面的法律根据，主要为《中华人民共和国行政诉讼法》、《中华人民共和国行政复议法》，以及有关的行政复议的实施办法。在有关关税征收管理的行政复议、行政诉讼中，应坚持的原则是依法征收关税，制止和纠正征收管理中的违法行为、不当行为，维护纳税义务人的合法权益，维护国家的利益。

（五）关税滞纳金

关税滞纳金是指在关税缴纳期限内未履行关税给付义务的纳税人，被海关课以应纳税额一

定比例的货币。征收滞纳金的目的是通过使滞纳关税的纳税人承担新的货币给付义务的方法，促使其尽早履行关税给付义务。我国海关法规定，自关税缴纳期限到期之次日起到纳税人缴清滞纳税款之日止，按日征收滞纳税额的1%。

按照规定，海关征收的关税、进口环节增值税和消费税、船舶吨税，如纳税义务人或其代理人逾期缴纳税款的，应缴纳税款滞纳金。其计算公式为：

关税滞纳金金额 = 滞纳的关税税额 ×0.5‰ × 滞纳天数

进口环节税滞纳金金额 = 滞纳的进口环节税税额 ×0.5‰ × 滞纳天数

根据《海关法》的规定，进出口货物的纳税义务人，应当自海关填发税款缴款书之日起15日内缴纳税款；逾期缴纳的，由海关征收滞纳金。在实际计算纳税期限时，应从海关填发税款缴款书之日的第二天起计算，当天不计入。缴纳期限的最后一日是星期六、星期天或法定节假日，则关税缴纳期限顺延至周末或法定节假日过后的第一个工作日。如果税款缴纳期限内含有的星期六、星期天或法定节假日不予扣除，滞纳天数按照实际滞纳天数计算，其中的星期六、星期天或法定节假日一并计算。

四、关税的纳税申报

1. 海关税款缴款书

海关税款缴款书一共一式六联，纳税义务人应当自海关填发税款缴款书之日起15日内向指定银行缴纳税款。逾期缴纳税款的，由海关自缴款期限届满之日起至缴清税款之日止，按日加收滞纳税款万分之五的滞纳金（期末遇星期六、星期日或法定节假日顺延）。

海关专用缴款书一式六联，其中：

第一联：（收据）银行收款签章后交缴款单位或缴纳人；

第二联：（付款凭证）由缴款单位开户银行作为付出凭证；

第三联：（收款凭证）由收款国库作为收入凭证；

第四联：（回执）由国库盖章后退回海关财务部门；

第五联：（报查）国库收款后，关税专用缴款书退回海关，海关代征税专用缴款书送当地税务机关；

第六联：（存根）由填发单位存查。

海关税款缴款书

收入系统：　　　　填发日期：　　年　　月　　日　　号码 No.

<table>
<tr><td rowspan="3">收款单位</td><td>收入机关</td><td colspan="3"></td><td rowspan="3">缴款单位(人)</td><td>名称</td><td colspan="2"></td></tr>
<tr><td>科目</td><td></td><td>预算级次</td><td></td><td>账号</td><td colspan="2"></td></tr>
<tr><td>收款国库</td><td colspan="3"></td><td>开户银行</td><td colspan="2"></td></tr>
<tr><td>税号</td><td>货物名称</td><td colspan="2">数量</td><td>单位</td><td>完税价格(￥)</td><td>税率(%)</td><td colspan="2">税款金额(￥)</td></tr>
<tr><td></td><td></td><td colspan="2"></td><td></td><td></td><td></td><td colspan="2"></td></tr>
<tr><td colspan="6">金额人民币(大写)</td><td colspan="3">合计(￥)</td></tr>
<tr><td colspan="2">申请单位编号</td><td></td><td>报关单编号</td><td></td><td colspan="2" rowspan="4">填制单位______
______

制单人______
复核人______</td><td colspan="2" rowspan="4">收款国库(银行)
______</td></tr>
<tr><td colspan="2">合同(批文)号</td><td></td><td>运输工具(号)</td><td></td></tr>
<tr><td colspan="2">缴款期限</td><td></td><td>提/装货单号</td><td></td></tr>
<tr><td>备注</td><td colspan="4"></td></tr>
</table>

2. 转账退税申请书或现金退款书

(1) 转账退税申请书

编号：__________

__________海关：

根据你关签发的税款专用缴款书（编号：__________），本纳税人已按规定缴纳税款。按照有关规定，现申请退税（及由此产生的银行利息），请予核准。

1. 已缴税款金额：

关税__________元，增值税__________元，消费税__________元。

2. 申请退税理由：______________________________

3. 申请退还金额：______________________________

关税__________元，增值税__________元，消费税__________元。

4. 申请人名称：______________________________

5. 开户银行：______________________________

6. 开户银行账号：______________________________

申请人签章：__________

__________年__________月__________日

申请人联系地址：____________________

邮政编码：____________________

联系人：____________________

电话：____________________

注：“转账退税申请书”一式二联，第一联随原缴款书复印件送国库，第二联海关留存。

说明：

1. 此申请书适用于以银行划转方式退还税款的情况。

2. “申请退还金额”中所涉及的税种应与原税款专用缴款书上所列关税、增值税、消费税或其他实际项目一致。

3. 按照《中华人民共和国进出口关税条例》第五十二条第二款规定，纳税义务人发现多缴税款的，可自缴纳税款之日起1年内要求退还多缴的税款并加算同期活期存款利息。

4. 此申请书需附原税款专用缴款书复印件各一份。

5. 此申请书需申请人签字并加盖单位公章。

（2）现金退税申请书

编号：________

________海关：

根据你关签发的税款专用缴款书（编号：__________），本纳税人已按规定缴纳税款，按照有关规定现申请退税（及由此产生的银行利息），请予核准。

1. 已缴税款金额：

关税__________元，增值税__________元，消费税__________元，……

2. 申请退税理由：______________________________

3. 申请退还金额：______________________________

关税__________元，增值税__________元，消费税__________元，……

4. 取款人姓名：______________________________

5. 取款人单位：______________________________

6. 取款人有效身份证明号码：______________________________

申请人签章：

年　　月　　日

申请单位联系地址：__________　邮政编码：__________

联系人：____________________　电话：__________

注：“现金退税申请书”一式二联，第一联随原缴款书复印件送国库，第二联海关留存。

说明：

1. 此申请书适用于纳税人以现金方式缴款，现要求直接退付现金的情况。

2. “申请退还金额”中所涉及的税种应与原税款专用缴款书上所列关税、增值税、消费税或其他实际项目一致。

3. 按照《中华人民共和国进出口关税条例》第五十二条第二款规定，纳税义务人发现多缴税款的，可自缴纳税款之日起1年内要求退还多缴的税款并加算同期活期存款利息。

4. 此申请书需附原税款专用缴款书复印件各一份。

5. 此申请书需申请人签字并加盖单位公章。

（3）收入退还书

中华人民共和国
税收收入退还书

（981）京国退××号

经济类型：

填发日期：　　年　　月　　日　　　　　　税务机关：

预算科目	编码		收款单位（人）	代码	
	名称			全称	
	级次			开户银行	
退款国库				账号	

退库性质	原税款征收品目名称	退库金额									
金额合计（大写）仟 佰 拾 万 仟 佰 拾 元 角 分											

税务机关			上列款项已办妥退库手续并划转收款单位账户 国库(银行)盖章　年　月　日	备注：
（盖章）	负责人（章）	填票人（章）		

注：“收入退还书”（海关专用）一式六联，其中：

第一联：（收款通知）交收款单位；

第二联：（付款凭证）由退款国库作为付出凭证；

第三联：（收款凭证）由收款单位开户银行作为收入凭证；

第四联：（付款通知）由国库随收入统计表送退库海关；

第五联：（报查凭证）国库退款后，关税收入退还书送退库海关，海关代征税收入退还书送当地税务机关；

第六联：（存根）由填发单位存查。

（4）海关补征税款告知书

编号：________

（纳税义务人）：________

经审核，你单位于____年____月____日申报进（出）口的________货物（报关单编号：________），因________（原因）________，少（漏）缴关税________元、增值税________元、消费税________元、其他税________元。根据《中华人民共和国进出口关税条例》第五十一条的规定，现决定对上述税款予以补征。请自收到本告知书之日起15日内来我关办理有关补缴税款的手续。

由于少（漏）征税款是因你单位违反＿＿＿＿＿＿规定所致，根据《中华人民共和国进出口关税条例》第五十二条规定，你单位补缴税款时，还应同时补缴自缴纳税款（货物放行、应缴纳税款）之日起至海关发现违规行为之日止的滞纳金。

如你单位未在上述规定期限内办理补税手续，我关将于规定限期届满之日填发税款缴款书。如你单位未按期自海关填发税款缴款书之日起15日内补缴税款，由此产生的税款滞纳金由你单位一并缴纳。

＿＿＿＿＿海关（章）

年　　月　　日

注：“海关补征税款告知书”一式两份，一份送达纳税义务人，一份海关留存。

说明：带下划线的内容应根据具体情况选择填写。其中，少（漏）缴税款中的“其他税”是指反倾销税、反补贴税、保障措施关税、报复性关税等。

五、习题训练

（一）单项选择题

1. 我国关税由（　　）征收。

A. 税务机关　　B. 海关

C. 工商行政管理部门　　D. 人民政府

2. 海关对逾期未缴的关税，按日加收（　　）滞纳金。

A. 0.2%　　B. 0.05%

C. 2%　　D. 0.1%

3. 在进口货物正常成交价格中若含（　　），可以从中扣除。

A. 包装费　　B. 运输费

C. 卖方付的回扣　　D. 保险费

4.《海关法》规定，进出口货物的完税价格，由海关以该货物的（　　）为基础审查确定。

A. 类似货物成交价格　　B. 倒扣价格

C. 货价　　D. 成交价格

5. 进出口关税的计税依据为（　　）。

A. 到岸价　　B. 离岸价

C. 关税完税价格　　D. 离岸价——出口关税

（二）多项选择题

1. 下列货物、物品进境时属于关税纳税对象的是（　　）。

A. 个人邮递物品　　B. 馈赠物品

C. 贸易性商品　　D. 海员自用物品

2. 进口货物的关税税率形式有（　　）。

A. 最惠国税率　　B. 协定税率

C. 特惠税率　　D. 普通税率

3. 以下属于关税的减免项目的有（　　）。

A. 关税税额在人民币 500 元以下的一票货物

B. 无商业价值的广告品和货样

C. 外国政府、国际组织无偿赠送的物资

D. 在海关放行前损失的货物

4. 进口货物的完税价格还包括以下费用（　　）。

A. 由买方负担的购货佣金以外的佣金和经纪费

B. 由买方负担的在审查确定完税价格时与该货物视为一体的容器的费用

C. 由买方负担的包装材料费用和包装劳务费用

D. 进口货物运抵境内输入地点起卸后的运输及其相关费用、保险费

（三）案例分析题

1. 中成进出口公司进口仪器一批，到岸价格为人民币 1 500 万元，计算该公司应纳的关税。关税税率为 10%。

2. 中成进出口公司从日本进口 400 吨化肥，货物以境外口岸离岸价格成交，每吨 2 000 美元，货物运达我国境内输入地点起卸前的运输费、保险费和其他劳务费用为每吨人民币 1 500 元，计算应纳的关税。关税税率为 5%，美元汇率为 6.8。

3. 信达进出口公司从韩国进口卷烟一批，货价 420 万元，运费 80 万元，保险费按货价加运费的 3% 确定，其他杂费 10 万元，计算应纳关税。关税税率为 40%。

4. 信达进出口公司出口生丝一批，离岸价格为 550 万元人民币，计算应纳出口关税。出口税率为 50%。

5. 宏图出版社印刷厂有一台印刷机 1 月运往香港修理，出境时已向海关报明该台机械的原值为 200 万元。8 月此台机械按海关规定期限复运进境，海关审查确定的修理费为 50 万元，料件费 60 万元。该机械复运进境时的市价已达 300 万元，计算该机械应纳的关税。关税税率为 5%。

6. 北方进出口公司某月进口小轿车 300 辆，每辆货价 75 000 元，该批小轿车运抵我国上海港起卸前的包装费、运输费、保险费和其他劳务费共计 150 000 元，计算该批小轿车应纳的关税。关税税率为 30%。

项目六　出口退税与纳税申报

学习目标

1. 了解出口货物退（免）税的基本政策。
2. 掌握出口货物退（免）税的会计核算。
3. 掌握外贸企业出口退税的核算。掌握生产企业出口退税的核算。
4. 掌握企业出口退税的申报。

税收小贴士

出口退税检查的几大方法

出口货物退（免）税检查是一项政策性和技术性很强的业务工作。它涉及出口企业大量的财务会计资料。要使检查工作减少盲目性，克服混乱性，提高工作效率，就必须讲究科学的检查方法和技巧，只有熟练和正确运用科学的检查方法才能保证出口退税检查的质量。

出口货物退（免）税检查和征税检查一样，其检查的方法有很多，按检查的顺序划分，有顺查法和逆查法；按对出口企业在一定时期内有关经济内容检查面大小和深浅程度划分，有全面检查和重点检查；按检查的组织形式划分，有自查法、复查法和重点抽查法。根据出口退税检查自身的特点，在检查工作中常见的实用检查方法主要有以下3种：

（一）日常稽查法

日常稽查法是出口退税中最常用、最基本的方法，是主管出口退税机关日常工作的一个重要组成部分。它主要是对日常单证对审或计算机审核出来的错误、疑点信息，特别是机审为“E”和“W”的疑点信息，通过与企业会计报表、账册和申报出口退税的其他有关资料核对，以检查出口退税申报是否正确。这一日常检查工作执行得好坏，直接关系到退税工作质量的高低。许多骗取出口退税的线索也能从这一检查中发现。

（二）专项检查法

专项检查法又称重点检查法，是对出口企业在某一时期内有关资料或对某一方面的经济业务进行的检查，通过事先分析资料发现疑点和线索，以及平时了解掌握的情况，有的放矢地进行检查的方法。通常用于对骗税案件的检查，对某一类出口商品或某笔出口业务，以及某种贸易方式出口退税业务进行专题检查。专项检查法是出口退税检查工作中最常用的方法。其特点是重点突出，针对情况，收效较明显，而且可以节省人力和时间，达到事半功倍的效果。

（三）全面检查法

全面检查法是对出口企业的各项退税会计凭证、账、表、票据、单证等项目进行全面系统的检查，是对一定时期内某一出口企业涉及出口退税的各种资料进行的一种全方位的检查，能达到查清、查透的效果，但工作量大，较费人力和时间。一般在年度清算时选择一些重点企业进行全面检查。在检查时，一般可着手从“库存商品”、“自营出口销售收入”、“应收外汇账款”、“应交税费——应交增值税”等账和有关凭证报表进行检查。

知识点

一、出口货物退（免）税的概念及特点

1. 概念

出口货物退（免）税，是指在国际贸易中货物输出国对输出境外的货物免征其在本国境内消费时应缴纳的税金或退还其按本国税法规定已缴纳的税金（增值税、消费税）。这是国际贸易中通常采用的，并为各国所接受的一种税收措施，目的在于鼓励各国出口货物进行公平竞争。

根据国际社会通行的惯例和我国现阶段的国情，并参考国际上的通行做法，我国制定并实施了出口货物退（免）税制度以及管理办法。该办法明确规定：有出口经营权的企业出口的货物，除另有规定者外，可在货物报关出口并在财务上作销售处理后，凭有关凭证按月报送税务机关批准退还或免征增值税和消费税。

2. 特点

我国的出口货物退（免）税制度是参考国际上的通行做法，在多年实践基础上形成的、自成体系的专项税收制度。这项新的税收制度与其他税收制度比较，有以下几个主要特点：

（1）它是一种收入退付行为。税收是国家为满足社会公共需要，按照法律规定，参与国民收入中剩余产品分配的一种形式。出口货物退（免）税作为一项具体的税收制度，其目的与其他税收制度不同。它是在货物出口后，国家将出口货物已在国内征收的流转税退还给企业的一种收入退付或减免税收的行为，这与其他税收制度筹集财政资金的目的显然是不同的。

（2）它具有调节职能的单一性。我国对出口货物实行退（免）税，意在使企业的出口货物以不含税的价格参与国际市场竞争。这是提高企业产品竞争力的一项政策性措施。与其他税收制度鼓励与限制并存、收入与减免并存的双向调节职能比较，出口货物退（免）税具有调节职能单一性的特点。

（3）它属于间接税范畴内的一种国际惯例。世界上有很多国家实行间接税制度，虽然其

具体的间接税政策各不相同，但就间接税制度中对出口货物实行“零税率”而言，各国都是一致的。为奉行出口货物间接税的“零税率”原则，有的国家实行免税制度，有的国家实行退税制度，有的国家则退、免税制度同时并行，其目的都是对出口货物退还或免征间接税，以使企业的出口产品能以不含间接的价格参与国际市场的竞争。出口货物退（免）税政策与各国的征税制度是密切相关的，脱离了征税制度，出口货物退（免）税便将失去具体的依据。

二、出口货物退（免）税的原则

出口退税是指国家将报关出口的货物在出口前所缴纳的有关税金退还给出口企业；出口免税是指国家对企业报关出口的货物在出口环节免征有关税金。出口货物退（免）税的基本原则是指政府制定出口货物退（免）税制度应遵循的基本准则，是政府出口货物退（免）税制度的立法思想的基本体现。从实践角度看，我国现有的出口货物退（免）税制度是在符合国际惯例和我国税法并立足于我国国情的基础上发展起来的，它以维护国家经济权益，提高出口货物的国际竞争力，促进对外贸易的发展为指导思想，是出口货物退（免）税制度的立法宗旨。在理论上，我国出口货物退（免）税制度的基本原则可具体阐述为：

1. 遵循国际惯例，维护国家权益的原则

在世界经济一体化的今天，任何一个国家或地区的经济增长和发展都不能脱离世界经济而独立存在，我国 30 多年的改革开放实践和取得的成果已经证明了这一点。因此，一个国家或地区在出台某项政策和制定某个制度尤其是涉外政策和制度时，除应立足于本国（区）国情和维护本国（区）权益外，还应尽可能遵守国际惯例。原《关税和贸易总协定》规定：一缔约国领土的产品输入到另一缔约国领土，不得因其免纳相同产品在原产国或输入国用于消费时所交纳的税捐或因这种税捐已经退税，即对它征收反倾销税或反补贴税。也就是说，一个国家或地区出口的货物，进口货物的国家或地区不应因该货物在出口国或地区已经免税或实行了退税而对其征收反倾销税或反补贴税。由此可见，对出口货物免税或退税是世界上多数主权国家或地区普遍采用或接受的一项税收政策，它为国际所公认。

当然，建立我国出口货物退（免）税制度也应立足本国国情。我国作为一个发展中国家并在建设有中国特色的社会主义初级阶段，我们不能因盲目遵循国际惯例而放弃维护本国权益的原则。对国家禁止出口或限制出口及关系到国计民生的紧缺和稀有货物，国家可以不实行或部分实行免税和出口退税。

2. 公平（中性）和调节结合的原则

尽管政府对出口货物实行免税或退税，但不能把这一符合国际惯例的做法演变为国际上通常反对的“财政补贴”，即出口货物的退税额不能超过其在国内已经交纳的间接税。另外，出口货物退（免）税管理办法不能因出口企业性质、规模、货物类别、工艺流程、成立时间等不同而实行差别待遇。当然，追求绝对的公平是不可能也是不现实的，应正确处理公平（中性）和调节的关系。从立足我国国情的角度出发，适当对不同货物实行差别待遇，如实行差别退税率，可调整产业结构，避免重复建设和盲目投资，使之更好地为我国经济发展服务。

3. 不征不退和彻底退税的原则

出口货物退（免）税对出口货物若不征税，也就不能退税。否则，可能会被进口国政府以“反倾销”为由征收反倾销税或反补贴税，由此引发的贸易战无疑会影响本国货物的出口和声誉。出口货物退（免）税的目的是使出口货物以无税成本进入国际市场，增强出口货物的竞争力。因此，从理论上讲，出口货物退税应尽可能做到彻底退税，即征多少退多少。若征少退多，则为变相财政补贴，易遭到别的国家或地区的贸易报复，同时，因征少退多，又可能导致财政赤字，引发财政危机。征多退少，会削弱出口货物成本竞争力，增加出口企业成本，制约出口企业出口货物的积极性。当前，我国出口货物增值税的退税率低于征税率，这是解决增值税管理漏洞所导致的征少退多矛盾，并不为了“多征少退”，相反却是出口货物退税“不征不退、征多少退多少、彻底退税”原则的现实体现。

4. 法制化原则

“无规矩不能成方圆”，在日益法制化的今天，出口货物退（免）税制度作为税收制度的一部分，站在税收的角度上，也应做到规范化和法制化。政府既要从立法上保证出口货物退（免）税政策和制度的落实，又要对出口货物退（免）税管理部门的行政行为加以约束；既要维护出口企业的权益，又要使之承担相应的法律义务和责任。

国家一直把“打击骗取出口退（免）税”作为出口货物退（免）税工作的一个重要组成部分，就是这一原则在税收实践中的具体体现。

5. 简化、高效原则

“简化、高效原则”是税收制度的一项基本原则，出口货物退（免）税作为税收制度的一个组成部分，也应遵循这一原则。出口货物退（免）税的政策、法规应明确、简单、透明；操作应简单、节省费用和富有效率。制定出口货物退（免）税的政策和法律，不仅仅是在法律上保证出口货物退税或免税的地位，更重要的是要使这一政策落到实处，能切实做到该免税的能及时享受到免税，该退税的能及时得到退税。

三、我国出口货物退（免）税基本政策

世界各国为了鼓励本国货物出口，一般都采取优惠的税收政策。有的国家采取对该货物出口前所包含的税金在出口后予以退还的政策（即出口退税），有的国家采取对出口的货物在出口前即予以免税的政策。我国则根据本国的实际，采取出口退税与免税相结合的政策。我国的出口货物税收政策分为以下三种形式：

（一）出口免税并退税

出口免税是指对货物在出口销售环节不征增值税、消费税，这是把货物出口环节与出口前的销售环节都同样视为一个征税环节；出口退税是指对货物在出口前实际缴纳的增值税和消费税予以退还。

（二）出口免税不退税

出口免税与上述第（一）项含义相同。出口不退税是指适用这个政策的出口货物因在前一道生产、销售环节或进口环节是免税的，因此，出口时该货物的价格中本身就不含税，也无须退税。适用这个政策的出口货物主要有：来料加工复出口的货物、列入免税项目的避孕药品和工具、古旧图书、免税农产品、国家计划内出口的卷烟及军品等。

（三）出口不免税不退税

出口不免税是指对国家限制禁止出口的某些货物的出口环节视同内销环节，照常征税；出口不退税是指对这些货物出口不退还出口前其所负担的税款。适用这个政策的出口货物主要

是：税法列举限制或禁止出口的货物，如天然牛黄、麝香、铜及铜基合金、白银等。

上述三种政策形式是就国家出口货物总体税收政策而言的，它们并未因国家调低或调高退税率、调整退税范围和退税计算方法而改变。

四、享受出口货物退（免）税的企业类型

目前享受出口货物退（免）税的企业具体有下列几类：

第一类是经对外贸易经济合作部及其授权单位批准的有进出口经营权的外贸企业，含外贸总公司和到异地设立的经对外贸易经济合作部批准的有进出口经营权的独立核算的分支机构。

第二类是经对外贸易经济合作部及其授权单位批准的有进出口经营权的自营生产企业和生产型集团公司。

第三类是外商投入资金企业。

第四类是委托外贸企业代理出口的企业。

第五类是特定退税企业。这类企业有：

（1）将货物运出境外用于对外承包项目的对外承包工程公司。

（2）对外承接修理修配业务的企业。

（3）将货物销售给外轮、远洋国轮而收取外汇的外轮供应公司、远洋运输供应公司。

（4）在国内采购货物并运往境外作为在国外投入资金的企业。

（5）运用外国政府贷款或国际金融组织贷款，通过国际招标办法中标机电产品的企业。

（6）境外带料加工装配业务所使用的出境设备、原材料和散件的企业。

（7）运用中国政府的援外优惠贷款和合资合作项目基金办法下出口货物的企业。

（8）对外进行补偿贸易项目和易货贸易，以及对港澳台贸易而享受退税的企业。

（9）按国家规定计划向加工出口企业销售“加工出口专用”钢材的列名钢铁企业。

（10）国家旅游局所属中国免税品公司统一管理的出境口岸免税店。

（11）外商投入资金企业采购国产设备。

（12）为国外航空公司生产并供应航空食品的国内航空供应公司。

（13）向国内海上石油天然气开采企业销售列明海洋工程结构物产品的国内生产企业。

五、享受退（免）税的出口货物一般应具备的条件

享受退（免）税的出口货物一般应具备以下四个条件：

（1）必须是属于增值税、消费税征税范围的货物。

（2）必须是报关离境的货物。

（3）必须是在财务上作销售处理的货物。

（4）必须是出口收汇并已核销的货物。

六、出口货物退（免）税政策的具体实施办法

（一）出口货物退（免）税的适用范围

1. 免税并退税

下列企业出口的货物，除另有规定外，给予免税并退税：

(1) 有出口经营权的内资生产企业自营出口或委托外贸企业代理出口的自产货物。

(2) 有出口经营权的外贸企业收购后直接出口或委托其他外贸企业代理出口的货物。

(3) 生产企业(不包括1993年12月31日前批准设立的外商投资企业)委托外贸企业代理出口的自产货物。

(4) 1994年1月1日以后设立的外商投资企业自营出口或委托外贸企业代理出口的自产货物。

(5) 下列特定企业(不限于有出口经营权)出口的货物:

①对外承包工程公司运出境外用于对外承包项目的货物;

②对外承接修理修配业务的企业用于对外修理修配的货物;

③外轮供应公司、远洋运输供应公司销售给外轮、远洋国轮而收取外汇的货物;

④企业在国内采购并运往境外作为国外投资的货物。

需要说明的是,上述"除另有规定外"是指出口的货物属于税法列举规定的免税货物或限制、禁止出口的货物,上述企业如出口这些货物是不按"免税并退税"政策处理的(详见下述第3、4两项)。

另外,需要强调的是,除上述企业出口货物准予退(免)税外,其他非生产性企业委托外贸企业出口的货物不予退(免)税,这是对一般无进出口经营权的商贸企业搞出口贸易的限制。

2. 除另有规定外,免税但不予退税

下列企业出口的货物,除另有规定外,给予免税,但不予退税:

(1) 1993年12月31日前批准设立的外商投资企业自营出口或委托外贸企业代理出口的自产货物。

(2) 属于生产企业的小规模纳税人自营出口或委托外贸企业代理出口的自产货物。

(3) 外贸企业从小规模纳税人购进并持普通发票的货物出口,免税但不予退税。但对下列出口货物,考虑其占出口比重较大及其生产、采购的特殊因素,特准退税:抽纱、工艺品、香料油、山货、草柳竹藤制品、渔网渔具、松香、五倍子、生漆、鬃尾、山羊板皮、纸制品。

(4) 外贸企业直接购进国家规定的免税货物(包括免税农产品)出口的。

需要说明的是,上述"除另有规定外"是指上述企业出口的货物如属于税法列举规定的限制或禁止出口的货物,则不能免税,当然更不能退税。

3. 免税但不予退税

下列出口货物,免税但不予退税:

(1) 来料加工复出口的货物,即原材料进口免税,加工自制的货物出口不退税。

(2) 避孕药品和用具、古旧图书,内销免税,出口也免税。

(3) 出口卷烟,即有出口卷烟权的企业出口国家出口卷烟计划内的卷烟,在生产环节免征增值税、消费税,出口环节不办理退税。其他非计划内出口的卷烟照章征收增值税和消费税,出口一律不退税。

(4) 军品以及军队系统企业出口军需工厂生产或军需部门调拨的货物免税。

4. 不免税也不退税

除经批准属于进料加工复出口贸易以外,下列出口货物不免税也不退税:

（1）国家计划外出口的原油。

（2）援外出口货物。

（3）国家禁止出口的货物，包括天然牛黄、麝香、铜及铜基合金、白银等。

（二）出口货物的退税率

出口货物的退税率反映了退税额与退税依据之间固定的比例关系。退税率是出口退税政策发挥作用的关键因素。退税率是出口货物的实际退税额与计税依据之间的比例。它是出口退税的中心环节，体现国家在一定时期的经济政策，反映出口货物实际征税水平。退税率是根据出口货物的实际整体税负确定的，同时，也是零税率原则和宏观调控原则相结合的产物。

从2004年1月1日起，中国对不同出口货物主要有17%、13%、11%、8%、5%等5档退税率。出口企业从小规模纳税人购进货物出口准予退税的，规定出口退税率为5%的货物，按5%的退税率执行；规定出口退税率高于5%的货物一律按6%的退税率执行。

计算出口应税消费品应退消费税的税率或单位税额，依据《消费税暂行条例》所附的“消费税税目税率（税额）表”执行。企业应将不同消费税税率的出口应税消费品分开核算和申报，凡划分不清适用税率的，一律从低适用税率计算应退消费税税额。

能力点

一、出口货物退税的计算

出口货物只有适用既免税又退税的政策时，才会涉及如何计算退税的问题。由于各类出口企业对出口货物的会计核算办法不同，有对出口货物单独核算的，有对出口和内销的货物统一核算的。为了与出口企业的会计核算办法相一致，原《出口货物退（免）税管理办法》规定了两种退税计算办法：

（一）第一种计算方法

出口企业兼营内销和出口货物，且其出口货物不能单独设账核算的，应先对出口的货物免征出口环节增值税，然后对内销货物计算销项税额并扣除当期进项税额后，对未抵扣完的进项税额再用公式计算出口货物的应退税额。这种计算办法，简称为“免、抵、退”办法。

免税，是指对上述货物免征本企业生产销售环节的增值税。

抵税，是指上述货物应当免征或者退还所耗用的原材料、零部件等已纳增值税税款，抵顶内销货物应纳的增值税税款。

退税，是指由于应当抵顶的增值税税额大于应纳税额而未抵顶完，经过主管税务机关批准，对未抵顶完的税额予以退税。

1. 案例分析

计算红光进出口贸易公司12月份增值税免、抵、退税情况（该公司征税率为17%，退税率为9%），相关资料如下：

本期一般贸易方式出口销售五金件2 000件，其中：1 500件以离岸价格成交，每件200美元；500件以到岸价格成交，每件售价240美元，每件支付运费、保险费合计30美元，人民币外汇牌价1:6.826。上述款项均已收到。

本期内销五金件1 200件，每件售价1 500元，开具的增值税专用发票上注明的金额为180万元，增值税为30.6万元，货款已通过银行收到。

本期购入材料一批，增值税专用发票注明的金额为500万元，增值税为85万元，材料正在验收当中，货款尚未支付，专用发票已办理了认证手续。

本期进料加工免税进口料件，作价人民币20万元，货款通过银行支付。

外销收入=［200×1 500 +（240－40）×500］×6.826＝2 730 400（元）

免、抵、退税额＝（2 730 400－200 000）×9% ＝227 736（元）

不予免、抵、退税额＝（2 730 400－200 000）×（17%－9%）＝202 432（元）

当期应纳税额＝306 000－（850 000－240 000）

＝－304 000（元）

当期应退税额＝227 736（元）

当期免抵税额＝0

当期留抵税额＝304 000－227 736

＝76 264（元）

2. 免、抵、退税计算公式

免、抵、退税额＝（外销收入－免税进口料件价格）×外汇牌价×退税率

外销收入指离岸价，不含境外运费、保险费、佣金。

对应出口退税专栏：

不予免、抵、退税额＝（外销收入－免税进口料件价格）×外汇牌价×（征税率－退税率）

对应进项税额转出专栏：

当期应纳税额＝内销收入－（上期留抵税额＋本期所有的进项税额）－不予免、抵、退税额

计算结果若为正数，则本期应向税务机关交纳增值税，并且本期无免、抵、退税额；

计算结果若为负数，则本期无须向税务机关交纳增值税，并且本期出现免、抵、退税额；

当留抵税额＞免、抵、退税额时，应退税额＝免、抵、退税额，本期无免、抵税额，实际留抵税额＝留抵税额－应退税额；

当留抵税额＜免、抵、退税额时，应退税额＝留抵税额，免、抵税额＝免、抵、退税额－应退税额，实际无留抵税额；

免、抵税额对应出口抵减内销产品应纳税额专栏。

（二）第二种计算办法

出口企业将出口货物单独设立库存账和销售账记载的，就依据购进出口货物增值税专用发票所列明的进项金额和退税率计算应退税额。由于运用这种办法是对购进的出口货物先缴税，再纳入国家出口退税计划审批退税，因此，简称为“先征后退”办法，主要适用于未按第一种“免、抵、退”办法退税的其他生产企业和外贸企业。

其办理出口退（免）税的程序是：

（1）免征出口环节增值税。

（2）按该货物所适用的增值税税率与其所适用的退税率之差乘以出口货物的离岸价格折合人民币的金额，计算出口货物不予抵扣或退税的税额，从当期（是指一个季度内，下同）

全部进项税额中剔除，计入产品成本。

（3）用剔除后的进项税额余额，抵扣内销货物的销项税额，计算当期应纳税额。

（4）如果当期应纳税额为负数，上述（2）（3）（4）项抵、退税计算具体步骤及公式是：

当期不予抵扣或退税的税额 = 当期出口货物离岸价 × 外汇人民币牌价 ×（增值税条例规定的税率 – 出口货物退税率）

当期应纳税额 = 当期内销货物的销项税额 –（当期全部进项税额 – 当期不予抵扣或退税的税额）– 上期未抵扣完的进项税额

若当期应纳税额为负数，也就是说，当期还有未抵扣完的进项税额，且该企业出口货物占当期全部货物销售额 50% 以上，计算应退税额的公式是：

①当出口货物离岸价 × 外汇人民币牌价 × 退税率 ≥ 未抵扣完的当期进项税额时：

退税额 = 未抵扣完的当期进项税额

②当出口货物离岸价 × 外汇人民币牌价 × 退税率 < 未抵扣完的当期进项税额时：

退税额 = 出口货物离岸价 × 外汇人民币牌价 × 退税率

结转下期的进项税额 = 当期未抵扣完的进项税额 – 应退税额

二、外贸企业出口货物退税

（1）外贸企业出口货物退增值税的计税依据主要分三种情况。

①购进出口货物取得增值税专用发票的，以增值税专用发票列明的进项金额为计税依据。

②从小规模纳税人购进持普通发票特准退税的抽纱、工艺品、香料油、山货、草柳竹藤制品、渔网渔具、松香、五倍子、生漆、鬃尾、山羊板皮、纸制品等 12 类货物，按以下公式计算确定计税依据：

$$\text{退税计税依据} = \frac{\text{普通发票所列（含增值税）销售金额}}{1 + \text{征收率}}$$

上述征收率，供货企业是工业企业的为 6%；是商业企业的为 4%。

③购进原材料委托生产企业加工收回后出口的，以购买加工货物的原材料、支付加工货物的工缴费等专用发票所列明的进项金额为计税依据。

（2）外贸企业出口货物退消费税的计税依据。凡属从价定率计征消费税的货物，依外贸企业从工厂购进货物时征收消费税的价格为依据；凡属从量定额计征消费税的货物，以货物购进和报关出口数量为依据。

三、生产企业出口货物退税

（1）生产企业出口货物退增值税的计税依据为出口货物的离岸价（FOB）。对企业以 FOB 价以外的价格，如按成本加运费价（CFR），成本、保险费加运费价（CIF）成交的，应以扣除运费、保险费和佣金等国外费用后的余额作为计税依据。

（2）生产企业出口消费税应税货物的计税依据。生产企业自营出口或委托外贸企业代理出口的消费税应税货物，依据其实际出口收入或出口数量予以免征消费税。

四、出口货物退税率具体规定

“征多少，退多少，未征不退”是制定出口货物退税率的基本原则。从 1994 年实行新税制后，出口货物的增值税退税率进行了多次调整，使之大体上符合国家经济发展的总体要求。

1. 增值税退税率

到2000年我国形成了17%、15%、13%、6%、5%共5档增值税退税率。目前执行的出口货物增值税退税率规定如下：

（1）机械及设备、电器及电子产品、运输工具、仪器仪表四大类机电产品，服装、棉纱、棉布退税率为17%。

（2）四大类机电产品以外的其他机电产品和服装、棉纱、棉布以外的纺织原料以及法定征税率为17%，且1999年7月1日前退税率为13%或11%的出口货物退税率为15%。

（3）法定征税率为17%的其他货物、农产品以外法定征税率为13%的货物以及煤炭、棉花的退税率为13%。

（4）从小规模纳税人购进出口的货物，除农产品（不包括棉花）外为6%。

（5）棉花以外的农产品出口退税率为5%。

出口企业出口的国家高新技术产品，若退税率未达到征税率的，按征税率计算出口退税额。

但是，在外贸出口快速增长的同时，出口退税机制不合理的问题日益突出，出口欠退税问题越来越严重。欠退税的不断扩大，给社会经济发展带来了明显的负面影响：一是影响出口企业尤其是外贸企业的正常生产经营活动；二是给财政和经济运行带来隐患；三是有损于政府的信誉，不利于改善投资环境和吸引外商投资。对此，在充分调研论证的基础上，国务院于2003年10月13日发布了关于改革现行出口退税机制的决定。本着“适度、积极、稳妥”的原则，对出口退税率进行结构性调整，区别不同产品调整退税率：对国家鼓励出口的产品退税率不降或少降，对一般性出口产品适当降低，对国家限制出口的产品和一些资源性产品多降或取消退税，这样出口退税率平均下调3个百分点左右。调整后的出口退税率为17%、13%、11%、8%、5%共5档，从2004年1月1日（以出口货物报关单上海关注明的出口日期为准）起执行。具体方案是：

（1）保持现行出口退税率不变，包括：现行出口退税率为5%和13%的农产品；现行出口退税率为13%的以农产品为原料加工生产的部分工业品；现行税收政策规定增值税征税税率为17%、退税税率为13%的部分货物；船舶、汽车及其关键零部件、航空航天器、数控机床、加工中心、印刷电路、铁道机车等现行出口退税率为17%的货物。

（2）调高部分产品退税率，小麦粉、玉米粉、分割鸭、分割兔等货物的出口退税率由5%调高到13%。

（3）取消部分产品的出口退税，取消原油、木材、纸浆、山羊绒、鳗鱼苗、稀土金属矿、磷矿石、天然石墨等货物的出口退税政策。对其中属于应征消费税的货物，也相应取消出口退（免）消费税政策。

（4）调低出口退税率的产品，汽油（商品代码27101110）、未锻轧锌（商品代码7901）的出口退税率调低到11%；未锻轧铝、黄磷及其他磷、未锻轧镍、铁合金、钼矿砂及其精矿等货物的出口退税率调低到8%；焦炭、半焦炭、炼焦煤、轻重烧镁、萤石、滑石、冻石等货物的出口退税率调低到5%。

（5）除上述已列明的货物外，凡现行出口退税率为17%和15%的货物，其出口退税率一律调低到13%；凡现行征税率和退税率均为13%的货物，其出口退税率一律调低到11%。

同时，财政部、国家税务总局财税〔2003〕238号《关于调整出口货物退税率的补充通知》对部分特殊货物的退税率进行了明确规定，主要有：

（1）小规模纳税人自营和委托出口的货物，继续执行免税政策，其进项税额不予抵扣或退税。出口企业从小规模纳税人购进货物出口准予退税的，凡财税〔2003〕222号文件规定出口退税率为5%的货物，按5%的退税率执行；凡财税〔2003〕222号文件规定出口退税率高于5%的货物一律按6%的退税率执行。

（2）出口“高新技术产品出口目录”（2003年）内的产品统一按财税〔2003〕222号文件规定的退税率执行。

（3）计算机软件出口（海关出口商品码9803）实行免税，其进项税额不予抵扣或退税。

（4）外国驻华使（领）馆及其外交代表购买中国物品和劳务、外商投资企业采购符合退税条件的国产设备以及《国家税务总局关于出口退税若干问题的通知》（国税发〔2000〕165号）文件第九条规定的利用外国政府和国际金融组织贷款采用国际招标方式国内企业中标的机电产品、《财政部、国家税务总局关于海洋工程结构物增值税实行退税的通知》（财税〔2003〕46号）规定的生产企业向国内海上石油天然气开采企业销售的海洋工程结构物，继续按原政策规定办理退税或“免、抵、退”税。

2. 消费税退税率

目前消费税出口货物退（免）税税率是随着其征税税率的改变而作相应的调整。具体按照“消费税税目税率（税额）表”执行。

五、习题训练

（一）单项选择题

1. 下列企业委托外贸企业代理出口货物，不予退（免）增值税和消费税的是（　　）。

A. 有出口经营权的生产企业　　B. 无出口经营权的生产企业

C. 有出口经营权的外贸企业　　D. 无出口经营权的一般商贸企业

2. 下列不能办理出口退税的企业是（　　）。

A. 没有出口经营权，但国家税务总局特准出口退税的企业

B. 生产企业委托外贸企业代理出口自产货物

C. 在国内采购货物运往境外作为国外投资的企业

D. 从小规模纳税人购进并持有普通发票的货物的外贸企业

3. 下列适用增值税出口免税不退税政策的货物是（　　）。

A. 军品　　B. 原油

C. 天然牛黄　　D. 糖

4. 外贸企业从工厂购进应税消费品直接出口的，如果该应税消费品是属于从价定率征收消费税的，其退税公式为（　　）。

A. 应退消费税税款＝出口应税消费品的离岸价×消费税税率

B. 应退消费税税款＝出口应税消费品的出口价×消费税税率

C. 应退消费税税款＝出口应税消费品的到岸价×消费税税率

D. 应退消费税税款＝出口应税消费品的工厂销售额×消费税税率

5. 企业出口货物先征后退收到增值税退款时，应贷记（　　）账户。

A. 主营业务收入　　B. 其他应收款

C. 营业外收入　　D. 应交税费——应交增值税（出口退税）

6. 实行出口退税制度，是指货物在报关出口后，凭有关凭证报送税务机关批准退还或免征（　）。

A. 关税和所得税　　B. 增值税和所得税

C. 消费税和关税　　D. 消费税和增值税

7. 生产企业委托外贸企业代理出口自产应税消费品，给予（　　）。

A. 免税并退税　　B. 免税不退税

C. 不免税也不退税　　D. 以上方法都可以

（二）多项选择题

1. 下列可以办理出口退还消费税的有（　　）。

A. 生产企业委托外贸企业出口应税消费品

B. 外贸企业委托其他外贸企业出口应税消费品

C. 商贸企业委托外贸企业出口应税消费品

D. 外贸企业自营出口应税消费品

2. “免、抵、退”税方法适用于（　　）。

A. 有出口经营权生产企业自营出口　　B. 无出口经营权生产企业自营出口

C. 外贸企业委托外贸企业出口　　D. 非生产性企业自营出口

3. 出口企业从小规模纳税人购进并持有普通发票的货物出口，允许办理退还增值税的货物有（　　）。

A. 工艺品　　B. 生漆

C. 山货　　D. 纸制品

4. 下列企业出口应税消费品，可在出口时办理退还消费税的有（　　）。

A. 有出口经营权的外贸企业从生产企业购进应税消费品直接出口的

B. 有出口经营权的外贸企业受其他外贸企业委托代理出口应税消费品的

C. 有出口经营权的生产企业自营出口自产应税消费品的

D. 生产企业委托外贸企业代理出口应税消费品的

5. 下列出口货物实行增值税免税并退税的企业有（　　）。

A. 来料加工复出口的企业

B. 生产企业委托外贸企业代理出口自产货物

C. 在国内采购货物运往境外作为国外投资的企业

D. 从小规模纳税人购进并持有普通发票的货物出口的外贸企业

（三）判断题

1. 目前外贸企业出口货物增值税的退税实行的是“免、抵、退”办法。（　）

2. 外贸企业从小规模纳税人购进并持有普通发票的货物出口，一律免税但不予退税。（　）

3. 出口货物应退消费税的退税率（或单位税额）与其征税率相同，即出口货物的消费税能够做到彻底退税。（ ）

4. 只有进出口经营权的生产企业自营或委托外贸企业代理出口货物，其增值税才适用“免、抵、退”办法。（ ）

5. “先征后退”法是对出口货物先按内销方法缴纳增值税，再按出口货物离岸价和退税率计算应退税额。（ ）

6. 属于从价定率计征消费税的应税消费品，按出口货物的购进成本和消费税税率计算应退消费税税款。（ ）

7. 外贸企业自营出口应收出口退税款时，借记“其他应收款”账户，贷记“营业外收入”账户。（ ）

8. 生产企业直接出口应税消费品或通过外贸企业出口应税消费品，应由生产企业先计算缴纳消费税。（ ）

（四）实务题

1. 有进出口经营权的某生产企业，对自产货物经营出口销售及国内销售，该企业 2010 年 3 月份和 4 月份分别发生以下几笔购销业务：

（1）2010 年 3 月份：

① 报关离境出口一批货物，离岸价 30 万美元（当日美元与人民币汇率 1∶6.830）；

② 内销一批货物，销售额为 300 万元；

③ 购进所需原材料等货物，购货额为 500 万元。

（2）2010 年 4 月份：

① 报关离境出口一批货物，离岸价是 60 万美元（当日美元与人民币汇率 1∶6.826）；

② 内销一批货物，销售额为 250 万元；

③ 购进所需原材料等货物，购货额为 450 万元。

已知上述购销货物增值税税率均为 17%，上述购销额均为不含税价，该企业办理出口退税适用“免、抵、退”办法，增值税退税率为 15%。计算该企业 2010 年 3 月份和 4 月份应纳或应退增值税税额。

2. 某有进出口经营权的外贸企业，自营出口业务，购进甲商品一批，取得的专用发票上注明价款 400 000 元，增值税 68 000 元。该批商品均已报关出口，并已向主管税务机关办理出口退税手续。收到外销款项 86 000 美元，报关出口当日美元与人民币汇率为 1∶6.826。甲商品增值税退税率为 13%。购销款项均以银行存款收支。计算相应的出口退税。

3. A 化妆品厂将自产化妆品（消费税税率 30%）一批销售给 B 外贸公司，不含税售价 700 000元，生产成本 550 000 元。款项以银行存款结清。B 公司将该批化妆品出口，离岸价格 110 000美元，当日美元与人民币汇率为 1∶6.826。出口货物增值税退税率为 17%。计算出口退税。

4. 某外贸公司购进供出口的商品一批，取得的增值税专用发票上注明价款为 220 000 元，增值税为 37 400 元，该批商品的一半已办理了出口报关手续，并已收到销货款15 000美元，当日美元与人民币汇率为 1∶6.826，出口商品增值税退税率为 9%。计算出口退税。

（五）综合题

某自营出口的生产企业为增值税一般纳税人，适用的增值税税率 17%，增值税退税率

15%。2007 年 1、2 月份的生产经营情况如下：

（1）1 月份：外购原材料取得增值税专用发票注明价款 850 万元，增值税 144.5 万元，材料已验收入库；外购动力取得增值税专用发票注明价款 150 万元，增值税 25.5 万元，其中 20%用于企业基建工程；以外购原材料 80 万元委托某公司加工货物，支付加工费取得增值税专用发票注明价款 30 万元，增值税 5.1 万元；支付加工货物的运输费用 10 万元并取得运输公司开具的普通发票。内销货物取得不含税销售额 300 万元，支付销售货物运输费用 18 万元并取得运输公司开具的普通发票；出口销售货物取得销售额 500 万元。

（2）2 月份：出口货物销售取得销售额 600 万元；内销货物 600 件，开具普通发票销售额 140.4 万元；将与内销货物相同的自产货物 200 件用于本企业基建工程，货物已移送。

要求：采用“免、抵、退”办法计算该企业 2007 年 1 月份和 2 月份应纳（或应退）的增值税并填制增值税申报表、出口退税明细申报表和出口货物增值税纳税申报表补充资料。

项目七　企业所得税的纳税申报

学习目标

1. 了解关于企业所得税的各个知识点。
2. 熟悉企业所得税的管理规范。
3. 掌握企业所得税的征税范围、纳税人。
4. 掌握企业所得税的计算方法、应税所得额的确定。
5. 掌握企业所得税纳税申报的填制、纳税申报流程。

税收小贴士

企业所得税发展史

1992 年 10 月召开的中国共产党第十四次全国代表大会提出了建立社会主义市场经济体制的战略目标。财税部门提出改革企业所得税制度。在实施步骤上，分两步走：第一步，先将对国营企业、集体企业、私营企业等内资企业分别征收的所得税统一起来；第二步，再将对内资企业和外资企业分别征收的所得税统一起来。这一建议得到了中共中央、国务院的批准。

1993 年 12 月 13 日，国务院将国营企业所得税、国营企业调节税、集体企业所得税和私营企业所得税合并，制定了《中华人民共和国企业所得税暂行条例》，自 1994 年 1 月 1 日起施行。

企业所得税的纳税人为中国境内的国有企业、集体企业、私营企业、联营企业、股份制企业和其他组织，征税对象为纳税人来源于中国境内、境外的生产、经营所得和其他所得。纳税人每个纳税年度的收入总额减去准予扣除项目金额以后的余额，为应纳税所得额。一般企业适用 33% 的税率，微利企业暂时适用 27% 或者 18% 的税率，金融、保险企业暂时适用 55% 的税率（1997 年以后降为 33%）。符合国家有关规定的某些企业和经营单位可以享受一定的免税或者减税待遇。纳税人发生年度亏损的，可以用下一纳税年度的所得弥补；下一纳税年度的所得不足弥补的，可以逐年延续弥补，但是最长不得超过 5 年。

1994 年税制改革以后，中国开始酝酿内资企业所得税制度与外资企业所得税制度的统一，几经曲折，历经三个“五年计划”、十多年时间。

1996 年 3 月 17 日，第八届全国人民代表大会第四次会议批准了《中华人民共和国国民经济和社会发展“九五”计划和 2010 年远景目标纲要》，其中明确提出统一内外资企业所得税。

2001 年 3 月 15 日，第九届全国人民代表大会第四次会议批准了《中华人民共和国国民经济和社会发展第十个五年计划纲要》，其中再次明确提出统一内外资企业所得税。

2003 年 10 月 14 日，中国共产党第十六届中央委员会第三次全体会议通过了《中共中央关于完善社会主义市场经济体制若干问题的决定》，其中提出统一各类企业税收制度，自然也包括统一内外资企业所得税制度。

从 2004 年 3 月召开的第十届全国人民代表大会第二次会议以后，共有 541 位全国人大代表提出 16 项议案，要求将内资企业所得税与外资企业所得税统一起来。

2005 年 10 月 11 日，中国共产党第十六届中央委员会第五次全体会议通过《中共中央关于制定国民经济和社会发展第十一个五年规划的建议》，其中再次提出统一各类企业税收制度。

2006 年 3 月 14 日，第十届全国人民代表大会第四次会议批准了《中华人民共和国国民经济和社会发展第十一个五年规划纲要》，其中提出统一各类企业税收制度。而且，全国人大常委会已经将内资企业所得税制度与外资企业所得税制度的统一（即两法合并）列入了当年的立法计划。同年 12 月 29 日，第十届全国人民代表大会常务委员会第二十五次会议经过审议决定，将《中华人民共和国企业所得税法（草案）》提请 2007 年 3 月召开的第十届全国人民代表大会第五次会议审议。

在 2007 年 3 月召开的第十届全国人民代表大会第五次会议上，国务院提请会议审议的《中华人民共和国企业所得税法（草案）》得到了与会各界代表的普遍高度评价和热烈赞同，从而成为中国企业所得税发展史上的一个新的、具有伟大历史意义的里程碑。

知识点

一、企业所得税的概念及特点

企业所得税是对中国境内企业（外商投资和外国企业除外）的生产、经营所得和其他所得征收的一种税。通俗地说，就是对内资企业的收益额（包括来源于中国境内、境外的所得）征收的所得税。

《企业所得税法》于 2007 年 3 月 16 日第十届全国人民代表大会第五次会议通过，2007 年 3 月 16 日中华人民共和国第六十三号主席令公布，新企业所得税法自 2008 年 1 月 1 日起施行。

企业所得税的特点如下：

1. 税法与会计制度适当分离

企业所得税的征税对象是所得额，计税依据是应纳税所得额，它与会计利润有一定的差异。当税法计算应纳税所得额与财务会计计算利润额的规定相抵触时，以税法规定为准。

2. 在同一比例的基础上实行优惠照顾

企业所得税贯彻量能负担原则，即所得多的多征，所得少的少征，无所得的不征。为了更好地体现税收的公平原则，在统一比例税率的基础上，对特定产业、项目、微利企业实行优惠照顾。

3. 实行按年计征、分期预缴的征收办法

企业所得税一般以全年的应纳税所得额作为计税依据，分月或分季度预缴税款，年终汇算清缴。对经营期不足 1 年的企业，要将经营期间的所得额换算成 1 年的所得额，计算应纳所得税。

二、企业所得税的纳税人

企业所得税的纳税义务人是指在中国境内实行独立经济核算的企业或组织。包括：

（1）国有企业。

（2）集体企业。

（3）私营企业。

（4）联营企业。

（5）股份制企业。

（6）有生产经营所得和其他所得的其他组织。

企业是指按国家规定注册、登记的企业。有生产经营所得和其他所得的其他组织，是指经国家有关部门批准，依法注册、登记的，有生产经营所得和其他所得的事业单位、社会团体等组织。独立经济核算是指同时具备在银行开设结算账户；独立建立账簿，编制财务会计报表；独立计算盈亏等条件。

特别需要说明的是，个人独资企业、合伙企业不适用企业所得税法，这两类企业征收个人所得税即可，这样能消除重复征税。

企业分为居民企业和非居民企业。居民企业，是指依法在中国境内成立，或者依照外国（地区）法律成立但实际管理机构在中国境内的企业。非居民企业，是指依照外国（地区）法律成立且实际管理机构不在中国境内，但在中国境内设立机构、场所的，或者在中国境内未设立机构、场所，但有来源于中国境内所得的企业。

居民企业应当就其来源于中国境内、境外的所得缴纳企业所得税。非居民企业在中国境内设立机构、场所的，应当就其所设机构、场所取得的来源于中国境内的所得，以及发生在中国境外但与其所设机构、场所有实际联系的所得，缴纳企业所得税。

三、企业所得税的征税对象和征税范围

企业所得税的征收对象是企业的收益额（所得额）。

企业所得税的征收范围为纳税义务人来源于中国境内、境外的生产、经营所得和其他所得。

企业每一纳税年度的收入总额，减除不征税收入、免税收入、各项扣除以及允许弥补的以前年度亏损后的余额，为应纳税所得额。

企业以货币形式和非货币形式从各种来源取得的收入，为收入总额。包括：销售货物收入，提供劳务收入，转让财产收入，股息、红利等权益性投资收益，利息收入，租金收入，特许权使用费收入，接受捐赠收入，其他收入。

（一）收入总额的确定

1. 收入的一般规定

从 2008 年起规定，企业以货币形式和非货币形式从各种来源取得的收入，为收入总额。包括以下内容：销售货物收入，提供劳务收入，转让财产收入，股息、红利等权益性投资收益，利息收入，租金收入，特许权使用费收入，接受捐赠收入，其他收入。

（1）销售货物收入，指销售库存商品、产品、原材料、包装物、低值易耗品、半成品及其他货物取得的收入。

（2）提供劳务收入，指企业提供建筑安装、交通运输、金融保险、仓储、邮政、电信、饮食、旅店、旅游、娱乐、广告、教育、技术、文化、卫生、体育、法律、会计、咨询、代理和其他劳务取得的收入。

（3）转让财产收入，指企业有偿转让固定资产、无形资产、股权、股票、债券、债权及其他有价证券、财产而取得的收入。

（4）股息、红利等权益性投资收益，指企业因对外进行权益性投资而从被投资方那里取得的股息、红利和其他利润分配收入。

（5）利息收入，指纳税人购买各种债券等有价证券的利息、外单位欠款付给的利息和其他利息收入，不包括购买国债的利息收入。

（6）租金收入，指纳税人出租固定资产、包装物及其他财产取得的租金收入。

（7）特许权使用费收入，指企业提供或转让专利权、非专利技术、商标权、著作权及其他特许权的使用费而取得的收入。

（8）接受捐赠收入，指企业接受捐赠的货币和非货币资产的收入，应全额计入收入总额。

（9）其他收入，指除上述各项收入之外的一切收入。

2. 收入的特殊规定

企业返还的流转税、对直接减免和即征即退的，应并入企业当年利润计征所得税；对先征税后返还和先征后退的，应并入企业实际收到退税或返还款年度的企业利润计征所得税；对出口退还的消费税，交企业所得税；对出口退还的增值税，不交企业所得税；国家规定有指定用途的减免返还流转税，不计入应纳税所得额。

自 2000 年 6 月 24 日起至 2010 年底，对增值税纳税人销售其自行开发生产的软件产品，按 17% 的法定税率征收增值税后，对其实际税负超过 3% 的部分实行即征即退政策。所退税款由企业用于研究开发软件产品和扩大再生产，不作为企业所得税应税收入，不予征收企业所得税。

3. 不征税收入

企业所得税的不征税收入，指从企业所得税的原理上讲，应永久不列为征税范围的收入范畴。从 2008 年起，收入总额中的下列收入为不征税收入：财政拨款，依法收取并纳入财政管理的行政事业性收费、政府性基金，国务院规定的其他不征税收入。如果对这类性质的收入征税，会导致无意义地增加政府的收入和支出成本。

4. 免税收入

企业所得税的免税收入，指属于企业的应税所得，但按照税法规定免予征收企业所得税的收入。免税收入实质上是属于政府可以根据经济政策目标需要，在一定时期免予征收税金，而在另一时期又有可能恢复征收税金的收入范畴。从 2008 年起，企业的下列收入为免税收入：国债利息收入（购买的国债）；符合条件的居民企业之间的股息、红利等权益性投资收益；在中国境内设立机构、场所的非居民企业从居民企业取得与该机构、场所有实际联系的股息、红利等权益性投资收益；符合条件的非营利组织的收入。

（二）扣除项目的确定

1. 准予扣除项目

准予扣除项目是纳税人每一纳税年度发生的与取得应纳税收入有关的所有必要和正常的成本、费用、税金和损失。

（1）成本是纳税人销售商品（产品、材料、下脚料、废料、废旧物资等）、提供劳务、转让固定资产、无形资产（包括技术转让）的成本。

（2）费用是指纳税人每一纳税年度发生的可扣除的销售费用、管理费用和财务费用，已计入成本的有关费用除外。

（3）税金及其附加是指纳税人按规定缴纳的消费税、营业税、资源税、土地增值税、出口关税、城市维护建设税、教育费及其附加等产品的销售税金及其附加。即实际发生的除所得税和增值税的各项税金及其附加。

（4）损失是指纳税人生产、经营过程中的各项营业外支出、已发生的经营亏损和投资损失等。

2. 费用中需要注意的问题

（1）销售费用：已计入存货成本的销售费用不得重复申报；销售部门的工资、福利、广告有扣除限额；租金性质的确定（融资租赁、经营租赁）。

（2）管理费用：工会经费、职工教育费有扣除限额；研究开发费用，按规定可超额扣除；业务招待费有扣除限额；向关联企业支付的管理费不得扣除。

（3）财务费用：利息扣除有限额；其他非资本化支出。

（4）税金及其附加应注意的问题：

六税一费：消费税、营业税、土地增值税、资源税、出口关税、城建税和教育费附加；增值税为价外税，不包含在计税中，不得扣除；房产税、车船使用税、土地使用税、印花税已计入管理费用中扣除，不再作销售税金扣除。

（5）损失中应注意的问题：捐赠属于营业外支出，有扣除限额；当期应计未计的固定资产折旧，不得转移到以后年度扣除。

（三）限额扣除项目

1. 借款费用支出

（1）企业生产经营期间向金融机构借款利息支出，可以在发生当期据实扣除。

（2）企业向非金融机构借款（包括经批准集资和企业间的相互拆借）的利息支出，不高于银行同期同类贷款利息的部分可以在发生当期扣除。从关联方借入金额超过其注册资本50%的超过部分利息支出不得扣除。因逾期归还银行贷款支出的加息罚息可以在发生当期扣除。企业筹建期间发生的长期借款，除购置固定资产、对外投资外，应计入开办费，在不短于5年的时间内摊销。

2. 资本化的项目（不得扣除）

从事房地产开发业务的纳税人为开发房地产而借入资金所发生的借款费用，在房地产完工之前发生的，应计入有关房地产的开发成本。购建固定资产的利息支出应计入资产价值计提折旧，不得作当期费用扣除。购置固定资产时，如发生非正常中断且时间较长，中断期间发生的借款费用可以在发生当期扣除；如中断是使购置的固定资产达到可使用状态的必需程序，中断期间的借款费用仍应资本化。

3. 非资本化的项目

纳税人为投资而发生的资本利息不得资本化。即使应资本化的借款费用，如果高于金融机构同期同类借款利息，也不能资本化。除明确指明用于开发无形资产费用，一般不计入无形资产成本，可以在发生当期扣除。

4. 工资、薪金支出

（1）企业实际发生的合理的职工工资薪金，准予在税前扣除。

（2）企业发放给在本企业任职的主要投资者个人及其他有关联关系的人员，例如福利费中列支的人员（医务室、浴室、理发室、幼儿园等工作人员）、离退休职工、下岗职工、待岗职工的工资薪金，应在合理的范围内扣除。

对特殊类型的企业发放的工资薪金，按国家有关规定实行扣除。

企业按照国务院有关主管部门或省级人民政府规定的范围和标准为职工缴纳的基本医疗保险费、基本养老保险费、失业保险费、工伤保险费、生育保险费等基本社会保险费和住房公积金，准予税前扣除。

企业为其投资者或雇员个人向商业保险机构投保的人寿保险、财产保险等商业保险，不得扣除。

（3）职工工会经费、教育经费。

$$扣除限额 = 实际工资总额 \times (2\% + 2.5\%)$$

纳税人实际支出未超过扣除限额的，按实际支出扣除；

纳税人实际支出超过扣除限额的，按扣除限额扣除。

企业发生的职工教育经费支出超过部分，准予在以后纳税年度结转扣除。

5. 业务招待费

按照发生额的60%扣除，但最高不得超过当年销售（营业）收入的5‰。

6. 固定资产租赁费

（1）经营租赁方式租入固定资产而发生的租赁费，按租赁年限均匀扣除。

（2）融资租赁发生的租赁费不得直接扣除，按规定构成融资租入固定资产价值的部分应当提取折旧费用，分期扣除。融资租赁条件：在租赁期满时，租赁资产的所有权转让给承租方；租赁期为资产使用年限的70%或以上；租赁期内租赁最低付款额大于或基本等于租赁开始日资产的公允价值。

7. 坏账损失和坏账准备金

未提取坏账准备金的，坏账损失可以据实扣除；提取坏账准备金的，坏账准备金扣除限额＝年末应收账款余额×5‰。已提取坏账准备金的，发生坏账应冲减准备金；实际损失超过准备金，可据实扣除；已核销坏账收回时，应调增应纳税所得额；关联方往来账款不得提取准备金，一般也不得确认为坏账。

8. 支付给总机构的管理费

（1）非居民企业在中国境内设立的机构、场所，就其境外总机构实际发生的与本机构、场所生产、经营有关的费用，能够提供总机构出具的费用汇集范围、定额、分配依据和方法等证明文件，并合理计算分摊的，准予扣除。

（2）企业接受关联方提供的管理或其他形式的服务，按照独立交易原则支付的有关费用，准予扣除。

注意：企业之间支付的管理费、企业内营业机构之间支付的租金和特许权使用费，以及非银行企业内营业机构之间支付的利息，不得扣除。

9. 新产品、新技术、新工艺研究开发费用

企业为开发新技术、新产品、新工艺发生的研究开发费用，未形成无形资产计入当期损益的，在按规定实行100%扣除基础上，按研究开发费用的50%加计扣除；形成无形资产的，按无形资产成本的150%进行摊销。

10. 广告费与业务宣传费

（1）企业每一纳税年度实际发生的符合条件的广告支出，不超过当年销售（营业）收入15%（含15%）的部分准予扣除，超过部分准予在以后年度结转扣除。

（2）广告支出必须符合以下条件：经工商部门批准的专门机构制作；已支付费用，并取得发票；通过一定的媒体传播。

（3）赞助支出，是指企业发生的各种非广告性质的赞助支出，不得在税前扣除。

11. 公益救济性捐赠

公益性社会团体，是指同时符合下列条件的基金会、慈善组织等社会团体。

准予扣除的捐赠要符合以下条件：

（1）依法登记，具有法人资格。

（2）以发展公益事业为宗旨，且不以营利为目的。

（3）全部资产及其增值为该法人所有。

（4）收益和营运结余主要用于符合该法人设立目的的事业。

（5）终止后的剩余财产不归属任何个人或者营利组织。

（6）不经营与其设立目的无关的业务。

（7）有健全的财务会计制度。

（8）捐赠者不以任何形式参与社会团体财产的分配。

（9）国务院财政、税务主管部门会同国务院民政部门等登记管理部门规定的其他条件。

捐赠限额：企业当期实际发生的公益性捐赠支出在年度利润总额12%以内（含）的，准予扣除。年度利润总额，是指企业按照国家统一会计制度的规定计算的年度会计利润。

12. 其他可扣除费用

（1）汇兑损失：企业在外币交易中产生的汇兑损失，以及纳税年度终了将人民币以外的货币性资产、负债按期末即期汇率折算为人民币产生的汇兑损失，除已计入资产成本及与向所有者进行利润分配相关的部分外，准予扣除。

（2）职工福利费：企业发生的职工福利费支出，不超过工资薪金总额 14% 的部分，准予扣除。企业按照国家法律、行政法规有关规定提取的用于环境、生态恢复等的专项资金，准予扣除；提取资金改变用途的，不得扣除，已经扣除的，应计入当期应纳税所得额。

（3）保险费：企业参加财产保险和责任保险，按照规定实际缴纳的保险费用，准予扣除。

（4）劳动保护支出：企业实际发生的合理的劳动保护支出，准予扣除。劳动保护支出是指确因工作需要为雇员配备或提供工作服、手套、安全保护用品、防暑降温用品等所发生的支出。

（四）不得扣除的项目

（1）资本性支出。

（2）无形资产受让、开发支出或出售费用。

（3）违法经营的罚款、被没收财物的损失。

（4）各项税收的滞纳金、罚金和罚款。

（5）自然灾害或者意外事故损失有赔偿的部分。

（6）非公益、救济性捐赠及超过限额的公益、救济性捐赠。

（7）各种赞助性支出。

（8）为他人提供与自身业务无关的贷款担保而承担的本息。

（9）销售货物给购货方的回扣。

（10）税法规定可提取的准备金之外的任何形式的准备金。

（11）企业已出售给职工的住房提取的折旧和维修费。

（12）与取得收入无关的其他各项支出。

（五）不征税收入

收入总额中的下列收入为不征税收入：财政拨款；依法收取并纳入财政管理的行政事业性收费、政府性基金；国务院规定的其他不征税收入。

（六）不得扣除

计算应纳税所得额时，下列支出不得扣除：向投资者支付的股息、红利等权益性投资收益款项；企业所得税税款；税收滞纳金；罚金、罚款和被没收财物的损失；超过规定比例以外的捐赠支出；直接赞助支出；未经核定的准备金支出；与取得收入无关的其他支出。

（七）固定资产折旧

计算应纳税所得额时，企业按照规定计算的固定资产折旧，准予扣除。但下列固定资产不得计算折旧扣除：

（1）房屋、建筑物以外未投入使用的固定资产。

（2）以经营租赁方式租入的固定资产。

（3）以融资租赁方式租出的固定资产。

（4）已足额提取折旧仍继续使用的固定资产。

（5）与经营活动无关的固定资产。

（6）单独估价作为固定资产入账的土地。

（7）其他不得计算折旧扣除的固定资产。

四、企业所得税税率的确定

企业所得税的基本税率为25%。优惠税率包括：

（1）非居民企业在中国境内未设立机构、场所的，或者虽设立机构、场所但取得的所得与其所设机构、场所没有实际联系的，应当就其来源于中国境内的所得缴纳企业所得税，适用税率为20%。

（2）小型微利企业为20%。小型微利企业的界定标准是：

①工业制造业企业，年所得额30万元以下，雇员人数100人以下，资产总额3 000万元以下；

②其他企业，年所得额30万元以下，雇员人数80人以下，资产总额1 000万元以下。

（3）高新技术企业为15%。高新技术企业的界定标准：

①经营的产品主要为核心自主知识产权及其产品；

②国家规定的各种高新技术产品及服务。

企业所得税税率表

档次	税率	纳税年度应纳税所得额
1	18%	3万元（含3万元）以下
2	27%	3万元至10万元（含10万元）
3	33%	10万元以上

按季预缴企业所得税所得额适用税率换算表　　（单位：万元）

档次	税率	一季度	二季度	三季度	四季度
1	18%	0.75以下	1.5以下	2.25以下	3以下
2	27%	0.75~2.5	1.5~5.0	2.25~7.5	3~10
3	33%	2.5以上	5.0以上	7.5以上	10以上

五、企业所得税的减、免税

国家对重点扶持和鼓励发展的产业和项目，给予企业所得税优惠。

（1）企业的下列收入为免税收入。

①国债利息收入；

②符合条件的居民企业之间的股息、红利等权益性投资收益；

③在中国境内设立机构、场所的非居民企业从居民企业取得与该机构、场所有实际联系的股息、红利等权益性投资收益；

④符合条件的非营利组织的收入。

（2）企业的下列所得，可以免征、减征企业所得税。

①从事农、林、牧、渔业项目的所得；

②从事国家重点扶持的公共基础设施项目投资经营的所得；

③从事符合条件的环境保护、节能节水项目的所得；

④符合条件的技术转让所得；

⑤《中华人民共和国企业所得税法》第三条第三款规定的所得。

（3）符合条件的小型微利企业，减按20%的税率征收企业所得税。

（4）国家需要重点扶持的高新技术企业，减按15%的税率征收企业所得税。

（5）民族自治地方的自治机关对本民族自治地方的企业应缴纳的企业所得税中属于地方分享的部分，可以决定减征或者免征。自治州、自治县决定减征或者免征的，须报省、自治区、直辖市人民政府批准。

（6）企业的下列支出，可以在计算应纳税所得额时加计扣除：

①开发新技术、新产品、新工艺发生的研究开发费用；

②安置残疾人员及国家鼓励安置的其他就业人员所支付的工资；

③创业投资企业从事国家需要重点扶持和鼓励的创业投资，可以按投资额的一定比例抵扣应纳税所得额；

④企业的固定资产由于技术进步等原因，确需加速折旧的，可以缩短折旧年限或者采取加速折旧的方法；

⑤企业综合利用资源，生产符合国家产业政策规定的产品所取得的收入，可以在计算应纳税所得额时减计收入；

⑥企业购置用于环境保护、节能节水、安全生产等专用设备的投资额，可以按一定比例实行税额抵免。

能力点

一、企业所得税的计算

企业应纳税所得额的计算，以权责发生制为原则，属于当期的收入和费用，不论款项是否收付，均作为当期的收入和费用；不属于当期的收入和费用，即使款项已经在当期收付，均不作为当期的收入和费用。国务院财政、税务主管部门另有规定的除外。

企业所得税按纳税年度计算。纳税年度自公历1月1日起至12月31日止。企业在一个纳税年度中间开业，或者终止经营活动，使该纳税年度的实际经营期不足十二个月的，应当以其实际经营期为一个纳税年度。企业所得税分月或者分季预缴。企业依法清算时，应当以清算期间作为一个纳税年度。

（一）境内所得税抵免和应纳税额的计算

企业的计税依据是应纳税所得额，且该计税依据的计算是在企业会计核算的基础上，根据税收法规的有关规定进行纳税调整后得出来的。要正确计算企业所得税，要求纳税人必须设立账簿，保存完整、真实的账务资料。企业所得税的计税依据是企业的应纳税所得额，应纳税所得额是指纳税人每一纳税年度的收入总额减去准予扣除项目金额的余额。其计算公式为：

应纳税所得额 = 每一纳税年度的收入总额 － 准予扣除项目金额

或　　　　　　 = 每一纳税年度的收入总额 +（或 –）税收调整项目金额

例：某家电生产企业为增值税一般纳税人，2008 年度有员工 1 000 人。企业全年实现收入总额 8 000 万元，扣除的成本、费用、税金和损失总额 7 992 万元，实现利润总额 8 万元，已缴纳企业所得税 2 万元。后经聘请的会计师事务所审计，发现有关税收问题如下：

（1）收入总额 8 000 万元中含国债利息收入 7 万元，金融债券利息收入 20 万元，从被投资公司分回的税后股息 38 万元。

（2）当年 1 月向银行借款 200 万元购建固定资产，借款期限 1 年。购建的固定资产尚未完工，企业支付给银行的年利息费用共计 12 万元全部计入了财务费用核算。

（3）12 月份转让一项无形资产的所有权，取得收入 60 万元未作收入处理，该项无形资产的净值 35 万元也未转销（不考虑转让税费）。

（4）“营业外支出”账户中，列支上半年缴纳的税收滞纳金 3 万元、银行借款超期的罚息 6 万元、给购货方的回扣 12 万元、意外事故损失 8 万元、非广告性赞助 10 万元，全都如实作了扣除。

要求：计算该企业应补缴的企业所得税。

解：（1）收入总额中的国债利息收入 7 万元、从被投资公司分回的税后股息 38 万元经核实为免税收入。

（2）用于购建固定资产的借款利息 12 万元应计入资产成本，不得计入财务费用。

（3）转让无形资产所得 60 – 35 = 25 万元应计入应纳税所得额。

（4）税收滞纳金 3 万元、回扣 12 万元、非广告赞助支出 10 万元不得税前扣除。

（5）应纳税所得额 = 8 – 7 – 38 + 25 + 12 + 3 + 12 + 10 = 25（万元）

（6）应纳所得税额 = 25 × 25% = 6.25（万元）

（7）应补缴企业所得税 = 6.25 – 2 = 4.25（万元）

若纳税人没依法设立账簿，或者账簿不完整或不真实，税务征管人员在征收企业所得税时没有依据，此时，就需要对纳税人采用核定征收方式征收企业所得税。税法规定，纳税人有下列情形之一的，就应采取核定征税方式征收企业所得税：

（1）依照税收法律法规规定可以不设置账簿的或按照税收法律法规规定应设置但未设置账簿的。

（2）只能准确核算收入总额，或收入总额能够查实，但其成本费用支出不能准确核算的。

（3）只能准确核算成本费用支出，或成本费用支出能够查实，但其收入总额不能准确核算的。

（4）收入总额及成本费用支出均不能准确核算，不能向主管税务机关提供真实、准确、完整的纳税资料，难以查实的。

（5）账目设置和核算虽然符合规定，但并未按规定保存有关账簿、凭证及有关纳税资料的。

（6）发生纳税义务，未按照税收法律法规规定的期限办理纳税申报，经税务机关责令限期申报，逾期仍不申报的。

核定征收有定额征收和核定应税所得率两种方式：

（1）定额征收是指税务机关按照一定的标准、程序和方法，直接核定纳税人年度应纳税所得额，由纳税人按规定进行申报缴纳的方法。

（2）核定应税所得率是指税务机关按照一定的标准、程序和方法，预先核定纳税人的应税所得率，由纳税人根据纳税年度内的收入总额或成本费用等项目的实际发生额，按预先核定的应税所得率计算缴纳企业所得税的办法。由于各个行业的利润率水平不同，所以不同行业的应税所得率也不相同。应税所得率如下表：

应税所得率表

行业	应税所得率（%）
工业、交通运输业、商业	7~20
建筑业、房地产开发业	10~20
饮食服务业	10~25
娱乐业	10~25
其他服务业	10~30

核定应税所得率征收应纳所得税额计算公式如下：

应纳所得税额＝应纳税所得额×适用税率

应纳税所得额＝收入总额×应税所得率

或　应纳税所得额＝成本费用支出额÷（1－应税所得率）×应税所得率

应纳税额的计算公式为：

应纳税额 ＝ 应纳税所得额 × 适用税率 － 减免税额 － 抵免税额

公式中的减免税额和抵免税额，是指依照企业所得税法和国务院的税收优惠规定减征、免征和抵免的应纳税额。

企业所得税实行按年计征、分期预缴、年终汇算清缴、多退少补的征税办法。其应纳所得税额的计算分为预缴所得税额计算和年终汇算清缴所得税额计算两部分。

1. 按月（季）预缴所得税的计算

纳税人预缴所得税时，应当按纳税期限内所得额的实际数预缴，按实际数预缴有困难的，可按上一年度应纳税所得额的1/12或1/4预缴，或者经当地税务机关认可的其他方法分期预缴所得税。其计算公式为：

应纳所得税额＝月（季）应纳税所得额×25%

或　　＝上年应纳税所得额×1/12（或1/4）×25%

2. 年终汇算清缴所得税的计算

全年应纳所得税额＝全年应纳税所得额×25%

多退少补所得税额＝全年应纳所得税额－月（季）已预缴所得税额

企业所得税税款应以人民币为计算单位。若所得为外国货币的，应当按照国家外汇管理机关公布的外汇汇率折合人民币缴纳。

例：某企业某年全年应纳税所得额 1 200 万元。次年企业经税务机关同意，每月按上年应纳税所得额 1/12 预缴企业所得税。次年全年实现利润经调整后的应纳税所得额为 1 250 万元，计算企业在年终汇算清缴时应补交的所得税额。

解：①1～12 月每月预缴所得税为：

应纳税额 $=1\ 200 \div 12 \times 25\% = 25$（万元）

②实际预缴所得税为：$25 \times 12 = 300$（万元）

③全年企业实际应纳所得税税额为：

应纳税额 $= 1\ 250 \times 25\% = 312.5$（万元）

④年终汇算清缴时应补缴税额为：

应补缴税额 $= 312.5 - 300 = 12.5$（万元）

（二）境外所得税抵免和应纳税额的计算

根据企业所得税条例及实施细则规定，纳税人来源于我国境外的所得，在境外实际缴纳的所得税款，准予在汇总纳税时，从其全部应纳税额中抵免。但抵免限额不得超过其境外所得按我国企业所得税法规定计算的应纳税额。计算公式为：

应纳税额 = 境内所得 ×适用税率 + 境外所得×法定税率－境外所得税款扣除额

税收抵免限额 = 境内、境外所得按税法计算的应纳税总额×

来源于某国的所得额/境内、境外所得总额

例：某企业某年度境内所得为 900 万元，同期在境外某国所得为 100 万元，境外实际缴纳所得税 34 万元。计算该企业本年度应纳税额。

解：①应纳税总额 $=(900+100) \times 25\% = 250$（万元）

②境外所得税税额扣除限额 $= 250 \times 100/(900 + 100) = 25$（万元）

③实际允许扣除的境外已纳税款 $=25$（万元）

④应纳税额 $=250-25=225$（万元）

二、企业所得税的特别纳税调整

（一）资产的税务处理

企业的各项资产，包括固定资产、生物资产、无形资产、长期待摊费用、投资资产、存货等，以历史成本为计税基础。历史成本，是指企业取得该项资产时实际发生的支出。

企业持有各项资产期间资产增值或者减值，除国务院财政、税务主管部门规定可以确认损益外，不得调整该资产的计税基础。

1. 固定资产

固定资产是指使用期限超过 1 年的房屋、建筑物、机器、机械、运输工具以及其他与生产经营有关的设备、器具、工具。

非生产经营主要设备的物品，单价在 2 000 元以上，使用期限超过 2 年的，也属于固定资产。

未作为固定资产管理的工具、器具，作为低值易耗品，可以一次或分期在税前扣除。

(1) 应当计提折旧的固定资产：房屋、建筑物；在用的机器设备、运输车辆、器具、工具；季节性停用和大修理停用的机器设备；以经营租赁方式租出的固定资产；以融资租赁方式租入的固定资产；财政部规定的其他应当计提折旧的固定资产。

（2）不得计提折旧的固定资产：土地；房屋、建筑物以外未使用、不需要使用以及封存的固定资产；以经营租赁方式租入的固定资产；已提足折旧的固定资产；按规定提取维简费的固定资产；已一次性列支的固定资产；破产、关停企业的固定资产；提前报废的固定资产；财政部规定不得计提折旧的固定资产。

2. 无形资产的计价和摊销

（1）无形资产的计价：外购的无形资产，按购买价款、相关税费以及直接归属于使该项资产达到预定用途所发生的其他支出作为计税基础；自行开发的无形资产，按开发过程中符合资本化条件后至达到预定用途前发生的实际支出作为计税基础；通过捐赠、投资、非货币性资产交换、债务重组取得的无形资产，按该资产的公允价值和应支付的相关税费作为计税基础。

（2）无形资产的摊销采取直线法：受让或投资的无形资产，按法定有效期限与合同或企业申请书中规定的受益年限孰短原则摊销；没有法定期限的，按合同或企业申请书的受益年限摊销；没有法定期限或合同或企业申请书没有规定使用年限的，或自行开发的无形资产，摊销期限不得少于10年。

3. 递延资产的扣除

（1）开办费。企业筹建期间发生的开办费，应当从开始生产、经营月份的次月起，在不短于5年的期限内分期扣除。

（2）固定资产改良费用。符合以下条件视为固定资产改良支出：发生的支出达到取得固定资产的计税基础50%以上；发生修理后固定资产的使用寿命延长2年以上；发生修理后的固定资产生产的产品性能得到实质性改进或市场售价明显提高、生产成本显著降低；其他情况表明发生修理后的固定资产性能得到实质性改进，能够为企业带来经济利益的增加。

（二）境外所得税额扣除

企业的应纳税所得额乘以适用税率，减除依照企业所得税法关于税收优惠的规定减免和抵免的税额后的余额，为应纳税额。

企业取得的下列所得已在境外缴纳的所得税税额，可以从其当期应纳税额中抵免，抵免限额为该项所得依照企业所得税法规定计算的应纳税额；超过抵免限额的部分，可以在以后5个年度内，用每年度抵免限额抵免当年应抵税额后的余额进行抵补：

（1）居民企业来源于中国境外的应税所得。

（2）非居民企业在中国境内设立机构、场所，取得发生在中国境外但与该机构、场所有实际联系的应税所得。

居民企业从其直接或者间接控制的外国企业分得的来源于中国境外的股息、红利等权益性投资收益，外国企业在境外实际缴纳的所得税税额中属于该项所得负担的部分，可以作为该居民企业的可抵免境外所得税税额，在《企业所得税法》第二十三条规定的抵免限额内抵免。

（三）关联企业往来的税务处理

1. 关联企业

企业所得税法中所称关联方，是指与企业有下列关联关系之一的企业、其他组织或者个人：在资金、经营、购销等方面存在直接或者间接的控制关系；直接或者间接地同为第三者控制；在利益上具有相关联的其他关系。

2. 关联企业存在独立交易原则

独立交易原则，是指没有关联关系的交易各方，按照公平成交价格和营业常规进行业务往来遵循的原则。包括：

（1）可比非受控价格法，是指按照没有关联关系的交易各方进行相同或者类似业务往来的价格进行定价的方法。

（2）再销售价格法，是指按照从关联方购进商品再销售给没有关联关系的交易方的价格，减除相同或者类似业务的销售毛利进行定价的方法。

（3）成本加成法，是指按照成本加合理的费用和利润进行定价的方法。

（4）交易净利润法，是指按照没有关联关系的交易各方进行相同或者类似业务往来取得的净利润水平确定利润的方法。

（5）利润分割法，是指将企业与其关联方的合并利润或者亏损在各方之间采用合理标准进行分配的方法。

（6）其他符合独立交易原则的方法。

企业可以依照企业所得税法的规定，按照独立交易原则与其关联方分摊共同发生的成本，达成成本分摊协议。

企业与其关联方分摊成本时，应当按照成本与预期收益相配比的原则进行分摊，并在税务机关规定的期限内，按照税务机关的要求报送有关资料。

3. 关联方实行预约定价

企业所得税法预约定价安排，是指企业就其未来年度关联交易的定价原则和计算方法，向税务机关提出申请，与税务机关按照独立交易原则协商、确认后达成的协议。

（1）与关联业务往来有关的价格、费用的制定标准、计算方法和说明等同期资料。

（2）关联业务往来所涉及的财产、财产使用权、劳务等的再销售（或转让）价格或者最终销售（或转让）价格的相关资料。

（3）与关联业务调查有关的其他企业应当提供的与被调查企业可比的产品价格、定价方式以及利润水平等资料。

（4）其他与关联业务往来有关的资料。

《企业所得税法》第四十三条所称与关联业务调查有关的其他企业，是指与被调查企业在生产经营内容和方式上相类似的企业。

企业应当在税务机关规定的期限内提供与关联业务往来有关的价格、费用的制定标准、计算方法和说明等资料。关联方以及与关联业务调查有关的其他企业应当在税务机关与其约定的期限内提供相关资料。

4. 核定关联企业的应纳税所得额

依照企业所得税法规定核定企业的应纳税所得额时，可以采用下列方法：

（1）参照同类或者类似企业的利润率水平核定。

（2）按照企业成本加合理的费用和利润的方法核定。

（3）按照关联企业集团整体利润的合理比例核定。

（4）按照其他合理方法核定。

三、年度亏损的税务处理

所谓亏损，是指企业依照企业所得税法和企业所得税法实施条例的规定将每一纳税年度的收入总额减除不征税收入、免税收入和各项扣除后小于零的数额。

（一）弥补年度亏损的一般规定

弥补亏损的方式主要有三种：

（1）企业发生的亏损，可以用次年度的税前利润弥补，次年度利润不足弥补的，可以在5年内延续弥补，先亏先补，按顺序弥补。

（2）企业发生的亏损，5年内的税前利润不足弥补时，用税后利润弥补。

（3）企业发生的亏损，可以用盈余公积弥补。

这里所指亏损的概念，不是企业财务报表中所反映的亏损额，而是企业财务报表中的亏损额经主管税务机关按税法规定调整后的金额。这里的“5年”，是指税收上计算弥补亏损的期限，只对计算应纳税所得额产生影响。

（二）弥补年限的计算

弥补年限的正确计算在进行亏损弥补时，往往会出现纳税人多次发生年度亏损或5年内既有盈利年度又有亏损年度的情况，如何正确计算弥补年限和弥补数额有一定难度。

在纳税人多次发生年度亏损的情况下，其亏损可以连续用从亏损年度的次年起5年内的所得弥补。例如，某企业2000年的亏损额为100万元，则该企业可以用2001—2005年的所得弥补；如果2002年又发生50万元亏损，则可以用2003—2007年的所得弥补。当然，是否能够弥补，要看从亏损年度次年起的5年内该企业是否有所得可以弥补。如果该企业2001—2005年一直亏损，则2000年度的100万元就无法弥补了。

在纳税人既有盈利年度又有亏损年度的情况下，根据税法规定，亏损弥补的最长年限为5年，在5年内，不论是盈利，还是亏损，都作为实际弥补年限计算。先亏先补，按顺序计算弥补期。

例如某企业2000年亏损80万元。其弥补期限是2001—2005年，假定该企业这5年间每年分别盈利10万元，可全部用于弥补，2000年亏损额，合计弥补亏损金额50万元；截至2005年，如不都是盈利，也就应该计算连续弥补时间；假定该企业2001—2004年连续4年亏损，2005年盈利50万元，因2000年的亏损弥补期限截至2005年已满5年，就只能以2005年的50万元利润弥补2000年的亏损。剩余的30万元亏损，从2006年起，不得用税前利润弥补。

（三）特殊企业的亏损弥补形式

对一些特殊企业，主要是汇总、合并缴纳企业所得税的成员企业（单位）以及发生分立、合并行为的企业，它们的亏损弥补税法有特别规定。

1. 汇总（合并）纳税企业的亏损弥补

实行独立核算的企业或者经济组织，属于独立的企业所得税纳税人，应向所在地主管税务机关就地缴纳所得税，非独立核算的经济组织则不是独立的所得税纳税人，应由其上级机构缴纳所得税。例如铁路运营、民航运输、邮电通信企业等，由其负责经营管理与控制的机构缴纳。

由行业和集团公司汇总、合并缴纳企业所得税的成员企业（单位）的亏损弥补，分为以下两种情况：

一是当年发生的亏损，在汇总（合并）纳税时已冲抵了其他成员企业（单位）的所得额或并入母公司的亏损额，发生亏损的成员企业（单位）不得用本企业（单位）以后年度实现的所得弥补。例如，某汇总（合并）纳税的成员企业，其2004年的亏损额为100万元，2005年所得额为100万元，其100万元亏损已于2004年用总公司或其他成员企业的所得额进行了弥补，不得用2005年的100万元进行弥补。

二是成员企业（单位）在汇总（合并）纳税年度以前发生的亏损，可仍按税法法规的规定，用本企业（单位）以后年度所得予以弥补，不得并入母公司的亏损额，也不得冲抵其他成员企业（单位）的所得额。例如，某企业2005年才纳入总机构实行汇总（合并）纳税，假设其2004年亏损200万元，2005年所得额为100万元，那么其应该用2005年所得额100万元进行弥补，剩余的100万元用2005年后的所得弥补，而不能用总机构的所得进行弥补。当弥补完亏损后，其所得或亏损才能并入总机构汇总（合并）纳税。

2. 企业分立的亏损弥补

当企业发生分立，即被分立企业将部分或全部营业分离转让给两个或两个以上现存或新设的企业，可按分离资产占全部资产的比例进行分配，由接受分离资产的分立企业继续弥补。

例如，某公司2005年初分立为两个独立的公司A和B，该公司2004年亏损300万元，按分离资产确定A公司承担200万元，B公司承担100万元，则A、B两公司分别可用2005—2009年的所得进行弥补。

3. 企业合并的亏损弥补

当企业发生合并时，被合并企业尚未弥补的经营亏损，应区别不同情况处理。企业合并，通常情况下，被合并企业应视为按公允价值转让、处置全部资产，计算资产转让所得，依法缴纳所得税。因此，被合并企业尚未弥补的经营亏损，不得转到合并企业弥补。

另外，合并企业支付给被合并企业或其股东的收购价款中，除股权以外的现金、有价证券和其他资产，不高于所支付的股权票面价值（或支付的股本的账面价值）20%的，合并双方可以作如下处理：被合并企业不确认全部资产的转让所得，不计算缴纳所得税。其合并以前的全部企业所得税纳税事项由合并企业承担，以前年度的亏损，未超过弥补期限的，可由合并企业用以后年度实现的、与被合并企业资产相关的所得弥补。

例如，A企业净资产为500万元，尚未弥补的亏损为100万元，因经营困难，按公允价值500万元转让给B企业，B企业支付的股权票面价值为250万元，现金为250万元。在这种情况下，A企业应就500万元所得计算缴纳所得税。如果B企业支付的股权票面价值为410万元，现金为90万元，则A企业不用计算缴纳所得税，其100万元的亏损可以用B企业以后年度实现的、与A企业资产相关的所得弥补。

四、企业所得税的纳税申报案例

中华人民共和国

企业所得税月（季）度预缴纳税申报表（A 类）

税款所属期间：2009 年 7 月 1 日 至 2009 年 9 月 30 日

纳税人识别号：440682686394883

纳税人名称：佛山市＊＊＊＊有限公司　　　　金额单位：人民币元（列至角分）

<table>
<tr><th>行次</th><th colspan="2">项目</th><th>本期金额</th><th>累计金额</th></tr>
<tr><td>1</td><td colspan="2">一、据实预缴</td><td></td><td></td></tr>
<tr><td>2</td><td colspan="2">营业收入</td><td>824 405.96</td><td>824 405.96</td></tr>
<tr><td>3</td><td colspan="2">营业成本</td><td>751 918.57</td><td>751 918.57</td></tr>
<tr><td>4</td><td colspan="2">实际利润额</td><td>3 072.91</td><td>3 072.91</td></tr>
<tr><td>5</td><td colspan="2">税率（25%）</td><td>25%</td><td>25%</td></tr>
<tr><td>6</td><td colspan="2">应纳所得税额（4×5）</td><td>768.23</td><td>768.23</td></tr>
<tr><td>7</td><td colspan="2">减免所得税额</td><td>0</td><td>0</td></tr>
<tr><td>8</td><td colspan="2">实际已缴所得税额</td><td>—</td><td>0</td></tr>
<tr><td>9</td><td colspan="2">应补（退）的所得税额（6－7－8）</td><td>—</td><td>768.23</td></tr>
<tr><td>10</td><td colspan="2">二、按照上一纳税年度应纳税所得额的平均额预缴</td><td></td><td></td></tr>
<tr><td>11</td><td colspan="2">上一纳税年度应纳税所得额</td><td>—</td><td></td></tr>
<tr><td>12</td><td colspan="2">本月（季）应纳税所得额（11÷12 或 11÷4）</td><td></td><td></td></tr>
<tr><td>13</td><td colspan="2">税率（25%）</td><td>—</td><td>—</td></tr>
<tr><td>14</td><td colspan="2">本月（季）应纳所得税额（12×13）</td><td></td><td></td></tr>
<tr><td>15</td><td colspan="4">三、按照税务机关确定的其他方法预缴</td></tr>
<tr><td>16</td><td colspan="2">本月（季）确定预缴的所得税额</td><td></td><td></td></tr>
<tr><td>17</td><td colspan="4">总分机构纳税人</td></tr>
<tr><td>18</td><td rowspan="3">总机构</td><td>总机构应分摊的所得税额（9 或 14 或 16×25%）</td><td></td><td></td></tr>
<tr><td>19</td><td>中央财政集中分配的所得税额（9 或 14 或 16×25%）</td><td></td><td></td></tr>
<tr><td>20</td><td>分支机构分摊的所得税额（9 或 14 或 16×50%）</td><td></td><td></td></tr>
<tr><td>21</td><td rowspan="2">分支机构</td><td>分配比例</td><td></td><td></td></tr>
<tr><td>22</td><td>分配的所得税额（20×21）</td><td></td><td></td></tr>
</table>

谨声明：此纳税申报表是根据《中华人民共和国企业所得税法》、《中华人民共和国企业所得税法实施条例》和国家有关税收规定填报的，是真实的、可靠的、完整的。

法定代表人（签字）：　　　　年　月　日

纳税人公章： 会计主管： 填表日期： 年　月　日	代理申报中介机构公章： 经办人： 经办人执业证件号码： 代理申报日期：　年　月　日	主管税务机关受理专用章： 受理人： 受理日期：　年　月　日

五、企业所得税的征收管理

（一）企业所得税的纳税地点

按企业所得税法规定，除税收法律、行政法规另有规定外，居民企业以企业登记注册地为纳税地点；但登记注册地在境外的，以实际管理机构所在地为纳税地点。企业登记注册地，是指企业依照国家有关规定登记注册的住所地。

居民企业在中国境内设立不具有法人资格的营业机构的，应当汇总计算并缴纳企业所得税，企业汇总计算并缴纳企业所得税时，应当统一核算应纳税所得额，具体办法由国务院财政、税务主管部门另行制定。

企业所得税法所称主要机构、场所，应当同时符合下列条件：

（1）对其他各机构、场所的生产经营活动负有监督管理责任。

（2）设有完整的账簿、凭证，能够准确反映各机构、场所的收入、成本、费用和盈亏情况。

非居民企业取得所得，以机构、场所所在地为纳税地点。非居民企业在中国境内设立两个或者两个以上机构、场所的，经各机构、场所所在地税务机关的共同上级税务机关审核批准，可以选择由其主要机构、场所汇总缴纳企业所得税。非居民企业经批准汇总缴纳企业所得税后，需要增设、合并、迁移、关闭机构、场所或者停止机构、场所业务的，应当事先由负责汇总申报缴纳企业所得税的主要机构、场所向其所在地税务机关报告。非居民企业取得的所得，以扣缴义务人所在地为纳税地点。除国务院另有规定外，企业之间不得合并缴纳企业所得税。

一些特殊的行业和企业的所得税，应按以下办法处理：

（1）铁路运营、民航运输、邮电通信企业，分别由铁道部、民航总局、邮电部于北京集中缴纳所得税。

（2）中国工商银行、农业银行、建设银行、中国银行、中国投资银行、交通银行分别由总行于北京集中缴税；中国人民保险公司系统的所得税分别由独立核算的总公司、分公司为纳税人于总、分公司所在地集中缴税。

（3）大型企业集团分别以核心企业、独立经济核算的其他成员企业为纳税人，于所在地就地缴纳所得税。

（4）联营企业、股份制企业实行先税后分原则，在其经营所在地就地缴纳。

（二）纳税申报时间

企业所得税按纳税年度计算，纳税年度自公历1月1日起至12月31日止。企业所得税分月或者分季预缴，由税务机关具体核定。企业所得税法分月或者分季预缴企业所得税时，应当按照月度或者季度的实际利润额预缴；按照月度或者季度的实际利润额预缴有困难的，可以按照上一纳税年度应纳税所得额的月度或者季度平均额预缴，或者按照经税务机关认可的其他方法预缴。预缴方法一经确定，该纳税年度内不得随意变更。

企业在一个纳税年度中间开业，或者终止经营活动，使该纳税年度的实际经营期不足12个月的，应当以其实际经营期为一个纳税年度。

企业所得税分月或者分季预缴，企业应当自月份或者季度终了之日起15日内，向税务机关报送预缴企业所得税纳税申报表，预缴税款。

企业应当自年度终了之日起5个月内，向税务机关报送年度企业所得税纳税申报表，并汇算清缴，结清应缴应退税款。

企业在报送企业所得税纳税申报表时，应当按照规定附送财务会计报告和其他有关资料。企业在纳税年度内无论是盈利或者亏损，都应当依照企业所得税法规定的期限，向税务机关报送预缴企业所得税纳税申报表、年度企业所得税纳税申报表、财务会计报告和税务机关规定应当报送的其他有关资料。

企业在年度中间终止经营活动的，应当自实际经营终止之日起60日内，向税务机关办理当期企业所得税汇算清缴。

企业应当在办理注销登记前，就其清算所得向税务机关申报并依法缴纳企业所得税。企业依法清算时，应当以清算期间作为一个纳税年度。

（三）纳税币种

企业所得税以人民币计算。所得以人民币以外的货币计算的，应当折合成人民币计算并缴纳税款。预缴企业所得税时，应当按照月度或者季度最后一日的人民币汇率中间价，折合成人民币计算应纳税所得额。年度终了汇算清缴时，对已经按照月度或者季度预缴税款的，不再重新折合计算，只就该纳税年度内未缴纳企业所得税的部分，按照纳税年度最后一日的人民币汇率中间价，折合成人民币计算应纳税所得额。经税务机关检查确认，企业少计或者多计前款规定的所得的，应当按照检查确认补税或者退税时的上一个月最后一日的人民币汇率中间价，将少计或者多计的所得折合成人民币计算应纳税所得额，再计算应补缴或者应退的税款。

（四）企业所得税的征收方法与纳税期限

企业所得税实行按年计算、分月或分季预缴、年终汇算清缴、多退少补的征纳办法。其具体纳税期限由主管税务机关根据纳税人应纳税额的大小，予以核定。

纳税人应当在月份或者季度终了后15天内，向其所在地主管税务机关报送会计报表和预缴所得税申报表并在规定的纳税期限内预缴所得税。预缴方法一经确定，不得随意改变。对于纳税的境外投资所得，可以在年终汇算时清缴。纳税人在纳税年度内，无论是盈利或亏损，均应按规定的期限办理纳税申报。

纳税人进行清算时，应在当地办理工商注销登记之前，向当地主管税务机关办理所得税申报。

企业所得税的年终汇算清缴，在年终后4个月内进行。纳税人应在年度终了后45日内，向其所在地主管税务机关报送会计决算报表和所得税申报表，办理年终汇算。少缴的所得税税款，应在下一年度内补缴；多预缴的所得税税款，可在下一年度内抵缴。

企业所得税的清缴，由纳税人自行计算年度应纳税所得额，根据预缴税款情况，计算全年应缴纳税额，并填写纳税申报表，在税法规定的申报期内向税务机关申报，经税务机关审核后，办理结清手续。

六、习题训练

（一）单项选择题

1. 纳税人在计算应纳税所得额时，职工工会经费、职工福利费、职工教育经费可以分别按照计税工资的（　　）计算可抵扣限额。

A. 5%、14%、1.5%　　B. 2%、14%、1.5%
C. 2%、10%、3%　　D. 5%、10%、3%

2. 企业缴纳所得税应在月份和季度终了后的（　　）日内预缴。

A. 30　　B. 45　　C. 15　　D. 60

3. 在计算企业应纳税所得额时，下列各项准予扣除的项目是（　　）。

A. 营业外支出　　B. 购置固定资产支出
C. 对外投资支出　　D. 各种非广告性的赞助支出

4. 下列固定资产中，计征企业所得税时，允许计提折旧的有（　　）。

A. 土地　　B. 以经营租赁方式租入的固定资产
C. 按照规定提取维简费的固定资产　　D. 以融资租赁方式租入的固定资产

5. 在计算企业应纳税所得额时，不得扣除的项目是（　　）。

A. 教育费附加　　B. 向金融机构借款的利息支出
C. 增值税款　　D. 业务招待费

6. 在计算企业应纳税所得额时，准予扣除的税金是（　　）。

A. 增值税、消费税、营业税、资源税、城建税
B. 增值税、消费税、营业税、印花税、城建税
C. 消费税、营业税、资源税、城建税、土地增值税
D. 增值税、消费税、营业税、资源税、城建税、土地增值税

7. 在计算企业应纳税所得额时，下列各项损失不得扣除的是（　　）。

A. 投资损失　　B. 经营亏损
C. 无赔偿的意外事故造成的损失　　D. 因违法经营而被没收财物的损失

8. 无形资产的摊销，应当采用直线法计算。没有规定使用年限的，或者自行开发的无形资产，摊销期限不得少于（　　）。

A. 5 年　　B. 8 年　　C. 10 年　　D. 15 年

9. 企业所得税按年计算，分月或分季预缴，年终汇算清缴，年终汇算清缴在年度终了后（　　）。

A. 15 日　　B. 45 日　　C. 3 个月　　D. 4 个月

10. 设在经济特区的外商投资企业，减按（　　）的税率征收企业所得税。

A. 18%　　B. 17%　　C. 15%　　D. 10%

11. 企业所得税法规定，外商投资企业的固定资产计算折旧时残值应当不低于原值的(　　)。

A. 3%　　B. 2%　　C. 5%　　D. 10%

12. 再投资退税优惠中规定的退税比例，是退回纳税人再投资部分已缴纳所得税税款的（　　）。

A. 50%　　B. 40%　　C. 30%　　D. 20%

13. 全民所有制企业发生年度亏损，可以用下一纳税年度的所得弥补，下一纳税年度的所得不足弥补的，可以逐年延续弥补，但最长不得超过（　　）。

A. 10 年　　B. 7 年　　C. 6 年　　D. 5 年

（二）多项选择题

1. 根据企业所得税法的规定，企业分为（　　）。

A. 本国企业　　B. 外国企业　　C. 居民企业　　D. 非居民企业

2. 下面属于企业所得税纳税人的是（　　）。

A. 国有独资企业　　B. 私营有限责任公司

C. 中外合资企业　　D. 一人有限责任公司

3. 在计算应纳税所得额时，下列（　　）固定资产不得计算折旧扣除。

A. 未使用的房屋、建筑物　　B. 接受捐赠的固定资产

C. 以经营租赁方式租入的固定资产　　D. 单独估价作为固定资产入账的土地

4. 在计算应纳税所得额时，下列支出不得扣除（　　）。

A. 税收滞纳金　　B. 被没收财物的损失

C. 法定比例范围内的公益性捐赠支出　　D. 向投资者支付的股息

5. 在计算应纳税所得额时，企业按照规定计算的无形资产摊销费用，准予扣除。但下列（　　）无形资产不得计算摊销费用扣除。

A. 自行开发的支出已在计算应纳税所得额时扣除的无形资产

B. 自创商誉

C. 与经营活动无关的无形资产

D. 开发无形资产时未形成资产而发生的费用

E. 其他不得计算摊销费用扣除的无形资产

6. 企业的下列（　　）收入为不征税收入。

A. 财政拨款

B. 依法收取并纳入财政管理的政府性基金

C. 国务院规定的不征税收入

D. 国债利息收入

E. 符合条件的非营利组织的收入

7. 企业的下列所得，可以免征、减征企业所得税的有（　　）。

A. 从事农、林、牧、渔业项目的所得

B. 从事国家重点扶持的公共基础设施项目投资经营的所得

C. 从事符合条件的环境保护、节能节水项目的所得

D. 符合条件的技术转让所得

8. 非居民企业在中国境内的场所包括（　　）。

A. 管理机构　　B. 营业机构　　C. 办事机构　　D. 营业代理人

9. 企业发生非货币性资产交换，以及将货物、财产、劳务用于（　　），应当视同销售货物、提供劳务。

A. 捐赠　　B. 偿债　　C. 赞助　　D. 在建工程

10. 生产性生物资产，是指企业为生产农产品、提供劳务或者出租等而持有的生物资产，包括（　　）。

A. 经济林　　B. 薪炭林　　C. 产畜　　D. 家禽、役畜

11. 视同机构、场所的“营业代理人”必须同时具备的条件是（　　）。

A. 接受外国企业委托的主体是中国境内的单位或个人

B. 代理活动必须是经常性的行为

C. 代理的具体行为，包括代其签订合同，或者储存、交付货物

D. 接受居民企业委托的中国境内的单位或个人

12. 企业所得税法所称企业取得收入的货币形式包括（　　）。

A. 现金、存款、应收账款、应收票据

B. 不准备持有至到期的债权投资

C. 准备持有至到期的债券投资

D. 债务的豁免

13. 企业所得税法中规定的收入总额，包括（　　）。

A. 销售货物收入　　B. 提供劳务收入

C. 转让财产收入　　D. 股息、红利等权益性投资收益

E. 利息、租金收入　　F. 特许权使用费收入

G. 接受捐赠收入

14. 下列各项中企业应确认为无形资产的有（　　）。

A. 吸收投资取得的土地使用权

B. 因转让土地使用权补交的土地出让金

C. 由于技术先进，掌握了生产诀窍而形成的商誉

D. 企业的研究开发过程中的研究费用

15. 权益性投资收益包括（　　）。

A. 股息　　B. 红利　　C. 利息　　D. 联营分利

（三）判断题

1. 居民企业适用税率为25%，非居民企业适用税率为20%。（　）

2. 国家级高新技术开发区内的高新技术企业才能享受15%优惠税率的规定。（　）

3. 在计算应纳税所得额时，企业财务、会计处理办法与税收法律、行政法规的规定不一致的，应当依照税收法律、行政法规的规定计算。（　）

4. 企业对外投资期间，投资资产的成本在计算应纳税所得额时准予扣除。（　）

5. 企业所得税法中的亏损和财务会计中的亏损含义是不同的。企业所得税法所称亏损，是指企业将每一纳税年度的收入总额减除不征税收入、免税收入和各项扣除以后小于零的数额。（　）

6. 企业所得税法中的转让财产收入是指企业转让固定资产、无形资产、流动资产、股权、股票、债券、债权等所取得的收入。（　）

7. 根据企业所得税法的规定，在我国目前的税收体系中，允许税前扣除的税收种类主要有消费税、营业税、资源税和城市维护建设税、教育费附加，以及房产税、车船税、耕地占用税、城镇土地使用税、车辆购置税、印花税等。（　）

8. 企业发生的公益救济性捐赠，在应纳税所得额12%以内的部分，准予在计算应纳税所得额时扣除。（　）

9. 企业销售低值易耗品不属于企业所得税法所称销售货物收入。（   ）

10. 企业销售货物涉及现金折扣的，应当按照扣除现金折扣后的金额确定销售货物收入金额。（   ）

11. 销售货物涉及商业折扣的，应当按照扣除商业折扣前的金额确定销售货物收入金额。（   ）

12. 企业所得税法所称企业以非货币形式取得的收入，应当按照市场价格确定收入额。（   ）

13. 企业所得税法所称利息收入，包括存款利息、贷款利息、债券利息、欠款利息、违约金收入等。（   ）

14. 企业取得国家财政性补贴和其他补贴收入应当依法缴纳企业所得税。（   ）

15. 企业受托加工制造大型机械设备、船舶、飞机等，以及从事建筑、安装、装配工程业务或者提供劳务等，持续时间超过12个月的，按照全部完工进度或者完成的工作量确认收入的实现。（   ）

16. 除国务院财政、税务主管部门另有规定外，企业发生的职工教育经费支出，不超过工资薪金总额2.5%的部分，准予扣除；超过部分，不得扣除。（   ）

17. 企业发生的与生产经营活动有关的业务招待费支出，按照不超过当年销售（营业）收入的5‰扣除。（   ）

18. 企业发生的符合条件的广告费和业务宣传费支出，除国务院财政、税务主管部门另有规定外，不超过当年销售（营业）收入15%的部分，准予扣除。（   ）

19. 企业参加财产保险，按照规定缴纳的保险费，准予扣除。（   ）

20. 企业发生的赞助性支出准予扣除。（   ）

（四）实务题

1. 某企业2008年全年取得收入总额为3 000万元，取得租金收入50万元；销售成本、销售费用、管理费用共计2 800万元；“营业外支出”中列支35万元，其中，通过希望工程基金委员会向某灾区捐款10万元，直接向某困难地区捐赠5万元，非广告性赞助20万元。

计算：该企业全年应缴纳多少企业所得税？

2. 某中型工业企业执行现行财会制度和税收法规，2008年企业会计报表利润为200 000元，未作任何项目调整，已按25%的所得税税率计算缴纳所得税50 000元。税务检查人员对该企业进行所得税纳税审查，经查阅有关账证资料，发现如下问题：

①企业2008年度有正式职工100人，实际列支工资、津贴、补贴、奖金为1 200 000元；

②企业“长期借款”账户中记载：年初向中国银行借款100 000元，年利率为5%；向其他企业借周转金200 000元，年利率为10%，上述借款均用于生产经营；

③全年销售收入60 000 000元，企业列支业务招待费250 000元；

④该企业2008年在税前共计提取并发生职工福利费168 000元，计提了工会经费24 000元，计提了教育经费38 000元；

⑤2008年6月5日“管理费用”科目列支厂部办公室使用的空调一台，价款6 000元（折旧年限按6年计算，不考虑残值）；

⑥年末“应收账款”借方余额1 500 000元，“坏账准备”贷方余额6 000元（该企业坏账

核算采用备抵法，按3%提取坏账准备金)；

⑦其他经核实均无问题，符合现行会计制度及税法规定。

要求：(1) 简述该企业会计处理中存在的问题。

(2) 计算应补企业所得税额。

3. 某机械制造企业2008年实现税前收入总额2 000万元（其中包括产品销售收入1 800万元、购买国库券利息收入100万元），发生各项成本费用共计1 000万元，其中包括：合理的工资薪金总额200万元、业务招待费100万元，职工福利费50万元，职工教育经费2万元，工会经费10万元，税收滞纳金10万元，提取的各项准备金支出100万元。另外，企业当年购置环境保护专用设备500万元，购置完毕即投入使用。

问：这家企业当年应纳的企业所得税额是多少（假定企业以前年度无未弥补亏损）？

项目八　个人所得税的纳税申报

学习目标

1. 了解关于个人所得税的各个知识点。
2. 熟悉个人所得税的管理规范。
3. 准确区分、确定个人所得税的征税范围、纳税人。
4. 掌握个人所得税的计算方法、各种应税所得额的确定。
5. 准确运用各种税率。
6. 掌握个人所得税中各种所得的纳税申报的填制、纳税申报流程。

税收小贴士

我国个人所得税基本情况

个人所得税是以个人（自然人）取得的应税所得为征税对象所征收的一种税。它于1799年诞生于英国。从欧洲到北美洲、大洋洲、亚洲、南美洲和非洲世界各国普遍开征，在许多国家尤其是发达国家已确立了主体税种的地位，成为财政收入的主要来源。

我国个人所得税的起步很晚，较早的涉及所得税的法律文件是1909年清政府草拟的《所得税章程》，比起西方国家个人所得税的起源落后了110年。

1950年1月，政务院发布了新中国税制建设的纲领性文件《全国税政实施要则》，其中涉及对个人所得征税的主要是薪给报酬所得税和存款利息所得税，但由于种种原因，一直没有开征。1978年，我国实行改革开放政策，税制建设也进入了一个新的发展阶段。为适应改革开放的需要，我国相继开征了对外籍个人征收的个人所得税、对国内居民征收的城乡个体工商业户所得税和个人收入调节税。1994年将上述三税修订合一，颁布实施了新的个人所得税法，初步建立起符合我国实际的个人所得税制度。

1994年至今，个人所得税法进一步发展完善。1999年8月30日，九届全国人大常委会第十一次会议通过了《关于修改〈中华人民共和国个人所得税法〉的决定》，把个人所得税法中“储蓄存款利息”免税项目删去，并授权国务院恢复开征了储蓄存款利息个人所得税（2008年10月9日起，为配合国家宏观政策调控需要，该税暂免征收）。2000年

9 月，财政部、国家税务总局根据国务院有关通知精神，制定了《关于个人独资企业和合伙企业投资者征收个人所得税的规定》（财税〔2000〕91 号），明确从 2000 年 1 月 1 日起，对个人独资企业和合伙企业停征企业所得税，对其投资者的生产经营所得征收个人所得税，从而解决了个人独资企业和合伙企业投资者的双重征税问题。同时，2005 年和 2007 年，国家两次上调工薪所得费用扣除标准，进一步减轻了中低收入阶层的税负。

个人所得税经过不断发展，在组织财政收入和调节收入分配等方面发挥着越来越重要的作用。自 1980 年个人所得税开征以来，收入连年大幅增长，特别是 1994 年新税制实施以来，个人所得税收入以年均 34% 的增幅稳步增长。1994 年，我国仅征收个人所得税 73 亿元，2008 年增加到 3 722 亿元。1994—2008 年，个人所得税收入占 GDP 的比重由 0.2% 上升至 1.2%，占税收收入的比重由 1.4% 上升至 6.4%。个人所得税是 1994 年税制改革以来收入增长最为强劲的税种之一，目前已成为国内税收中的第四大税种，在部分地区已跃居地方税收收入的第二位，成为地方财政收入的主要来源。个人所得税收入的快速增长，与我国经济的快速发展和居民收入水平的提高、税收征管能力的不断加强以及全社会纳税意识的增强是密不可分的。国家收了这些税收，经过财政二次分配，向低收入群体倾斜，以达到调节收入分配的目的。

知识点

一、个人所得税的概念及特点

个人所得税是对个人（自然人）取得的各项所得征收的一种所得税。

其特点主要表现在：

1. 实行分税制课征

世界各国的所得税课征制度，一般分为三种：综合所得税制、分类所得税制、混合所得税制。我国采取分类所得税制，对不同的应税所得实行分项课征。

2. 累进税率和比例税率并用

我国个人所得税根据收入项目的性质不同，分别采取不同的税率形式，对工资薪金所得、承包和承租经营所得、个体工商户生产经营所得采用累进税率，其他采用比例税率。

3. 计税方式多样

由于各项收入所得实现和核算的方式不同，我国的个人所得税采取不同的计税方式，对工资薪金所得按月计税；对生产经营所得和承包承租经营所得按年计税，分月预缴；其他各项收入所得均采用按次计税的方法。

4. 费用扣除方式灵活

我国个人所得税针对各项收入所得分别采取定额或定率相结合的费用扣除方式。同时，为了照顾外籍纳税人与在中国境内有住所但有来源于境外工资薪金所得纳税人的实际收入水平和生活开支水平，考虑到汇率、物价和其他经济情况不断变化的现实，给予扣除附加费用的照顾。

二、个人所得税的纳税人

个人所得税是对个人的应税所得征收的一种税，是国家参与个人收入分配的重要手段，目前已有140多个国家开征本税。我国的个人所得税是对在中国境内有住所，或者无住所而在境内居住满一年的个人，其从中国境内和境外取得的所得，依照本法规定缴纳个人所得税。

在中国境内无住所又不居住或者无住所而在境内居住不满一年的个人，从中国境内取得的所得，依照个人所得税法规定缴纳个人所得税。

三、个人所得税的征税范围

（一）所得来源的确定

按照居民管辖权的要求，居民纳税人负有无限纳税义务，应就其来源于中国境内、外的全部应税所得缴纳个人所得税；非居民纳税人负有限纳税义务，仅就来源于中国境内的应税所得缴纳个人所得税。

对于个人取得的下列所得，不论支付地点是否在中国境内，均对来源于中国境内的所得予以征税：

（1）因任职、受雇、履约等而在中国境内提供劳务取得的所得。

（2）将财产出租给承租人在中国境内使用而取得的所得。

（3）转让中国境内的建筑物、土地使用权等财产或者在中国境内转让其他财产取得的所得。

（4）许可各种特许权在中国境内使用而取得的所得。

（5）从中国境内的公司、企业以及其他经济组织或者个人取得的利息、股息、红利所得。

（二）应税所得的项目

个人所得税的征税对象是个人取得的各种应税所得。主要有11项，具体征税项目和征税范围如下：

1. 工资、薪金所得

工资、薪金所得，是指个人因任职或者受雇而取得的工资、薪金、奖金、年终加薪、劳动分红、津贴、补贴以及与任职或受雇有关的其他所得。

2. 个体工商户的生产、经营所得

（1）个体工商户从事工业、手工业、建筑业、交通运输业、商业、饮食业、服务业、修理业以及其他行业生产、经营取得的所得。

（2）个人经政府有关部门批准，取得执照，从事办学、医疗、咨询以及其他有偿服务活动取得的所得。

（3）其他个人从事个体工商业生产、经营取得的所得。

（4）个人因从事彩票代销业务而取得的所得。

（5）上述个体工商户和个人取得的与生产、经营活动有关的各项应税所得。

3. 对企事业单位的承包、承租经营所得

对企事业单位的承包、承租经营所得，是指个人承包经营、承租经营以及转包、转租取得的所得，包括个人按月或者按次取得的工资、薪金性质的所得。

个人对企事业单位的承包、承租经营形式较多，分配方式也不尽相同。但大体上可以分为两类：一类是个人对企事业单位承包、承租经营后，工商登记改变为个体工商户；另一类是个人对企事业单位承包、承租经营后，工商登记仍为企业。后一类的分配方式又分为两种：一种是承包、承租人对企业经营成果不拥有所有权，仅按合同（协议）规定取得一定所得；另一种是承包、承租人按合同（协议）规定只向发包、出租人交纳一定费用，其后，企业经营成果归己所有。

4. 劳务报酬所得

劳务报酬所得，是指个人从事各种非雇佣的各种劳务取得的所得。具体包括设计、装潢、安装、制图、化验、测试、医疗、法律、会计、咨询、讲学、新闻、广播、翻译、审稿、书画、雕刻、录音、录像、演出、表演、广告、展览、技术服务、介绍服务、经纪服务、代办服务以及其他劳务取得的所得。

上述各项所得属于独立个人劳动所得，它与工资、薪金所得的主要区别在于：劳务报酬所得是个人独立从事某种技艺，独立提供劳动取得的报酬；后者存在雇佣与被雇佣的关系，而前者则不存在这种关系。这一区别实际成为判断一种收入是否属于劳务报酬的标准。如果从事某项劳务活动取得的报酬是以工资、薪金形式体现的，如演员从剧团领取工资、教师从学校领取工资，均属于工资、薪金项目，不属于劳务报酬范围。如果从事某项劳务活动取得的报酬不来自聘用、雇佣或工作的单位，如演员自己“走穴”或与他人组合“走穴”演出取得报酬，教师到校外办班讲学取得收入，就属于劳务报酬的范围了。

5. 稿酬所得

稿酬所得，是指个人因其作品以图书、报刊形式出版、发表而取得的所得。稿酬所得可以作为劳务报酬所得的一项内容，过去在征收个人所得税和个人收入调节税时，曾把投稿所得和翻译所得列在一起。修改后的个人所得税将稿酬单独列为一类，而将翻译、审稿等所得归为劳务报酬所得区别开来，给予某些税收优惠照顾，以体现国家政策。

6. 特许权使用费所得

特许权使用费所得，是指个人提供专利权、商标权、著作权、非专利技术以及其他特许权的使用权取得的所得；提供著作权的使用权取得的所得，不包括稿酬所得。

特许权主要涉及四种权利：一是专利权，是指由国家专利主管机关依法授予专利申请人或其权利继承人在一定期限内对某项发明创造所享有的专有权利，是工业产权的一部分，它具有专有性（独占性）、地域性、时间性。二是商标权，是指商标注册人依法律规定而取得的对其注册商标在核定商品上使用的独占使用权。商标权也是工业产权，可以依法取得、转让、许可使用、继承、丧失、请求、排除侵害。三是著作权，即版权，是指作者对其创作的文学、科学和艺术作品依法享有的某些特殊权力。著作权是公民的一项民事权利，既具有民法中人身权的性质，也具有民法中制裁产权性质，主要包括发表权、署名权、修改权、保护权、使用权和获得报酬权。四是非专利技术，即专利技术以外的专有技术。这类技术大多尚处于保密状态，仅为特定人知晓并占有。上述四种权利及其他权利由个人提供或转让给他人使用时，会取得相应的收入。这类收入不同于一般所得，所以单独划分为一类。对特许权使用费所得的征税办法，各国不尽一致。

7. 利息、股息、红利所得

利息、股息、红利所得，是指个人拥有债权、股权而取得的利息、股息、红利所得。利息指个人拥有债权而取得的利息，包括存款利息、贷款利息和各种债券的利息。按税法规定，个人取得的利息所得，除国债和国家发行的金融债券利息外，均应当依法缴纳个人所得税。股息、红利是指个人拥有股权取得的股息、红利。按照一定的比率对每股发给的息金，叫股息；公司、企业应分配的利润，按股份分配的叫红利。股息、红利所得，除另有规定外，都应当缴纳个人所得税。

8. 财产租赁所得

财产租赁所得，是指个人出租建筑物、土地使用权、机器设备、车船以及其他财产取得的所得。财产租赁所得不包括对该项财产购买的价款。如果租金中包含不属于租金分期支付的财产价款，则要将其扣除。

9. 财产转让所得

财产转让所得，是指个人转让有价证券、股权、建筑物、土地使用权、机器设备、车船以及其他财产取得的所得。

（1）股票转让所得：对股票转让所得暂不征收个人所得税。

（2）个人出售自有住房：对个人出售自有住房取得的所得，应按财产转让所得项目征收个人所得税。为鼓励个人换购住房，个人出售现住房后1年内重新购房的，按照购房金额大小相应退还纳税保证金。购房金额大于或等于原住房销售额（原住房为已购公有住房的，原住房销售额应扣除已按规定向财政或原产权单位缴纳的所得收益，下同）的，全部退还纳税保证金；购房金额小于原住房销售额的，按照购房金额占原住房销售额的比例退还纳税保证金，余额作为个人所得税缴入国库。

10. 偶然所得

偶然所得，是指个人得奖、中奖、中彩以及其他偶然性质的所得。除了实施条例规定的得奖、中奖、中彩等所得外，其他偶然性的所得征税问题，还需要由税务机关具体认定。

11. 经国务院、财政部门确定征税的其他所得

除了以上十项应税所得外，对于以后还可能出现的需要征税的新项目，国家保留征税权力，待有必要征税时，由财政部具体确定。

四、个人所得税税率的确定

个人所得税的税率按不同的个人所得项目分别规定了超额累进税率和比例税率两种形式。

（1）工资、薪金所得适用5%～45%的9级超额累进税率。

（2）个体工商户的生产、经营所得适用5%～35%的5级超额累进税率。个人独资企业和合伙企业的生产、经营所得，也适用5%～35%的5级超额累进税率。

（3）对企事业单位的承包、承租经营所得，适用5%～35%的5级超额累进税率。

（4）稿酬所得，劳务报酬所得，特许权使用费所得，利息、股息、红利所得，财产租赁所得，财产转让所得，偶然所得和其他所得，适用20%的比例税率。

对稿酬所得，规定在适用20%税率征税时，按应纳税额减征30%，即只征收70%的税额。这主要是考虑作者写作或制作一件作品往往需要投入较长的时间和较多的精力，有必要给予适当的税收照顾，体现对稿酬这种知识性勤劳所得的特殊政策。

对劳务报酬所得，规定在适用20%税率征税时，对一次收入畸高的，实行加成征税办法。个人一次取得劳务报酬的应纳税所得额超过20 000元至50 000元的部分，依照税法规定计算应纳税所得额后，再按照应纳税额加征五成；超过50 000元的部分加征十成。这等于对应税所得额超过20 000元和50 000元的部分分别适用30%和40%的税率，实际上属于一种特殊的超额累进税率。

工资、薪金所得适用下表，该表所称全月应纳税所得额以每月收入额减除费用2 000元后的余额或者减除附加减除费用后的余额。

（1）工资、薪金所得适用。

①本表含税级距指以每月收入额减除费用2 000元后的余额或者减除附加减除费用后的余额。

②含税级距适用于由纳税人负担税款的工资、薪金所得；不含税级距适用于由他人（单位）代付税款的工资、薪金所得。

③级距为按照税法规定减除有关费用后的所得额。

级数	含税级距	不含税级距	税率（%）	速算扣除数
1	不超过500元的	不超475元的	5	0
2	超过500元至2 000元的部分	超过475元至1 825元的部分	10	25
3	超过2 000元至5 000元的部分	超过1 825元至4 375元的部分	15	125
4	超过5 000元至20 000元的部分	超过4 375元至16 375元的部分	20	375
5	超过20 000元至40 000元的部分	超过16 375元至31 375元的部分	25	1 375
6	超过40 000元至60 000元的部分	超过31 375元至45 375元的部分	30	3 375
7	超过60 000元至80 000元的部分	超过45 375元至58 375元的部分	35	6 375
8	超过80 000元至100 000元的部分	超过58 375元至70 375元的部分	40	10 375
9	超过100 000元的部分	超70 375元的部分	45	15 375

（2）个体工商户的生产、经营所得和对企事业单位的承包经营、承租经营所得适用。

①本表含税级距指每一纳税年度的收入总额，减除成本、费用以及损失的余额。

②含税级距适用于个体工商户的生产、经营所得和对企事业单位的承包经营、承租经营所得。

③不含税级距适用他人（单位）代付税款的承包经营、承租经营所得。

级数	含税级距	不含税级距	税率（%）	速算扣除数
1	不超过5 000元的	不超过4 750元的	5	0
2	超过5 000元到10 000元的部分	超过4 750元至9 250元的部分	10	250
3	超过10 000元至30 000元的部分	超过9 250元至25 250元的部分	20	1 250
4	超过30 000元至50 000元的部分	超过25 250元至39 250元的部分	30	4 250
5	超过50 000元的部分	超过39 250元的部分	35	6 750

（3）劳动报酬所得、稿酬所得、特许权使用费所得、财产租赁所得，每次收入不超过4 000元的，减除费用800元；4 000元以上的，减除20%的费用，然后就其余额按比例税率20%征收。

（4）财产转让所得，减除财产原值和合理费用后的余额，按比例税率20%征收。

（5）利息、股息、红利所得，偶然所得和其他所得，以每次收入额比例税率20%征收。

注：劳务报酬所得一次收入畸高的实行加成征收（减除法定费用后适用税率20%）。

级距	劳务报酬所得	税率	税款加征
1	不超过20 000元的部分	20%	
2	超过20 000元至50 000元的部分	30%	五成
3	超过50 000元的部分	40%	十成

五、个人所得税的减、免税

（一）法定免税项目

个人所得税法规定，对下列各项个人所得，免纳个人所得税：

（1）省级人民政府、国务院部委和中国人民解放军军以上单位，以及外国组织、国际组织颁发的科学、教育、技术、文化、卫生、体育、环境保护等方面的奖金。

（2）国债、国家发行的金融债券及教育储蓄利息，以及国家财政部门确定的其他专项储蓄存款或者储蓄性专项基金存款的利息。

（3）按照国家统一规定发给的补贴、津贴。

（4）福利费、抚恤金、救济金。

（5）保险赔款。

（6）军人的转业费、复员费。

（7）按照国家统一规定发给干部、职工的安家费、退职费、退休工资、离休工资、离休生活补助费。

（8）依照我国有关法律规定应予免税的各国驻华使馆、领事馆的外交代表、领事官员和其他人员的所得。

（9）中国政府参加的国际公约、签订的协议中规定免税的所得。

（10）发给见义勇为者的奖金。对乡、镇（含乡、镇）以上人民政府或经县（含县）以上人民政府主管部门批准成立的有机构、有章程的见义勇为基金或者类似性质组织，奖励见义勇为者的奖金或奖品，经主管税务机关核准，免征个人所得税。

(11) 企业和个人按照省级以上人民政府规定的比例提取并缴付的住房公积金、医疗保险金、基本养老保险金、失业保险金，不计入个人当期的工资、薪金收入，免予征收个人所得税。超过规定的比例缴付的部分计征个人所得税。

个人领取原提存的住房公积金、医疗保险金、基本养老保险金时，免予征收个人所得税。

(12) 储蓄机构内从事代扣代缴工作的办税人员取得的扣缴利息税手续费所得，免征个人所得税。

(13) 经国务院财政部门批准免税的所得。

(二) 法定减税项目

个人所得税法第五条规定，有下列情形之一的，经批准可以减征个人所得税：

(1) 残疾、孤老人员和烈属的所得。

(2) 因严重自然灾害造成重大损失的。

(3) 其他经国务院、财政部门批准减税的。

上述减税项目的减征幅度和期限，由省、自治区、直辖市人民政府规定。

(三) 下列所得暂免征收个人所得税

(1) 外籍个人以非现金形式或实报实销形式取得的住房补贴、伙食补贴、搬迁费、洗衣费。

(2) 外籍个人按合理标准取得的境内、外出差补贴。

(3) 外籍个人取得的探亲费、语言训练费、子女教育费等，经当地税务机关审核批准为合理的部分。可以享受免征个人所得税优惠的探亲费，仅限于外籍个人在我国的受雇地与其家庭所在地（包括配偶或父母居住地）之间搭乘交通工具，且每年不超过两次的费用。

(4) 个人举报、协查各种违法、犯罪行为而获得的奖金。

(5) 个人办理代扣代缴税款手续，按规定取得的扣缴手续费。

(6) 个人转让自用达5年以上并且是唯一的家庭居住用房取得的所得。

(7) 对按《国务院关于高级专家离休退休若干问题的暂行规定》和《国务院办公厅关于杰出高级专家暂缓离休审批问题的通知》精神，达到离休、退休年龄，但确因工作需要，适当延长离休、退休年龄的高级专家（指享受国家发放的政府特殊津贴的专家、学者），其在延长离休、退休期间的工资、薪金所得，视同退休工资、离休工资免征个人所得税。

(8) 外籍个人从外商投资企业取得的股息、红利所得。

(9) 凡符合下列条件之一的外籍专家取得的工资、薪金所得可免征个人所得税：

①根据世界银行专项贷款协议由世界银行直接派往我国工作的外国专家；

②联合国组织直接派往我国工作的专家；

③为联合国援助项目来华工作的专家；

④援助国派往我国为无偿援助项目工作的专家；

⑤根据两国政府签订文化交流项目，来华工作2年以内的文教专家，其工资、薪金所得由该国负担的；

⑥根据我国大专院校国际交流项目，来华工作2年以内的文教专家，其工资、薪金所得由

该国负担的；

⑦通过民间科研协定来华工作的专家，其工资、薪金所得由该国政府机构负担的。

（四）对在中国境内无住所，但在境内居住1年以上5年以下的纳税人的减免税优惠

《个人所得税法实施条例》规定："在中国境内无住所，但是居住1年以上5年以下的个人，其来源于中国境外的所得，经主管税务机关批准，可以只就由中国境内公司、企业以及其他经济组织或者个人支付的部分缴纳个人所得税；居住超过5年的个人，从第6年起，应当就其来源于中国境内外的全部所得缴纳个人所得税。"

（五）对在中国境内无住所，但在一个纳税年度中在中国境内居住不超过90日的纳税人的减免税优惠

《个人所得税法实施条例》规定：在中国境内无住所，但是在一个纳税年度中在中国境内连续或者累计居住不超过90日的个人，其来源于中国境内的所得，由境外雇主支付并且不由该雇主在中国境内的机构、场所负担的部分，免予缴纳个人所得税。

能力点

一、个人所得税的计算

个人所得税的计税依据为应纳税所得额。除特殊项目外，一般是指个人的应税收入减去必要成本或费用后的余额。正确计算应纳税所得，是依法计征所得税的基础和前提。

我国现行的个人所得税采取分项确定、分类扣除，根据个人所得的不同情况分别实行定额、定率和会计核算三种扣除办法。其中，对工资、薪金所得涉及的个人生计费用，采取定额扣除办法；个体商户的生产、经营所得和对企事业单位的承包经营、承租经营所得及财产转让所得，涉及生产、经营及有关成本或费用的支出，采取会计核算办法扣除有关成本、费用或规定的必要费用；对劳务报酬所得、稿酬所得、特许权使用费所得、财产租赁所得，因涉及既要按一定比例合理扣除费用，又要避免扩大征税范围两个需要同时兼顾的问题，故采取定额和定率两种扣除办法。至于利息、股息、红利所得和偶然所得，因不涉及必要费用的支付，所以规定不得扣除任何费用。

1. 工资、薪金所得的计税方法

（1）计税依据的一般规定。工资、薪金所得以个人每月收入额减除2 000元费用后的余额为应纳税所得额。其计算公式为：

应纳税所得额 = 月工资、薪金收入 − 2 000元

（2）应纳税额的计算方法。工资、薪金所得适用9级超额累进税率，按每月收入定额扣除2 000元，就其余额按适用税率计算应纳税额。其计算公式为：

应纳税额 = 应纳税所得额 × 适用税率 − 速算扣除数

由于个人所得税适用税率表中的各级距为扣除费用后的应纳税所得额，因此，在确定适用税率时，不能以每月全部工资、薪金收入为依据，而只是以扣除规定费用后的余额为依据，找出对应级次的税率。

例：李某当月取得工资收入 9 000 元，当月个人承担住房公积金、基本养老保险金、医疗保险金、失业保险金共计 1 000 元，费用扣除额为 2 000 元，计算李某当月应纳个人所得税。

李某当月应纳税所得额 = 9 000 − 1 000 − 2 000 = 6 000（元）

应纳个人所得税 = 6 000 × 20% − 375 = 825（元）

2. 个人取得劳务报酬所得的计税方法

劳务报酬所得，是指个人从事设计、装潢、安装、制图、化验、测试、医疗、法律、会计、咨询、讲学、新闻、广播、翻译、审稿、书画、雕刻、影视、录音、录像、演出、表演、广告、展览、技术服务、介绍服务、经纪服务、代办服务以及其他劳务取得的所得。

劳务报酬所得的应纳税所得额为：每次劳务报酬收入不足 4 000 元的，用收入减去 800 元的费用；每次劳务报酬收入超过 4 000 元的，用收入减去收入额的 20%。劳务报酬所得适用 20% 的税率。劳务报酬所得应纳税额的计算公式为：

应纳个人所得税税额 = 应纳税所得额 × 20%

对劳务报酬所得一次收入畸高（应纳税所得额超过 20 000 元）的，要实行加成征收办法，具体是：一次取得劳务报酬收入，减除费用后的余额（即应纳税所得额）超过 2 万元至 5 万元的部分，按照税法规定计算的应纳税额，加征五成；超过 5 万元的部分，加征十成。

例：李某一次取得劳务报酬收入 4 万元，计算其应缴纳的个人所得税。

解： 应纳税所得额 = 40 000 − 40 000 × 20% = 32 000（元）

应纳个人所得税税额 = 32 000 × 20% +（32 000 − 20 000）× 20% × 50%

= 6 400 + 1 200 = 7 600（元）

3. 个人获得的稿酬所得的计税方法

稿酬所得，是指个人因其作品以图书、报刊形式出版、发表而取得的所得。个人获得的稿酬所得，每次收入不超过 4 000 元的，可减去费用 800 元；每次收入 4 000 元以上的，可减去 20% 的费用，其余额为应纳税所得额。稿酬所得适用 20% 的比例税率，并可以免纳 30% 的税额。计算公式为：

应纳个人所得税税额 = 应纳税所得额 × 适用税率 ×（1 − 30%）

例：李某在某美容杂志上发表一篇文章，获得稿酬 3 000 元，李某应缴纳的个人所得税为：

应纳个人所得税税额 =（3 000 − 800）× 20% ×（1 − 30%）= 308（元）

4. 个人取得的特许权使用费所得的计税方法

特许权使用费所得，是指个人提供专利权、商标权、著作权、非专利技术以及其他特许权的使用权取得的所得。提供著作权的使用权取得的所得，不包括稿酬所得。

个人取得特许权使用费所得每次收入不超过 4 000 元的，可以扣除费用 800 元；每次收入 4 000 元以上的，可以扣除 20% 的费用，其余额为应纳税所得额。特许权使用费所得适用 20% 的税率。计算公式为：

应纳个人所得税税额 = 应纳税所得额 × 20%

例：李某发明一项自动化专利技术，2009 年 8 月转让给 A 公司，转让价 15 万元，A 公司 8 月支付使用费 6 000 元，9 月支付使用费 9 000 元；9 月，李某将该项使用权转让给 D 公司，获得转让费收入 8 000 元，计算李某转让特许权使用费所得应缴的个人所得税。

解： 李某此项专利技术转让了两次，应分两次所得计算个人所得税。

转让给 A 公司应缴个人所得税税额 =（6 000 +9 000）×（1 -20%）×20% =2 400（元）

转让给 D 公司应缴个人所得税税额 = 8 000 ×（1 -20%）×20% = 1 280（元）

李某转让此项专利技术共需缴纳个人所得税 =2 400 + 1 280 = 3 680（元）

5. 个人获得的利息（包括储蓄存款利息）、股息、红利所得的计税方法

利息、股息、红利所得，是指个人拥有债权、股权而取得的利息、股息、红利所得。计算缴纳个人所得税的方法是：以每次利息、股息、红利所得为应纳税所得额，适用 20% 的税率。计算公式为：

应纳个人所得税税额 = 应纳税所得额 ×20%

例：李某年初取得单位集资款的利息收入 1 000 元，计算其应缴纳个人所得税。

解：应纳个人所得税税额 =1 000 ×20% =200（元）

6. 个人取得财产租赁所得的计税方法

财产租赁所得是指个人出租建筑物、土地使用权、机器设备、车船以及其他财产取得的所得。

财产租赁的应纳税所得额 = 每次取得的财产租赁收入 - 合理费用 - 费用扣除标准

费用扣除标准为：每次收入不超过 4 000 元的，可以扣除 800 元；每次收入超过 4 000 元的，可以扣除收入的 20%。

财产租赁所得的个人所得税的适用税率为 20%。计算公式为：

应纳个人所得税税额 = 应纳税所得额 ×20%

7. 个人财产转让所得的计税方法

财产转让所得，是指个人转让有价证券、股权、建筑物、土地使用权、机器设备、车船以及其他财产取得的所得。以一次转让财产收入额（不管分多少次支付，均应合并为一次转让财产收入）减去财产原值和合理费用后的余额为应纳税所得额，适用 20% 的税率计算缴纳个人所得税。

财产转让所得应纳税额的计算公式为：

应纳个人所得税税额 = 应纳税所得额 ×20%

应纳税所得额 = 每次转让财产收入额 - 财产原值 - 合理费用

8. 个人取得中奖、中彩等偶然所得的计税方法

偶然所得，是指个人得奖、中奖、中彩以及其他偶然性质的所得。偶然所得以每次收入额为应纳税所得额，适用 20% 的税率。计算公式为：

应纳个人所得税税额 = 应纳税所得额 ×20%

例：李某参加电视台举办的有奖竞猜活动中奖，获一台价值 8 000 元的电脑，计算其应缴纳的个人所得税。

解：应纳个人所得税税额 =8 000 ×20% =1 600（元）

二、个人所得税的几种经营行为的税务处理

（一）个体工商户生产、经营所得的计税方法

1. 计税依据的一般规定

个体工商户生产、经营所得以每一纳税年度的收入总额，减除成本、费用以及损失后的余

额，为应纳税所得额。这是采用会计核算办法归集或计算得出的应纳税所得额。其计算公式为：

应纳税所得额 = 全年生产、经营收入总额 - （成本 + 费用 + 损失）

其中，成本、费用是指纳税人为从事生产、经营所发生的各项直接支出和分配计入成本的间接费用以及销售费用、管理费用、财务费用；损失是指纳税人在生产、经营过程中发生的各项营业外支出。成本、费用、损失的列支范围及标准，按国家统一的财务、会计制度执行。如果纳税人不能提供有关的收入、成本、费用、损失等的完整、准确的纳税资料，不能正确计算应纳税所得额，则应由主管税务机关核定其应纳税所得额。

个体工商户、个人独资企业和合伙企业个人所得税税前扣除标准还有以下规定：

（1）对个体工商户业主、个人独资企业和合伙企业投资者的生产经营所得依法计征个人所得税时，个体工商户业主、个人独资企业和合伙企业投资者本人的费用扣除标准统一确定为24 000元/年（2 000元/月）。

（2）个体工商户、个人独资企业和合伙企业向其从业人员实际支付的合理的工资、薪金支出，允许在税前据实扣除。

（3）个体工商户、个人独资企业和合伙企业拨缴的工会经费、发生的职工福利费、职工教育经费支出分别在工资薪金总额2%、14%、2.5%的标准内据实扣除。

（4）个体工商户、个人独资企业和合伙企业每一纳税年度发生的广告费和业务宣传费用不超过当年销售（营业）收入15%的部分，可据实扣除；超过部分，准予在以后纳税年度结转扣除。

（5）个体工商户、个人独资企业和合伙企业每一纳税年度发生的与其生产经营业务直接相关的业务招待费支出，按照发生额的60%扣除，但最高不得超过当年销售（营业）收入的5‰。

2. 计税依据的特殊规定

个体工商户业主的费用扣除标准和从业人员的工资扣除标准，由各省、自治区、直辖市税务局确定。个体工商户在生产、经营期间借款的利息支出，凡有合法证明的，不高于按金融机构同类、同期贷款利率计算的数额的部分，准予扣除。

个体工商户与企业联营分得的利润，按利息、股息、红利所得项目征收个人所得税。

个体工商户和从事生产、经营的个人，取得与生产、经营活动无关的各项应税所得，应分别适用各应税项目的规定计算征收个人所得税。

对个体工商户的生产、经营所得来源，是指以每一纳税年度的收入总额，减除成本、费用以及损失后的余额；对企事业单位的承包经营、承租经营所得来源，是指以每一纳税年度的收入总额，减除必要费用后的余额。

个人独资企业和合伙企业的生产经营所得，也适用5% ~35%的五级超额累进税率。

3. 应纳税额的计算方法

个体工商户的生产、经营所得适用五级超额累进税率，以其应纳税所得额按适用税率计算应纳税额。其计算公式为：

应纳税额 = 应纳税所得额 × 适用税率 - 速算扣除数

由于个体工商户的生产、经营所得应纳税额实行按年计算，分月预缴，年终汇算清缴，多退少补，因此，在实际工作中，需要分别计算按月预缴税额和年终汇算清缴税额。其计算公式为：

本月应预缴税额 = 本月累计应纳税所得额 × 适用税率 - 速算扣除数 - 上月累计已预缴税额

公式中的适用税率，是指与计算应纳税额的月份累计应纳税所得对应的税率，该税率可从“五级超额累进所得税税率表”（年换算月）中查找确定。

全年应纳税额 = 全年应纳税所得额 × 适用税率 − 速算扣除数

汇算清缴税额 = 全年应纳税额 − 全年累计已预缴税额

例：某个体工商户企业8月的收入为5 000元，9月的收入为10 000元。两个月的成本费用税金损失相同，分别列示如下：请员工1人，每月支付工资800元，个体工商户业主自己拿工资每月2 000元，成本费用500元，工商管理费、垃圾处理费、卫生费等税费200元。计算其9月份累计应交个人所得税。

解：8月应纳税所得额 =（5 000 − 800 − 500 − 200 + 3 000） − 2 000
= 4 500（元）

8月应交个人所得税 = 4 500 × 5% = 225（元）

9月应纳税所得额 =（10 000 − 800 − 500 − 200 + 3 000） − 2 000
= 9 500（元）

9月累计应纳税所得额 = 8月应纳税所得额 + 9月应纳税所得额
= 4 500 + 9 500 = 14 000（元）

9月累计应交个人所得税额 = 14 000 × 20% − 1 250 = 1 550（元）

9月累计应交个人所得税 = 1 550 − 225 = 1 325（元）

（二）个人对企事业单位的承包经营、承租经营所得

个人对企事业单位的承包经营、承租经营所得，是指个人承包经营、承租经营以及转包、转租取得的所得，包括个人按月或者按次取得的工资、薪金性质的所得。

个人对企事业单位的承包经营、承租经营取得所得缴纳个人所得税，有以下几种情况：

（1）企业实行个人承包经营、承租经营后，承包、承租人按合同（协议）的规定只向发包、出租方交纳一定费用，企业经营成果归其所有的，承包、承租人取得的所得，按对企事业单位的承包经营、承租经营所得计算缴纳个人所得税。

应纳税所得额 = 纳税年度的承包经营、承租经营所得 − 必要费用

其中的必要费用是指每月2 000元的费用。

承包经营、承租经营所得应纳税额的计算公式为：

应纳个人所得税税额 = 应纳税所得额 × 适用税率 − 速算扣除数

（2）企业实行个人承包经营、承租经营后，承包、承租人对企业经营成果不拥有所有权，仅是按合同（协议）规定取得一定所得的，其所得按工资、薪金所得计算缴纳个人所得税，适用5% ~ 45%的九级超额累进税率。

例：2008年1月1日，某个人与事业单位签订承包合同经营招待所，承包期为3年。2008年招待所实现承包经营利润85 000元，按合同规定承包人每年应从承包经营利润中上交承包费20 000元。计算承包人2008年应纳个人所得税税额。

解：年应纳税所得额 = 承包经营利润 − 上交费用 − 每月必要费用
= 85 000 − 20 000 −（1 600 × 12） = 45 800（元）

应纳税额 = 年应纳税所得额 × 适用税率 − 速算扣除数
= 45 800 × 30% − 4 250 = 9 490（元）

三、个人所得税的纳税申报案例

例：某经营服装个体户实行查账征收个人所得税，2008 年营业收入 20 万元，与经营有关的成本 10 万元，费用 2 万元，营业外支出 0.5 万元，已预交个人所得税 1.2 万元，于 2009 年 3 月 8 日向主管税务机关办理年度申报。

解：（1）全年收入额 20 万元。

（2）全年成本 10 万元。

（3）与经营有关的费用 2 万元。

（4）损失 0.5 万元。

（5）全年应纳税所得额 $=20-10-2-0.5=7.5$（万元）

（6）全年应纳所得税额 $=7.5\times35\%-0.675=1.95$（万元）

（7）年度申报应补个人所得税 $=1.95-1.2=0.75$（万元）

个体工商户所得税年度申报表

纳税月份：2008 年 1 月 1 日至 2008 年 12 月 31 日

填表日期：2009 年 3 月 8 日

纳税人编码：　　　　　　　金额单位：人民币元

根据《中华人民共和国个人所得税法》第九条的规定，制定本表。个体工商户年度生产、经营所得应在年度终了后 3 个月内报送此表，进行汇算清缴，多退少补。

业主姓名 户名		地址 业别		
应纳所得税额的计算	开始生产经营日期	银行账号	邮编	电话
	项目			金额
	1. 全年收入额			200 000
	2. 成本			100 000
	3. 费用			20 000
	4. 损失			5 000
	5. 应纳税所得额			75 000
	6. 税率			35%
	7. 速算扣除数			6 750
	8. 应纳所得税额			19 500
	9. 全年预缴税额			12 000
	10. 应补（追）所得税款			7 500

（续上表）

授权代理	（如果你已委托代理人，请填写下列资料）为代理一切税务事宜，现授权（地址）为本人代理申报人，任何与本申报有关的来往文件都可寄与此人。 授权人签字：	声明	我声明：此纳税申报表是根据《中华人民共和国个人所得税法》的规定填报的，我确信它是真实的、可靠的、完整的。 声明人签字：

代理申报人（签字）：　　　　　　　　　　　　纳税人（签字或盖章）：

以下由税务机关填写：

收到日期	接收人	审核日期	主管税务机关盖章
审核记录			主管税务官员盖章

例：某查账征收个人所得税的个体工商业户，财务核算正确及时，每月都按实际计算的应纳税所得额计算预缴本月个人所得税。2009 年 5 月份营业收入 2 万元，与经营活动相关的营业成本、费用 1.3 万元，该个体工商业户在 2009 年 6 月 6 日向主管税务机关纳税申报。

解：（1）本月收入总额 2 万元。

（2）本月利润额 = 2 − 1.3 = 0.7（万元）

（3）本月按实际计算的应纳税所得额 0.7 万元。

（4）适用税率 35%；速算扣除数 562.50 元。

（5）本月预缴个人所得税款 = 7 000 × 35% − 562.50 = 1 887.50（元）

个体工商户所得税月份申报表

纳税月份：自 2009 年 5 月 1 日至 2009 年 5 月 31 日

填表日期：2009 年 6 月 6 日

纳税人编码：　　　　　　　　　　　　　　　　金额单位：人民币元

业主姓名					
地址		邮编		电话	
业别		开始生产日期		银行账号	
	项目				金额
利润（亏损）额	1. 本月收入总额				20 000
	2. 本月利润（亏损）额				7 000
应纳税所得额的计算	3. 本月按实际计算的应纳税所得额				7 000
	4. 上年度应纳税所得额的十二分之一				
	5. 经核定利润计算的应纳税所得额				
	6. 经税务机关认可的其他方法计算所得额				

（续上表）

<table>
<tr><td colspan="2" rowspan="3">应纳税所得额的计算</td><td colspan="2">7. 税率</td><td>35%</td></tr>
<tr><td colspan="2">8. 速算扣除数</td><td>562.5</td></tr>
<tr><td colspan="2">9. 本月预缴税额</td><td>1 887.50</td></tr>
<tr><td>授权代理</td><td>（如果你已委托代理人，请填写下列资料）为代理一切税务事宜，现授权（地址）为本人代理申报人，任何与本申报有关的来往文件都可寄与此人。
授权人签字：</td><td>声明</td><td colspan="2">我声明：此纳税申报表是根据《中华人民共和国个人所得税法》的规定填报的，我确信它是真实的、可靠的、完整的。
声明人签字：</td></tr>
</table>

代理申报人（签字）：　　　　　　　　纳税人（签字或盖章）：

以下由税务机关填写：

<table>
<tr><td>收到日期</td><td></td><td>接收人</td><td></td><td>审核日期</td><td></td><td rowspan="2">主管税务机关盖章
主管税务官员盖章</td></tr>
<tr><td>审核记录</td><td colspan="5"></td></tr>
</table>

四、个人所得税的征收管理

（一）个人所得税的纳税方法

我国个人所得税采取源泉扣缴和自行申报两种方法。

1. 源泉扣缴

个人所得税以所得人为纳税义务人，以支付所得的单位或者个人为扣缴义务人。扣缴义务人在向个人支付应税款项时，如以现金支付、汇拨支付、转让支付和以有价证券、实物以及其他形式支付各种应税所得款项时，必须向纳税人开具代扣代缴税款凭证，作为纳税人的完税依据。

扣缴义务人应按时将代扣的税款缴入国库，对扣缴义务人可按所扣的税款，支付2%的手续费。税务机关根据计算的扣缴手续费按月填开收入退还书发给扣缴义务人，扣缴义务人持收入退还书向指定的银行办理退库手续。

2. 自行申报

自行申报纳税，是由纳税人自行在税法规定的纳税期限内，向税务机关申报取得的应纳税所得项目和数额，如实填写个人所得税纳税申报表，并按照税法规定计算应纳税额，据此缴纳个人所得税的一种方法。

自行申报纳税的范围：

（1）从两处或两处以上取得工资、薪金所得的。

（2）取得应纳税所得，没有扣缴义务人的。

（3）分笔取得属于一次劳务报酬所得、稿酬所得、特许权使用费所得、财产租赁所得的。

（4）取得应纳税所得，扣缴义务人未按规定扣缴税款的。

（5）税收主管部门规定必须自行申报纳税的。

（二）个人所得税的纳税期限

除特殊情况外，纳税人应在取得应税收入的次月 7 日内向主管税务机关申报所得并缴纳税款。

账册健全的个体工商户的生产、经营所得应纳的税款，按年计算、分月预缴，由纳税人在次月 7 日内申报预缴，年度终了后 3 个月内汇算清缴，多退少补。账册不健全的个体工商户的生产、经营所得应纳的税款，由各地税务机关依据《中华人民共和国税收征收管理法》（以下简称《征管法》）及其实施细则的有关规定，自行确定征收方式。

纳税人年终一次性取得承包经营、承租经营所得的，自取得收入之日起 30 日内申报纳税；在 1 年内分次取得承包经营、承租经营所得的，应在取得每次所得后的 7 日内申报预缴，年度终了后 3 个月内汇算清缴，多退少补。

个人独资企业和合伙企业投资者应纳的个人所得税税款，按年计算，分月或者分季预缴，由投资者在每月或者每季度终了后 7 日内预缴，年度终了后 3 个月内汇算清缴，多退少补。

个人独资企业和合伙企业在年度中间合并、分立、终止时，投资者应当在停止生产经营之日起 60 日内，向主管税务机关办理当期个人所得税汇算清缴。在纳税年度的中间开业，或者由于合并、关闭等原因，使该纳税年度的实际经营期不足 12 个月的，应当以其实际经营期为一个纳税年度。

从中国境外取得所得的纳税人，其来源于中国境外的应纳税所得，如在境外以纳税年度计算缴纳个人所得税的，应在所得来源国的纳税年度终了、结清税款后的 30 日内，向中国主管税务机关申报纳税；如在取得境外所得时结清税款的，或者在境外按所得来源国税法规定免予缴纳个人所得税的，应在次年 1 月 1 日起 30 日内向中国主管税务机关申报纳税。

（三）个人所得税的纳税地点

自行申报的纳税人，应当向取得所得的当地主管税务机关申报纳税。扣缴义务人应向扣缴人所在地税务机关代缴税款。从中国境内外取得所得的，以及在中国境内两处或者两处以上取得所得的，可以由纳税人选择并固定一地申报纳税。纳税人提出变更申报纳税地区，应当经原纳税地主管税务机关批准。

个人独资企业和合伙企业投资者应向企业实际经营管理所在地主管税务机关申报缴纳个人所得税。投资者从合伙企业取得的生产经营所得，由合伙企业向企业实际经营管理所在地主管税务机关申报缴纳投资者应纳的个人所得税，并将个人所得税申报表抄送投资者。

（四）其他规定

1. 货币计算单位

各项应税所得的计算，以人民币为单位。应税所得为外国货币的，应当按照填开完税凭证时的上一个月最后一日中国人民银行公布的外汇牌价（买入价）折合成人民币计算应纳税所得额。对年度终了汇算清缴税款的，对其已经按月或按次预缴税款的外国货币的所得，则不再重新折算；对应补缴税款的所得部分，按照上一纳税年度最后一日中国人民银行公布的外汇牌价（买入价），折合成人民币金额计算应纳税所得额。

2. 代扣代缴手续费

扣缴人代扣代缴税款，税务机关应按照所代扣代缴税额的 2% 付给手续费。税务机关在向扣缴人支付手续费时，应当按月填具“收入退还书”，扣缴人持税务机关填具的“收入退还书”向指定的银行办理退库手续。

3. 举报奖励

税务机关积极鼓励广大人民群众举报个人所得税的偷税、抗税等不法行为。对举报的案件，税务机关将按举报案件所查税款10%以内或本案件罚金收入30%以内予以奖励，最高奖励金额不超过10万元，并给予保密。

五、习题训练

（一）单项选择题

1. 张先生为自由职业者，2008年4月取得如下所得：从A上市公司取得股息所得16 000元，从B非上市公司取得股息所得7 000元，兑现4月14日到期的一年期银行储蓄存款利息所得1 500元，转让国库券的净所得5 000元。张先生上述所得应缴纳个人所得税（　　）元。

A. 4 075　　B. 4 150　　C. 4 400　　D. 5 600

2. 依据个人所得税相关规定，计算财产转让所得时，下列各项准予扣除的是（　　）。

A. 定额800元　　B. 定额800元或定率20%

C. 财产净值　　D. 财产原值和合理费用

3. 依据个人所得税法规定，对个人转让有价证券取得的所得，应属（　　）征税项目。

A. 偶然所得　　B. 财产转让所得　　C. 股息、红利所得　　D. 特许权使用费所得

4. 下列应税项目在计算应纳所得税额时，不采用定额费用扣除费用的有（　　）。

A. 财产转让所得

B. 承包所得（不拥有所有权的承包方式）

C. 设计费

D. 工资

5. 下列各项不属于工资、薪金所得的为（　　）。

A. 年终加薪　　B. 劳动分红　　C. 津贴　　D. 稿酬收入

6. 稿酬所得的实际税率为（　　）。

A. 12%　　B. 14%　　C. 16%　　D. 18%

7. 下列不属于按“次”计算个人所得税的项目有（　　）。

A. 个人连续取得演出收入　　B. 财产转让所得

C. 个人转包转租取得的所得　　D. 投资的股息所得

8. 以下财产转让所得不需缴纳个人所得税的是（　　）。

A. 建筑物转让所得　　B. 土地使用权转让所得

C. 机器设备转让所得　　D. 股票转让所得

9. 下列不按个体工商户的生产经营所得计税的是（　　）。

A. 个人独资企业和合伙企业的生产经营所得

B. 个体出租车司机的出租车运营收入

C. 个人独资企业的老板用企业的资金为自己购买的轿车

D. 甲合伙企业的对外投资分回的收益

10. 下列项目中，不适用代扣代缴方式纳税的是（　　）。

A. 个人独资企业的生产经营所得　　B. 工资薪金所得

C. 稿酬所得　　D. 劳务报酬所得

（二）多项选择题

1. 下列各项中，应当按照工资、薪金所得项目征收个人所得税的有（　　）。

A. 公司职工取得的用于购买企业国有股权的劳动分红

B. 独生子女补贴

C. 对营销业绩突出的非雇员以培训班名义组织旅游活动

D. 超过规定标准的误餐费

2. 依据个人所得税相关规定，下列各项公益、救济性捐赠支出准予税前全额扣除的有（　　）。

A. 通过非营利性的社会团体向红十字事业的捐赠

B. 通过国家机关向农村义务教育的捐赠

C. 通过非营利性社会团体对新建公益性青少年活动场所的捐赠

D. 通过非营利性的社会团体向重点文物保护单位的捐赠

E. 通过非营利性的社会团体向贫困山区生产企业的捐赠

3. 某退休职工 2001 年 8 月取得的下列所得中，需依法缴纳个人所得税的有（　　）。

A. 咨询服务费 8 000 元

B. 退休工资 2 000 元

C. 参加电视台有奖问答所得彩电（价值 2 500 元）

D. 境外储蓄利息 100 美元（汇率 1：6. 826）

4. 五级超额累进税率不适用于（　　）。

A. 个体生产经营所得　　B. 工资、薪金所得

C. 劳务报酬所得　　D. 财产租赁所得

5. 个人所得税纳税人对企事业单位的承包经营、承租经营所得包括（　　）。

A. 个人承包经营、承租经营所得

B. 投资的股息所得

C. 个人按月取得的工薪性质的所得

D. 储蓄存款的利息所得

E. 个人转包、转租取得的所得

6. 工资、薪金所得包括（　　）。

A. 年终加薪　　B. 劳动分红

C. 误餐补助　　D. 独生子女补贴

7. 纳税人取得的以下所得按照“工资、薪金所得”缴纳个人所得税的有（　　）。

A. 单位为职工个人购买商业性补充养老保险

B. 个人为他人提供担保获得的报酬

C. 个人退休后再任职取得的收入

D. 企业为股东购买车辆并将车辆所有权办到股东个人名下

8. 下列各项所得中，应当缴纳个人所得税的有（　　）。

A. 个人参加企业集资取得的利息

B. 个人按规定缴付住房公积金而存入银行账户取得的利息

C. 个人取得的国家发行的金融债券利息

D. 个人以股份形式取得的企业量化资产参与分配获得的利息

9. 在计算合伙企业生产经营所得时，不得税前扣除的项目有（　　）。

A. 投资者预先分配的股利

B. 从业人员工资支出（规定标准以内）

C. 投资者及其家庭发生的生活费用

D. 企业生产经营财产保险支出

10. 职工李某 12 月份取得工资 1 500 元，另取得全年一次性奖金 10 800 元，以下正确的是（　　）。

A. 李某的工资和奖金要合并计税　　B. 李某的工资和奖金应分开计税

C. 李某应交所得税为 1 100 元　　D. 李某应交所得税为 1 180 元

（三）判断题

1. 对企事业单位的承包经营、承租经营所得，以每一纳税年度的收入总额，减除必要费用后的余额为应纳税所得额。(　　)

2. 扣缴义务人应扣未扣纳税人个人所得税的税款的，应由扣缴义务人缴纳应扣未扣税金、滞纳金。(　　)

3. 个体工商户王某 2009 年取得经营收入 15 万元，其中有其投资证券市场的股票收益 5 万元，该个体户王某的生产经营收入 15 万元按个体工商户的生产、经营所得项目计算个税。(　　)

4. 对因特殊情况，员工在行权日之前将股票期权转让的，以股票期权的转让净收入，作为财产转让所得征收个人所得税。(　　)

5. 同一作品在报刊上连载取得收入的，以连载完成后取得的所有收入合并为一次，计征个人所得税。(　　)

6. 个人的工资薪金所得用于资助的，可以全额在下月（工资、薪金所得）计征个人所得税时，从应纳税所得额中扣除，不足抵扣的，不得结转抵扣。(　　)

7. 个人独资企业和合伙企业实际发生的工会经费、职工福利费、职工教育经费分别在其计税工资总额的 2%、14%、1.5% 的标准内按比例扣除。(　　)

8. 企业按照国家有关法律规定宣告破产，企业职工从该破产企业取得的一次性安置收入，在上年职工平均工资 3 倍以内的，免征个人所得税。(　　)

9. 个人独资和合伙企业的个人所得税按年计算，分月或分季预缴，30 日内申报，年终 3 个月内汇算清缴，多退少补。(　　)

10. 李某的个人独资企业生产经营所得在计算缴纳个人所得税时，李某个人的工资不得作为企业的成本或费用在税前列支。(　　)

（四）实务题

中国公民王某为一外商投资企业的高级职员，2009 年其收入情况如下：

（1）雇佣单位每月支付工资、薪金 16 000 元；

（2）派遣单位每月支付工资、薪金 2 000 元；

（3）取得股票转让收益 100 000 元；

（4）从 A 国取得特许权使用费收入折合人民币 18 000 元，并提供了来源国纳税凭证，纳税折合人民币 1 800 元；

（5）购物中奖获得奖金 20 000 元；

（6）受托为某单位做工程设计，历时 3 个月，共取得工程设计费 40 000 元。

请正确计算李某全年应该缴纳的个人所得税额。

项目九　其他小税种的计算与纳税申报

学习目标

1. 了解土地增值税、资源税、城镇土地使用税、房产税、车船税、契税、印花税和城市维护建设税及教育费附加的概念及历史。
2. 熟悉小税种的征纳管理方法。
3. 掌握小税种的基本要素。
4. 掌握应纳税额的计算。
5. 熟悉小税种的税务处理。

税收小贴士

土地增值税清算动了谁的奶酪?

所谓土地增值税，是对有偿转让国有土地使用权、地上的建筑物及其附着物（统称转让房地产）而就其增值部分征收的一种税。土地增值税实行四级超率累进税率，即增值额未超过扣除项目金额50%的部分，税率为30%；增值额超过扣除金额50%至100%的部分，税率为40%；增值额超过扣除项目100%至200%的部分，税率为50%；增值额超过扣除项目金额200%以上的部分，税率为60%。

2006年12月28日，国家税务总局发出了《关于房地产开发企业土地增值税清算管理有关问题的通知》（国税发〔2006〕187号），要求从2007年2月1日起实施。即便是一个清算通知，影响也是比较巨大的。开发商面临项目清算，以前逃避税款的路径已经被堵住，原有利益格局将发生很大变化。2007年1月17日，沪深两市地产股全线下跌。受此拖累，沪市股指下跌42点，跌幅达1.49%；深市股指更跌去227.24点，跌幅达2.84%，直接“杀伤力”巨大。在上市房企连续发布公告，以及国税总局发布《通知》与调控楼市股市无关的“安抚”声明之后，投资人才打消疑虑，股市又重拾升势。

国家税务总局新闻处处长牛新文表示，土地增值税不是一个新概念，早在1993年就开始征收，2006年该项税收收入达230亿元人民币。有关通知只是内部一个操作性文件，旨在加强各地税务机关在土地增值税征收过程中的可操作性，而并非一个新规定。“预收之后自然应该进行清算”，国家税务总局一位官员指出，目前征管办法提出两种清算情况：一是主管税务机关认为有必要进行清算，二是纳税人主动提出清算要求。在这种情况下，一些开发商利用政策和征管漏洞，少缴土地增值税。比如不少开发商分期开发项目或将部分房产长期出租，或对本应结算销户的项目搁置等，不进行最后清算，再加上土地增值税属于地方税，地方政府出于本地经济发展的考虑，亦睁一只眼闭一只眼。

土地增值税到底动了谁的奶酪？我们不难发现：开发商偷、漏税的途径被堵住了，地方政府对于开发商迟迟不竣工决算的行为视而不见，其中隐藏的利益关系恐怕普通民众难以察觉。国家每个政策都会形成房价的上涨，除了政策本身的问题，市场紧张气氛的制造者同样脱不了干系。房价的上涨一定程度上也是动了民众的奶酪。

结论：土地增值税清算是清算了开发商，影响了地方政府，警醒了民众，三方同时是利益受害者，而只有民众是最终的受害者。

关于土地增值税

知识点

一、土地增值税的税制要素

1. 土地增值税

土地增值税是指转让国有土地使用权、地上的建筑物及其附着物并取得收入的单位和个人，以转让所取得的收入，包括货币收入、实物收入和其他收入为计税依据向国家缴纳的一种税负，不包括以继承、赠与方式无偿转让房地产的行为。

土地增值税是以纳税人转让房地产所取得的总收入减去准予扣除项目金额后的增值额为征税对象，依照规定税率征收的一种税。土地增值税从1994年1月1日起在全国开征。

2. 征税范围

以土地和地上建筑物为征税对象。以增值额为计税依据。

（1）转让国有土地使用权。

（2）地上的建筑物及附着物连同土地使用权一并转让。

3. 土地增值税税率

土地增值税税率采用四级累进税率：

（1）增值额未超过扣除项目金额50%的部分，适用税率30%。

（2）超过扣除项目金额50%，未超过扣除项目金额100%的部分，适用税率40%；速算扣除系数为5%。

（3）超过扣除项目金额100%，未超过扣除项目金额200%的部分，适用税率50%；速算扣除系数为15%。

（4）超过扣除项目金额200%的部分，适用税率60%；速算扣除系数为35%。

4. 土地增值税扣除项目

（1）取得土地使用权所支付的金额。

（2）开发土地的成本、费用。

（3）新建房及配套设施的成本、费用，或者旧房及建筑物的评估价格。

（4）与转让房地产有关的税金。

（5）财政部规定的其他扣除项目。

二、征收土地增值税的注意事项

第一，核定征收，按照转让二手房交易价格全额的1%征收率征收，这种模式类似于目前的个人所得税征收方式。如成交价为100万元，土地增值税应为1 000 000×1% =10 000元。

第二，减除法定扣除项目金额后，按四级超率累进税率征收。其中又分两种情况：一是能够提供购房发票，二是不能够提供发票，但能够提供房地产评估机构的评估报告。

（1）能够提供购房发票的，可减除以下项目金额：

①取得房地产时有效发票所载的金额；

②按发票所载金额从购买年度起至转让年度止每年加计5%的金额；

③按国家规定统一交纳的与转让房地产有关的税金；

④取得房地产时所缴纳的契税。

（2）不能够提供购房发票，但能够提供房地产评估机构按照重置成本评估法评定的房屋及建筑物价格评估报告的，扣除项目金额按以下标准确认：

①取得国有土地使用权时所支付的金额证明；

②中介机构评定的房屋及建筑物价格（不包括土地评估价值），需经地方主管税务机关对评定的房屋及建筑物价格进行确认；

③按国家规定统一交纳的与转让房地产有关的税金和价格评估费用。

能力点

一、土地增值税的计算

根据《中华人民共和国土地增值税暂行条例实施细则》第十条的规定：计算土地增值税税额，可按增值额乘以适用的税率减去扣除项目金额乘以速算扣除系数的简便方法计算，具体公式如下：

$$应纳税额=\sum（每级距的土地增值额\times适用税率）$$

实际工作中分步骤进行计算：

（1）增值额未超过扣除项目金额50%的：

$$土地增值税税额 = 增值额 \times 30\%$$

（2）增值额超过扣除项目金额50%，未超过100%的：

$$土地增值税税额 = 增值额 \times 40\% - 扣除项目金额 \times 5\%$$

（3）增值额超过扣除项目金额100%，未超过200%的：

$$土地增值税税额 = 增值额 \times 50\% - 扣除项目金额 \times 15\%$$

（4）增值额超过扣除项目金额200%的：

$$土地增值税税额 = 增值额 \times 60\% - 扣除项目金额 \times 35\%$$

公式中的5%，15%，35%为速算扣除系数。

（5）计算举例：

某纳税人转让房地产共取得收入300万元，其扣除项目金额为100万元，则其应纳土地增值税税额为：

①先求增值额：

增值额 = 300 - 100 = 200（万元）

②再计算增值额与扣除项目金额之比：

增值额占扣除项目金额的% = 200/100 × 100% = 200%

显然，增值额分别适用30%、40%、50%三档税率。

③计算土地增值税税额：

应纳税额 = 100 × 50% × 30% + 100 ×（100% - 50%）× 40% + 100 ×（200% - 100%）× 50% = 85（万元）

注意：从2008年11月1日起，对个人销售住房暂免征收土地增值税。如上述纳税人为个人，且在2008年11月1日后销售房屋，则免征土地增值税。

二、土地增值税的纳税申报案例

案例1

某房地产开发企业1998年1月将其开发的写字楼一幢出售，共取得收入3 800万元。企业为开发该项目支付土地出让金600万元，房地产开发成本为1 400万元，专门为开发该项目支付的贷款利息为120万元。为转让该项目应当缴纳营业税、城市维护建设税、教育费附加及印花税共计210.9万元。当地政府规定，企业可以按土地使用权出让费、房地产开发成本之和的5%计算扣除其他房地产开发费用。另外，税法规定，从事房地产开发的企业可以按土地出让费和房地产开发成本之和的20%加计扣除。

解析：其应纳税额为：

扣除项目金额 = 600 + 1 400 + 120 + 210.9 +（600 + 1 400）× 5% +（600 + 1 400）× 20%

= 600 + 1 400 + 120 + 210.9 + 100 + 400 = 2 830.9（万元）

增值额 = 3 800 - 2 830.9 = 969.1（万元）

增值额占扣除项目比例 = 969.1 ÷ 2 830.9 = 34.23%

应纳税额 = 969.1 × 30% = 290.73（万元）

案例 2

某房地产开发公司建一住宅出售，取得销售收入 1 800 万元（假定城建税税率为 7%，教育费附加征收率为 3%）。开发此住宅该房地产公司共支付地价款 200 万元（含相关手续费 2 万元），开发成本 400 万元，贷款利息支出无法准确分摊。已知该地区人民政府确定的费用计提比例为 10%。

解析：房地产开发公司应交纳土地增值税为：

（1）收入总额：1 800 万元

（2）扣除项目金额：

①支付地价款：200 万元

②支付开发成本：400 万元

③计提费用：$(200+400)\times10\%=60$（万元）

④扣除税金：

$1\ 800\times5\%\times(1+7\%+3\%)=99$（万元）

⑤加计扣除费用：

$(200+400)\times20\%=120$（万元）

⑥扣除费用总额：

$200+400+60+99+120=879$（万元）

（3）增值额：

$1800-879=921$（万元）

（4）增值比率：

$921\div879=105\%$

因此适用三档税率。

（5）应纳税额：

$$\text{应纳税额}=879\times50\%\times30\%+879\times(100\%-50\%)\times40\%+(921-879)\times50\% =328.65\text{（万元）}$$

三、土地增值税纳税申报

土地增值税纳税申报表

填报日期：　　年　　月　　日

纳税人税务登记号		税款所属期	年　月　日至　年　月　日
纳税人电脑编码		管理机关	

单位：元（列至角分）

纳税人名称（盖章）		注册地址		注册类型	
开户银行		账号		联系电话	
项目名称		项目地址		邮政编码	
土地使用证号			房地产证号		

（续上表）

项目		行次	金额
一、转让房地产（或国有土地使用权）收入总额 1 = 2 + 3		1	
其中	货币收入	2	
	实物收入及其他收入	3	
二、扣除项目金额合计		4	
1. 房地产购买价格		5	
2. 取得土地使用权所支付的金额		6	
3. 建筑物建造价格		7	
4. 使用年限		8	
5. 加计扣除数 9 = 5 × 8 × 5%		9	
6. 旧房及建筑物的评估价格 10 = 11 × 12		10	
其中	旧房及建筑物的重置成本价	11	
	成新度折扣率	12	
7. 与转让房地产有关的税费等 13 = 14 + 15 + 16 + 17 + 18		13	
其中	营业税	14	
	城市维护建设税	15	
	印花税	16	
	教育费附加	17	
	允许扣除的其他费用	18	
三、增值额 19 = 1 − 4		19	
四、增值额与扣除项目金额之比（%）20 = 19 ÷ 4		20	
五、适用税率（%）		21	
六、速算扣除系数（%）		22	
七、应缴土地增值税税额 23 = 19 × 21 − 4 × 22		23	
如纳税人填报，由纳税人填列以下各栏		如委托代理人填报，由代理人填写以下栏	
纳税人声明：此纳税申报表是根据国家税收法律的规定填报的，我确定它是真实的、可靠的、完整的。 声明人签名：		代理人声明：此纳税申报表是根据国家税收法律的规定填报的，我确定它是真实的、可靠的、完整的。 声明人签名：	

纳税人填写	会计主管人员：	企业盖章：	税务代理机构盖章：	税务代理人：
税务机关填写	接收人：	录入人：	审核人：	主管税务机关盖章：

说明事项：

纳税人应根据转让房地产项目作为填报对象。纳税人如果同时转让 2 个或 2 个以上房地产，应分别填报申报表。

表头说明：

1. “纳税人税务登记号”是指地方税务登记证号。

2. “纳税人电脑编码”是指纳税人在地税计算机征收管理系统的识别号码。

3. “税款所属期”是指申报税款所属的时段。

4. “管理机关”是指纳税人就该申报事项的应税行为的主管税务机关。

主表说明：

1. “纳税人名称”是指纳税人税务登记的全称。

2. “注册地址”是指纳税人用于工商登记的地址。

3. “注册类型”是指纳税人用于工商登记的企业类型。

4. “开户银行”是指纳税人用于缴交税款账号所在的银行。

5. “账号”是指纳税人用于缴交税款的账号。

6. 非从事房地产开发企业，如果该项目（或房产）有土地使用证号的，填写土地使用证号，如果是土地使用证与房产证两证合一的，填写房地产证号。

申报事项填写说明：

1. “转让房地产收入总额”，按纳税人转让房地产所取得的全部收入额填写。

2. “货币收入”，按纳税人转让房地产所取得的货币形态收入额填写。

3. “实物收入及其他收入”，按纳税人转让房地产所取得的实物形态和无形资产等其他形式的收入额填写。

4. “取得土地使用权所支付的金额”，按纳税人为取得该房地产开发项目所需要的土地使用权而实际支付（补交）的土地出让金（地价款）及按国家统一规定交纳的有关费用填写。

5. “使用年限”，是指该房产工程竣工到转让之间的年度。

6. “旧房及建筑物的评估价格”，是指根据《条例》和《细则》规定，按重置成本法评估旧房及建筑物并经当地税务机关确认的评估价格的数额。本栏由 11 栏与 12 栏相乘得出，如果本栏数额能够直接按评估报告填写，则 11 栏、12 栏可以不必填写。

7. “旧房及建筑物的重置成本价”，是指根据《条例》和《细则》等有关规定，由政府批准设立的房地产评估机构评定的重置成本价。

8. “成新度折扣率”，是指根据《条例》和《细则》等有关规定，由政府批准设立的房地产评估机构评定的旧房及建筑物的新旧程度折扣率。

9. 第 14 至 17 栏，按纳税人转让房地产时实际交纳的税金数额填写。

10. “允许扣除的其他费用”，是指除表中已列明的扣除项目外，法律法规规定的其他扣除项目。

11. “适用税率”，根据《条例》规定的四级超率累进税率，按所适用的最高一级税率填写。

12. “速算扣除系数”，应根据《细则》第十条的规定找出相关速算扣除系数来填写。

关于资源税

知识点

一、资源税的税制要素

1. 资源税

资源税是对在我国境内开采应税矿产品和生产盐的单位和个人，就其应税数量征收的一种税。在中华人民共和国境内开采《中华人民共和国资源税暂行条例》规定的矿产品或者生产盐的单位和个人，为资源税的纳税义务人，应缴纳资源税。

级差资源税是国家对开发和利用自然资源的单位和个人，由于资源条件的差别所取得的级差收入课征的一种税。

一般资源税就是国家对国有资源，如我国宪法规定的城市土地、矿藏、水流、森林、山岭、草原、荒地、滩涂等，根据国家的需要，对使用某种自然资源的单位和个人，为取得应税资源的使用权而征收的一种税。

现行资源税规范是1993年12月25日国务院颁布的《中华人民共和国资源税暂行条例》。

2. 资源税的征税范围

资源税的征税范围为原油、天然气、煤炭、其他非金属矿原矿、黑色金属矿原矿，有色金属矿原矿、盐7类。

3. 税目税额

我国现行资源税实行从量定额征收，一方面税收收入不受产品价格、成本和利润变化的影响，能够稳定财政收入；另一方面有利于促进资源开采企业降低成本，提高经济效益。同时，资源税按照"资源条件好、收入多的多征；资源条件差、收入少的少征"的原则，根据矿产资源等级分别确定不同的税额，以有效地调节资源级差收入。

不论采掘或生产单位是否属于独立核算，资源税均规定在采掘地或生产地控制征收，这样既照顾了采掘地的利益，又避免了税款的流失。这与其他税种由独立核算的单位统一缴纳不同。

资源税税目税额表

税目	税额标准
一、原油	8~30元/吨
二、天然气	2~15元/千立方米
三、煤炭	0.3~5元/吨
四、其他非金属矿原矿	0.5~20元/吨或立方米
五、黑色金属矿原矿	2~30元/吨

（续上表）

税目	税额标准
六、有色金属矿原矿	0.4～30元/吨
七、盐	
1. 固体盐	10～60元/吨
2. 液体盐	2～10元/吨

4. 纳税期限

（1）资源税纳税人的纳税期限为1日、3日、5日、10日、15日或者1个月，由主管税务机关根据实际情况具体核定。不能按固定期限计算纳税的，可以按次计算纳税。

（2）纳税人以1个月为一期纳税的，自期满之日起10日内申报纳税。

（3）以1日、3日、5日、10日或者15日为一期纳税的，自期满之日起5日内预缴税款，于次月1日起10日内申报纳税并结清上月税款。

（4）扣缴义务人的解缴税款期限，比照前两款的规定执行。

5. 税收优惠

（1）免税。

①加热修井原油免税。开采原油过程中，用于加热、修井的原油，免征资源税。

②灾害事故减免。纳税人因意外事故、自然灾害等原因，遭受重大损失的，由所在省级人民政府酌情免征或减征资源税。

③中外合作油田免税。中外合作油（气）田，按合同开采的原油、天然气应按实物征收矿区使用费，暂不征收资源税。

④青藏铁路建设自用砂石免税。对青藏铁路建设工程单位为建设青藏铁路自采自用的砂石等材料，免征资源税。

⑤国务院规定的其他减税、免税项目。

（2）减税。

①北方海盐减税。从1994年1月1日起，辽宁、天津、河北、山东、江苏5省、市所产的北方海盐，由每吨25元，减按每吨20元征收资源税。

②江苏海盐减税。从1996年1月1日起，江苏海盐由北方盐每吨20元，改为按南方海盐每吨12元征收资源税。

③铁矿石和有色矿减税。从1996年7月1日起，对冶金联合企业独立矿山铁矿石资源税，减按规定税额标准的40%征收；对有色金属矿的资源税，减按规定税额标准的70%征收。

④四川天然气减税。从1998年1月1日起，对四川石油管理局天然气的资源税，其适用税额为每千立方米13元。

⑤石灰石、大理石和花岗石税额调整。从2003年7月1日起，石灰石资源税适用税额由每吨2元调整为每吨0.5元至3元；大理石和花岗石适用税额由每立方米3元调整为每立方米3元至10元。各省、自治区、直辖市财政厅（局）、地税局可在上述幅度内确定适用税额标准。

⑥石油税额调整。河南石油勘探局的原油税额减按每吨8元；胜利石油管理局的原油税额调整为每吨14元；新疆石油管理局和塔里木石油会战指挥部、吐哈石油勘探开发会战指挥部的原油税额调整为每吨24元；西北石油管理局和吉林油田管理局的原油税额调整为每吨12元。

⑦天然气税额调整。重庆石油勘探局天然气税额每千立方米10元；四川德阳新场气田开发公司、德阳联益公司和成都龙星公司的天然气税额调整为每千立方米8元。

⑧煤炭税额调整。大同矿务局煤炭每吨1.6元；淄博矿务局所属许厂煤矿、贷庄煤矿、葛亭煤矿每吨1.2元；内蒙古全区非统配煤矿和鄂尔多斯市的煤矿每吨1.5元；陕西榆林地区境内的煤矿每吨1.5元；黄陵市非统配煤矿每吨1元。

(3) 税额抵扣。

液体盐税额扣除。纳税人以外购的液体盐加工固体盐，其加工固体盐所耗用的液体盐的已纳税额准予抵扣。

二、征收资源税的注意事项

(1) 下列资源产品不征资源税：

①人造石油；

②煤矿生产的天然气；

③开采原油过程中用于加热、修井的原油。

(2) 征收资源税的产品一定是指原矿或初级产品。对于精矿、选矿需要根据综合回收率或选矿比例换算为原矿再计征资源税。

(3) 资源税纳税人生产或开采应税产品销售或自用视同销售时不仅要交资源税，同时又符合了增值税的征税范围，为增值税的纳税人，所以该纳税人既要交资源税，又要交增值税。因此，纳税人必须清楚二者在计算时的差异。

能力点

一、资源税的计算

1. 计算公式

现行资源税计税依据是纳税人应税产品的销售数量和自用数量。纳税人开采或者生产应税产品销售的，以销售数量为课税数量；纳税人开采或者生产应税产品自用的，以自用数量为课税数量。计算公式为：

资源税应纳税额 = 课税数量 × 单位税额

代扣代缴应纳税额 = 收购未税产品的数量 × 适用的单位税额

2. 对课税数量的特殊规定

(1) 纳税人不能准确提供应税产品销售数量或移送使用数量的，以应税产品的产量或主管税务机关确定的折算比换算成的数量为课税数量。

（2）原油中的稠油、高凝油与稀油划分不清或不易划分的，一律按原油的数量课税。

（3）煤炭，对于连续加工前无法正确计算原煤移送使用量的，可按加工产品的综合回收率，将加工产品实行销售量和自用量折算成原煤数量作为课税数量。以原煤入洗为例，洗煤这一加工产品的综合回收率是这样计算的：

综合回收率＝（原煤入洗后的等级品数量÷入洗的原煤数量）×100%

洗煤的课税数量＝洗煤的销量、自用量之和÷综合回收率

原煤入洗后的等级品包括洗精煤、洗混煤、中煤、煤泥、洗块煤、洗末煤等。

（4）金属和非金属矿产品原矿，因无法准确掌握纳税人移送使用原矿数量的，可将其精矿按选矿比折算成原矿数量作为课税数量。

选矿比的计算公式如下：

选矿比＝耗用的原矿数量÷精矿数量

（5）纳税人以自产自用的液体盐加工固体盐，按固体盐税额征税，以加工的固体盐的数量为课税数量。纳税人以外购的液体盐加工固体盐，其加工固体盐所耗用液体盐的已纳税额准予抵扣。

资源税以应税产品的销售数量或自用数量作为课税数量。由于对盐征税的品目既有固体盐，又有液体盐，而且液体盐与固体盐之间可以相互转化，为确保对盐征收资源税的不重不漏，根据现行税法有关规定，应按如下不同情况分别确定盐的课税数量：

①纳税人生产并销售液体盐的，以液体盐的销量为课税数量。

②纳税人以其生产的液体盐连续加工碱等产品（固体盐除外）销售或自用的，以液体盐的移送使用数量为课税数量；如果没有液体盐移送使用量记录或记录不清、不准的，应将加工的碱等产品按单位耗盐系数折算为液体盐的数量作为课税数量。例如，某烧碱厂利用自制液体盐生产烧碱，该厂烧碱的单位耗盐系数（该系数的计算公式为：耗盐系数＝生产的烧碱数量÷耗用的液体盐数量）为1：6。已知该厂1995年2月生产烧碱3万吨，则该厂2月份液体盐的移送使用数量为：3×6＝18（万吨）。

③纳税人以其生产的液体盐再加工为固体盐销售或自用，以固体盐的数量为课税数量（液体盐不再征税）；纳税人以外购液体盐加工固体盐销售或自用，以固体盐的数量为课税数量，但在计算固体盐应纳税额时，液体盐的已纳税额可从中抵扣。

④纳税人利用盐资源直接生产海盐原盐、湖盐原盐、井矿盐等固体盐销售或自用，以固体盐的销售或自产自用量为课税数量；以上述固体盐连续加工粉洗盐、粉精盐、精制盐等再制盐或者用于连续加工酸碱、制革等产品，应按单位加工产品（再制盐、碱等）耗盐系数折算为固体盐的数量为课税数量。再制盐的耗盐系数是指单位再制盐的数量与其耗用的原料盐数量的比例。例如，如果1吨粉洗盐、粉精盐、精制盐分别需要耗用1.1、1.2和1.5吨的海盐原盐，那么，粉洗盐、粉精盐、精制盐的耗盐系数分别是1：1.1、1：1.2和1：1.5。这种情况下海盐原盐课税数量的计算公式为：

海盐原盐的课税数量＝加工的粉洗盐、粉精盐、精制盐等再制盐数量÷耗盐系数

湖盐原盐、井矿盐等再制盐的课税数量的计算同海盐原盐。

3. 计算举例

例1：某地区一油田11月份开采原油27万吨，当月销售2.9万吨，本企业自用0.1万吨；

11 月份与原油同时开采天然气 110 万立方米，当月销售 14 万立方米，其余部分全部用于本企业生产和生活自用。根据规定，该油田每吨原油的单位税额为 12 元，每 1 000 立方米天然气的税额为 4 元，计算该油田 11 月份应纳的资源税。

解：（1）根据规定，原油和天然气以实际销量和自产自用数量为课税数量。

（2）11 月份原油课税数量为 3 万吨（即 2.9 +0.1）；天然气为 110 万立方米，折合课税数量单位为 1 100（即 1 100 000 ÷ 1 000）。

（3）应纳税额 =12 ×30 000 +4 ×1 100 =36.44（万元）。

例 2：某北方沿海一盐场，9 月份发生以下各项业务：

（1）生产海盐 7 万吨，盐场直接对外销售 5 万吨。

（2）用 3 万吨原盐加工成精制盐 2.5 万吨。

（3）交该地区公收单位统一销售盐 6 万吨。

根据规定，该单位每吨盐税额为 60 元。根据上述条件计算该盐场 9 月份应纳盐资源税。

解：盐场应纳税 =60 ×（50 000 +30 000）=480（万元）

公收单位代收代缴税款 =60 ×60 000 =360（万元）

二、资源税的纳税申报案例

案例 1

山西省某煤矿以生产煤炭、原煤为主，同时也小规模生产洗煤和选煤，某月该煤矿发生如下业务：

（1）外销原煤 5 000 吨，销售价为 600 元/吨。

（2）销售原煤 2 000 吨，销售价为 550 元/吨。

（3）销售本月生产的选煤 100 吨，选煤回收率为 70%，售价 1 200 元/吨。

（4）移送加工煤制品用原煤 1 500 吨。

（5）用本月生产的 80 吨选煤支付发电厂电费。

当月煤矿购进原材料及辅助材料准予抵扣的进项税额为 250 000 元。

山西省原煤资源税单位税额为 0.5 元/吨，月底煤矿计算应纳的资源税和增值税为：

应纳资源税课税数量为：5 000 +2 000 +100 +1 500 +80 =8 680（吨）

资源税应纳税额 =8 680 ×0.5 =4 340（元）

增值税销项额为：

（5 000 ×600 +2 000 ×550 +100 ×1 200 +80 ×1 200 +1 500 ×550）×17% =873 970（元）

增值税应纳税额 =873 970 −250 000 =623 970（元）

解析：由于有关财务人员不清楚资源税的征税范围，同时不了解增值税与资源税之间的关系以及煤所适用的增值税税率，导致该煤矿多缴税款 312 851.4 元。

第一，选煤不缴纳资源税，但要依加工的回收率转化为原煤计缴资源税。

现行资源税税法中有关煤的规定主要有：

（1）煤炭是资源的应税项目，它仅指原煤、洗煤、选煤和其他煤炭制品不征税。

（2）原煤应税数量是外销或自用的数量。

（3）煤炭，对于连续加工前无法正确计算原煤移送使用量的，可按加工产品的综合回收率，将加工产品实际销量和自用量折算为原煤数量作为课税税收政策数量。

由此可见，只有原煤才征收资源，对于洗煤、选煤以及其他煤炭制品，要根据加工的综合回收率折算为原煤后计缴资源税，因此，该矿厂实际缴纳的资源税为：

［5 000 + 2 000 + 1 500 + （100 + 80）/0.7］×0.5 = 4 378.6（元）

第二，资源税纳税人开采或者生产应税产品自用的资源，要以自用数量为课税对象缴纳资源税。但是，根据增值税法，将自产的货物用于生产应税项目，不属于视同销售行为，不用缴纳增值税。

因此，移送加工煤制品的 1 500 吨原煤不需缴纳增值税，只需缴纳资源税。

第三，煤炭制品适用的增值税率为 13% 而不是 17%。

因此，矿厂应纳增值税为：

（5 000 × 600 + 2 000 × 550 + 180 × 1 200）×13% − 250 000 = 311 080（元）

煤矿厂应纳增值税、资源税共计 315 458.6 元。

注意：选煤不缴纳资源税，但要依加工的回收率转化为原煤计缴资源税。现行资源税税法中有关煤的规定主要有：

（1）煤炭是资源税的应税项目，它专指原煤、洗煤、选煤和其他煤炭制品不征税。

（2）原煤应税数量是外销或自用的数量。

（3）煤炭，对于连续加工前无法正确计算原煤移送使用量的，可按加工产品的综合回收率，将加工产品实际销量和自用量折算为耗煤数量作为课税数量。

由此可见，只有原煤才征收资源税，对于洗煤、选煤以及其他煤炭制品，要根据加工的综合回收率折算为原煤后计缴资源税，因此，该矿厂实际应缴纳的资源税为：

资源税应纳税额 = 5 000 + 2 000 + 150 = 7 150（元）

案例 2

某盐场 10 月份生产液体盐 500 吨，其中对外销售 100 吨。当月生产固体盐 1 000 吨（本月已全部对外销售），共耗用液体盐 1 200 吨，其中 400 吨是本企业自产的液体盐，另 800 吨液体盐全部从另一盐场购进，已知液体盐单位税额每吨 3 元，固体盐单位税额每吨 25 元。该盐场应纳资源税计算如下：

（1）销售液体盐应纳资源税 = 100 × 3 = 300（元）

（2）销售固体盐应纳资源税 = 1 000 × 25 = 25 000（元）

（3）允许抵扣的外购液体盐已纳资源税 = 800 × 3 = 2 400（元）

合计应纳税额 = 300 + 25 000 − 2 400 = 22 900（元）

解析：税法规定，纳税人以自产的液体盐加工固体盐，按固体盐税额征税，以加工的固体盐数量为课税数量。纳税人以外购的液体盐加工固体盐，其加工固体盐所耗用液体盐的已纳税额准予抵扣。

三、资源税的纳税申报

资源税纳税申报表

填表日期：　　年　　月　　日　　　　金额单位：吨、m^3、克拉、元（列至角分）

纳税人识别号		纳税人名称	
税款所属时期	年　月　日至　年　月　日		

应税项目	资源等级	储量	产量	期初开采	当期开采	当期销售	当期自用	当期免税自用	计量单位	计税数量		单位税额	应纳税额	已纳税额	减免税额	批准缓税额	应补（退）税额
										自用量	销量						
1	2	3	4	5	6	7	8	9	10	11 = 8 − 9	12	13	14 = (11 + 12) × 13	15	16	17	18 = 14 − 15 − 16 − 17
合计																	

如纳税人填报，由纳税人填写以下各栏		如委托税务代理机构填报，由税务代理机构填写以下各栏		
会计主管（签章）	经办人（签章）	税务代理机构名称 税务代理机构地址		税务代理机构（公章）
申报声明	此纳税申报表是根据国家税收法律的规定填报的，我确信它是真实的、可靠的、完整的。 声明人： （法定代表人签字或盖章） （公章）	代理人（签章）	联系电话	
		以下由税务机关填写		
		收到申报表日期		接收人

填表说明：

1. 应税项目：按以下项目分别填写。

（1）原油。

（2）天然气。

（3）煤炭。

（4）其他非金属矿原矿征收范围中的石灰石项目单独填写。

（5）黑色金属矿原矿征收范围中的铁矿石项目单独填写。

（6）有色金属矿原矿征收范围按以下项目分别填写。

①铜矿石；

②铝土矿；

③其他有色金属矿原矿。

（7）盐按固体盐、液体盐项目分别填写。

2. 资源等级：根据国家规定填写。

3. 储量：填写国家有关部门测定的资源储量。

4. 产量：申报所属时期的产量。

5. 计量单位：吨；千立方米；克拉；50 立方米挖出量。

6. 计税数量：申报所属时期的自用量、销售数量。

7. 单位税额：根据资源税税额表（辽宁省部分）填写。

8. 应纳税额 = 计税数量 × 单位税额。

9. 应补（退）税额 = 应纳税额 - 已纳税额 - 减免税额 - 批准缓税额。

10. 本表为 A4 横式一式两联，一联纳税人留存，一联主管税务机关留存。

关于城镇土地使用税

知识点

一、城镇土地使用税的税制要素

1. 城镇土地使用税

城镇土地使用税是对在城市、县城、建制镇和工矿区范围内使用土地的单位和个人，按照实际占用土地面积征收的一种税。

我国 1984 年开征城镇土地使用税。1988 年 9 月，国务院正式颁布《中华人民共和国城镇土地使用税暂行条例》并于同年 11 月 1 日起实施。2006 年，对该条例进行了修订，新的《中华人民共和国城镇土地使用税暂行条例》（以下简称《城镇土地使用税暂行条例》）于 2007 年 1 月 1 日起实施。

2. 纳税人

在城市、县城、建制镇、工矿区范围内使用土地的单位和个人，为城镇土地使用税的纳税人。

城镇土地使用税由拥有土地使用权的单位和个人缴纳；拥有土地使用权的纳税人不在土地所在地的，由代管人或实际使用人纳税；土地使用权未确定或权属纠纷未解决的，由实际使用人纳税；土地使用权共有的，由共有各方分别纳税。承包、承租经营，并未发生房地产的权属转移，仍应由产权拥有单位即发包、出租单位缴纳土地使用税和房产税。

3. 征税范围

城镇土地使用税的征收范围为城市、县城、建制镇和工矿区。凡上述土地范围内的土地，不论是属于国家所有还是集体所有，都是城镇土地使用税的征税对象。其中，“城市”是指国务院批准设立的市；“县城”是指县人民政府所在地；“建制镇”是指经省、自治区、直辖市人民政府批准设立的建制镇；“工矿区”是指工商业比较发达，人口比较集中，符合国务院规定的建制镇标准，但尚未设立建制镇的大中型工矿企业所在地。工矿区须省、自治区、直辖市人民政府批准。

4. 计税依据与税率

城镇土地使用税以纳税人实际占用的土地面积为计税依据，依照规定税额计算征收。土地占用面积的组织测量工作，由省、自治区、直辖市人民政府根据实际情况确定。计税依据的确定有如下几种：一是以实际测定的土地面积为计税依据；二是以土地使用证书确认的土地面积为计税依据；三是以纳税人据实申报的土地面积为计税依据。对于共有土地的，土地使用权共有各方，应按其实际使用的面积占总面积的比例，分别计算缴纳土地使用税。

根据《城镇土地使用税暂行条例》第四条规定，土地使用税每平方米年税额如下：

（1）大城市 1.5 ~ 30 元。

（2）中等城市 1.2 ~ 24 元。

（3）小城市 0.9 ~ 18 元。

（4）县城、建制镇、工矿区 0.6 ~ 12 元。

上述大、中、小城市是以公安部门登记在册的非农业正式户口人数为依据，按照国务院颁布的《城市规划条例》规定的标准划分的。其中，市区及郊区非农业人口在 50 万以上的称为大城市；市区及郊区非农业区人口在 20 万至 50 万的称为中等城市；市区及郊区非农业人口在 20 万以下的称为小城市。

根据《城镇土地使用税暂行条例》规定，各省、自治区、直辖市人民政府应当在法定税额幅度内，根据市政建设状况、经济繁荣程度等条件，确定所辖地区的适用税额幅度。市、县人民政府应当根据实际情况，将本地区土地划分为若干等级，在省、自治区、直辖市人民政府确定的税额幅度内，制定适用税额标准，报省、自治区、直辖市人民政府批准执行。

经省、自治区、直辖市人民政府批准，经济落后地区的城镇土地使用税适用税额标准可以适当降低，但降低额不得超过规定的最低税额的 30%。经济发达地区城镇土地使用税的适用税额标准可以适当提高，但须报经财政部批准。

城镇土地使用税税率表

城市级别	人口（人）	每平方米税额（元）
大城市	50 万以上	1.5 ~ 30
中等城市	20 万 ~ 50 万	1.2 ~ 24
小城市	20 万以下	0.9 ~ 18
县城、建制镇、工矿区	—	0.6 ~ 12

5. 纳税期限

城镇土地使用税实行按年计算，分期缴纳的征收办法，具体纳税期限由省、自治区、直辖市人民政府统一规定。

6. 税收优惠

根据《城镇土地使用税暂行条例》第六条的规定，下列土地免缴土地使用税：

（1）国家机关、人民团体、军队自用的土地。

（2）由国家财政部门拨付事业经费的单位自用的土地。

（3）宗教寺庙、公园、名胜古迹自用的土地。

（4）市政街道、广场、绿化地带等公共用地。

（5）直接用于农、林、牧、渔业的生产用地。

（6）经批准开山填海整治的土地和改造的废弃土地，从使用月份起免缴土地使用税 5～10 年。享受免缴土地使用税 5～10 年的填海整治土地，是指纳税人经有关部门批准后自行填海整治的土地，不包括纳税人通过出让、转让、划拨方式取得的已填海整治的土地。

（7）由财政部另行规定免税的能源、交通、水利设施用地和其他用地。

二、城镇土地使用税的注意事项

（1）纳税人实际占用的土地面积，由省、自治区、直辖市人民政府确定的单位组织测定。尚未组织测量，但纳税人持有政府部门核发的土地使用证书的，以证书确认的土地面积为准；尚未核发土地使用证书的，应由纳税人据实申报土地面积。

（2）新征用的土地，按照下列规定征收土地使用税：

①征用的耕地，自批准征用之日起满一年时开始缴纳土地使用税；

②征用的非耕地，自批准征用之次月起缴纳土地使用税。

（3）闲置未用的土地应缴纳土地使用税。

（4）土地使用权共有的，应按各方实际使用的土地面积，分别计算缴纳土地使用税。如综合楼分属几个单位使用，按各自占用的建筑面积计算占用土地面积缴纳土地使用税。其计算方法是：

应交土地使用税土地面积＝该单位使用的建筑面积×综合楼使用土地面积（平方米）÷综合楼全部建筑面积（平方米）

能力点

一、城镇土地使用税的计算

1. 计算公式

年应纳税额＝∑（各级次应税土地面积×该级次土地单位税额）

即以企业土地所在地，找出所属等级，以及对应的年税额，然后乘以总土地面积扣除免税土地面积后的余额，计算得出年度应缴纳的土地使用税。

2. 计算举例

例 1：某企业使用一栋建筑物，该建筑物占用土地面积 1 000 平方米，建筑面积 5 000 平方米。经过税务机关核定，该土地为应税土地，每平方米应税金额为 5 元/年，请计算该企业全年的应税土地使用税税额。

解：全年应纳税额＝1 000×5＝5 000（元）

例2：红光企业实际占用土地面积30 000平方米，其中企业内部绿化面积4 000平方米，企业内部学校和医院共占用土地面积1 000平方米，经过税务机关核定，该土地每平方米年税额为5元，请计算该企业年应纳土地使用税税额。

解：全年应纳税额 =（30 000 - 1 000）×5 = 145 000（元）

二、城镇土地使用税的纳税申报案例

案例1

某县地方税务稽查局于2009年8月对位于城郊的国有企业远洋公司的2001年1~6月纳税情况进行检查。在检查城镇土地使用税纳税情况时，检查人员发现A公司提供的政府部门核发的土地使用证书显示：A公司实际占地面积80 000平方米，其中：

（1）企业内学校和医院共占地2 000平方米。

（2）厂区外公共绿化用地5 000平方米，厂区内生活小区的绿化用地1 000平方米。

（3）2009年1月1日，公司将一块1 000平方米的土地对外出租给另一企业，用以生产经营。

（4）2009年3月1日，将一块1 500平方米的土地无偿借给某国家机关作公务使用。

（5）与某外商投资企业共同拥有一块面积为5 000平方米的土地，其中远洋公司实际占有面积为3 000平方米，其余归外商投资企业使用。

（6）2009年5月1日，新征用厂区附近的两块土地共计4 000平方米，一块是征用的耕地，面积为2 800平方米，另一块是征用的非耕地，面积为1 200平方米。

（7）除上述土地外，其余土地均为公司生产经营用地（该公司所在地适用税额为1元/平方米）。

解析：（1）税法规定，企业办的学校、医院、托儿所、幼儿园自用的土地，比照由国家财政部门拨付事业经费的单位自用的土地，免征城镇土地使用税。

（2）对企业厂区（包括生产、办公及生活区）以内的绿化用地，应按规定缴纳城镇土地使用税，厂区以外的公共绿化用地和向社会开放的公园用地，暂免征收城镇土地使用税。

应纳税额 = 1 000 × 1 ÷ 2 = 500（元）

（3）土地使用权出租的，由拥有土地使用权的企业缴纳城镇土地使用税。该公司不缴税。

（4）税法规定，对免税单位无偿使用纳税单位的土地，免征城镇土地使用税；对纳税单位无偿使用免税单位的土地，纳税单位照章缴纳城镇土地使用税。本题中承租土地的国家机关免予缴纳城镇土地使用税。A公司2001年1~2月应纳税额为：

1 500 × 1 × 2 ÷ 12 = 250（元）

（5）土地使用权共有的，由共有各方分别纳税。对外商投资企业、外国企业和外籍人员暂不适用城镇土地使用税。

应纳税额 = 3 000 × 1 ÷ 2 = 1 500（元）

（6）税法规定，对征用的耕地因缴纳了耕地占用税，从批准征用之日起满一年后征收城镇土地使用税；征用的非耕地因不需要缴纳耕地占用税，应从批准征用之次月起征收城镇土地使用税。因此，A公司上半年只需对征用的非耕地缴纳6月份一个月的城镇土地使用税。

应纳税额 = 1 200 × 1 ÷ 12 = 100（元）

（7）应纳税额 =（80 000 − 2 000 − 5 000 − 1 000 − 1 000 − 1 500 − 3 000 − 4 000）×1 ÷ 2
=31 250（元）

综上，该公司2001年1 ~ 6月合计应纳城镇土地使用税为：

500 + 250 + 1 500 + 100 + 31 250 = 33 600（元）

案例2

某公园占用土地面积25 000平方米，其中850平方米为其办公占用面积，经营性茶社占用面积1 000平方米，当地每平方米土地使用税10元，该公园应交土地使用税（　　）。

A. 250 000元　　B. 10 000元

C. 8 500元　　D. 0元

解析：答案B。应交土地使用税 = 1 000 × 10 = 10 000（元）。《城镇土地使用税暂行条例》第六条规定，宗教寺庙、公园、名胜古迹自用的土地免征土地使用税。公园参观游览用地和管理单位的办公用地免税，但其生产、经营用地和其他用地，不属于免税范畴。

案例3

某公司与政府机关共同使用一栋共有土地使用税的建筑物。该建筑物占用土地面积1 000平方米，建筑面积10 000平方米（公司与机关的占用比例为4∶1），该公司所在的市城镇土地使用税单位税额每平方米5元。该公司应纳城镇土地使用税（　　）。

A. 2 000元　　B. 4 000元

C. 8 000元　　D. 10 000元

解析：答案B。《城镇土地使用税暂行条例》规定，土地使用权共有的，各方应分别纳税，其中政府机关为免税单位，则某公司应以其实际使用的土地面积纳税，应纳城镇土地使用税 = 1 000 ÷ 5 × 4 × 5 = 4 000（元）。

三、城镇土地使用税的纳税申报

城镇土地使用税纳税申报表

纳税人识别号 | | | | | | | | | | | | | | | | | | | |

纳税人名称：（公章）

税款所属期限：自　年　月　日至　年　月　日

填表日期：　年　月　日　　　　金额单位：元（列至角分）

土地等级	应税面积	单位税额	本期应纳税额	本期已缴税额	本期应补（退）税额
1	2	3	4	5	6 = 4 − 5
合计		—			

（续上表）

<table>
<tr><td rowspan="6">纳税人或代理人声明：
此纳税申报表是根据国家税收法律的规定填报的，我确信它是真实的、可靠的、完整的。</td><td colspan="6">如纳税人填报，由纳税人填写以下各栏</td></tr>
<tr><td>经办人
（签章）</td><td></td><td>会计主管
（签章）</td><td></td><td>法定代表人
（签章）</td><td></td></tr>
<tr><td colspan="6">如委托代理人填报，由代理人填写以下各栏</td></tr>
<tr><td>代理人名称</td><td colspan="2"></td><td colspan="3" rowspan="3">代理人（公章）</td></tr>
<tr><td>经办人（签章）</td><td colspan="2"></td></tr>
<tr><td>联系电话</td><td colspan="2"></td></tr>
</table>

以下由税务机关填写：

受理人：　　　　　　受理日期：　　　　　　受理税务机关（签章）：

填表说明：

1. 本表适用于城镇土地使用税纳税人填报。

2. 本表按照土地等级分别填报，各土地等级对应栏次根据附表“年初申报土地面积”和“年内增减占地面积”相同土地等级对应栏次的合计填写。

关于房产税

知识点

一、房产税的税制要素

1. 房产税

房产税是以房屋为征税对象，按房屋的计税余值或租金收入为计税依据，向产权所有人征收的一种财产税。

现行的房产税是第二步利改税以后开征的，1986 年 9 月 15 日，国务院正式发布了《中华人民共和国房产税暂行条例》，从当年 10 月 1 日起开始实施。

2. 房产税纳税人

在中国境内拥有房屋产权的单位和个人为房产税的纳税人。房产税的纳税义务人包括：

（1）产权属国家所有的，由经营管理单位纳税；产权属集体和个人所有的，由集体单位和个人纳税。

（2）产权出典的，由承典人纳税。

（3）产权所有人、承典人不在房屋所在地的，由房产代管人或者使用人纳税。

（4）产权未确定或租典纠纷未解决的，由房产代管人或者使用人纳税。

（5）无租使用其他房产。纳税单位和个人无租使用房产管理部门、免税单位及纳税单位的房产，应由使用人代为缴纳房产税。

3. 征税对象和征税范围

房产税的征税对象是房产。所谓房产，是指有屋面和围护结构，能够遮风避雨，可供人们在其中生产、学习、工作、娱乐、居住或储藏物资的场所。但独立于房屋的建筑物如围墙、暖房、水塔、烟囱、室外游泳池等不属于房产。室内游泳池属于房产。

由于房地产开发企业开发的商品房在出售前，对房地产开发企业而言是一种产品，因此，对房地产开发企业建造的商品房，在售出前，不征收房产税；但对售出前房地产开发企业已使用或出租、出借的商品房应按规定征收房产税。

征税范围：城市、县城、建制镇、工矿区，不包括农村的房屋。

4. 计税依据与税率

按照房产余值征税的，称为从价计征；按照房产租金收入计征的，称为从租计征。

（1）计税依据。

①从价计征。房产税依照房产原值一次减除 10% ~30% 后的余值计算缴纳。扣除比例由当地政府规定。房产原值：应包括与房屋不可分割的各种附属设备或一般不单独计算价值的配套设施。主要有：暖气、卫生、通风等。纳税人对原有房屋进行改建、扩建的，要相应增加房屋的原值。

②从租计征。房产出租的，以房产租金收入为房产税的计税依据。

（2）税率。

①按房产余值计征的，年税率为 1.2%。

②按房产出租的租金收入计征的，税率为 12%。但对个人按市场价格出租的居民住房，用于居住的，可暂减按 4% 的税率征收房产税。

5. 税收优惠

（1）国家机关、人民团体、军队自用的房产免征房产税。但上述免税单位的出租房产不属于免税范围。

（2）由国家财政部门拨付事业经费的单位自用的房产免征房产税。但如学校的工厂、商店、招待所等应照章纳税。

（3）宗教寺庙、公园、名胜古迹自用的房产免征房产税。但经营用的房产不免。

（4）个人所有非营业用的房产免征房产税。但个人拥有的营业用房或出租的房产，应照章纳税。

（5）对行使国家行政管理职能的中国人民银行总行所属分支机构自用的房地产，免征房产税。

（6）经财政部批准免税的其他房产：

A. 老年服务机构自用的房产免税。

B. 损坏不堪使用的房屋和危险房屋，经有关部门鉴定，在停止使用后，可免征房产税。

C. 纳税人因房屋大修导致连续停用半年以上的，在房屋大修期间免征房产税，免征税额由纳税人在申报缴纳房产税时自行计算扣除，并在申报表附表或备注栏中作相应说明。

D. 在基建工地为基建工地服务的各种工棚、材料棚、休息棚和办公室、食堂、茶炉房、汽车房等临时性房屋，在施工期间，一律免征房产税。但工程结束后，施工企业将这种临时性房屋交还或估价转让给基建单位的，应从基建单位减收的次月起，照章纳税。

E. 为鼓励地下人防设施，暂不征收房产税。

F. 从1988年1月1日起，对房管部门经租的居民住房，在房租调整改革之前收取租金偏低的，可暂缓征收房产税。对房管部门经租的其他非营业用房，是否给予照顾，由各省、自治区、直辖市根据当地具体情况按税收管理体制的规定办理。

G. 对高校后勤实体免征房产税。

H. 对非营利性的医疗机构、疾病控制机构和妇幼保健机构等卫生机构自用的房产，免征房产税。

I. 从2001年1月1日起，对按照政府规定价格出租的公有住房和廉租住房，包括企业和自收自支的事业单位向职工出租的单位自有住房，房管部门向居民出租的私有住房等，暂免征收房产税。

J. 对邮政部门坐落在城市、县城、建制镇、工矿区范围内的房产，应当依法征收房产税；对坐落在城市、县城、建制镇、工矿区范围以外的在县邮政局内核算的房产，在单位财务账中划分清楚的，从2001年1月1日起不再征收房产税。

K. 向居民供热并向居民收取采暖费的供热企业的生产用房，暂免征收房产税。这里的"供热企业"不包括从事热力生产但不直接向居民供热的企业。

L. 自2006年1月1日起至2008年12月31日，对为高校学生提供住宿服务并按高教系统收费标准收取租金的学生公寓，免征房产税。

对从原高校后勤管理部门剥离出来而成立的进行独立核算并有法人资格的高校后勤经济实体自用的房产，免征房产税。

（7）从2001年1月1日起，对个人按市场价格出租的居民住房，用于居住的，可暂减按4%的税率征收房产税。

二、房产税计算的注意事项

税法规定，房产税的征税对象是房屋。房产原值是指纳税人按照会计制度规定，在账簿"固定资产"科目中记载的房屋原价。因此，对于房产税的计算应当紧密围绕房产原值的会计核算进行，核算时应注意以下五点问题：

（1）对投资联营的房产，在计征房产税时应予以区别对待。共担风险的，按房产余值作为计税依据，计征房产税；对收取固定收入的，应由出租方按租金收入计缴房产税。

（2）对融资租赁房屋的情况，在计征房产税时应以房产余值计算征收，租赁期内房产税的纳税人，由当地税务机关根据实际情况确定。

（3）新建房屋交付使用时，如中央空调设备已计算在房产原值之中，则房产原值应包括中央空调设备；旧房安装空调设备，一般都作单项固定资产入账，不应计入房产原值。

（4）《关于廉租住房经济适用住房和住房租赁有关税收政策的通知》（财税〔2008〕24号）第二条规定，对个人出租住房，不区分用途，按4%的税率征收房产税；对企事业单位、社会团体以及其他组织按市场价格向个人出租用于居住的住房，减按4%的税率征收房产税。

（5）《关于进一步明确房屋附属设备和配套设施计征房产税有关问题的通知》（国税发〔2005〕173号）规定，凡以房屋为载体，不可随意移动的附属设备和配套设施，如给排水、采暖、消防、中央空调、电气及智能化楼宇设备等，无论在会计核算中是否单独记账与核算，都应计入房产原值，计征房产税；对于更换房屋附属设备和配套设施的，在将其价值计入房产原值时，可扣减原来相应设备和设施的价值；对附属设备和配套设施中易损坏、需要经常更换的零配件，更新后不再计入房产原值。

能力点

一、房产税的计算

1. 从价计征的计算

从价计征是按房产的原值减除一定比例后的余值计征，其公式为：

应纳税额 = 应税房产原值 ×（1 - 扣除比例）× 年税率 1.2%

2. 从租计征的计算

从租计征是按房产的租金收入计征，其公式为：

应纳税额 = 租金收入 × 12%

3. 计算举例

（1）地上建筑物房产税的计算。

例 1：王敏出租自有房屋供他人经商，每月取得租金收益 5 000 元，房产税适用税率为 12%，计算王敏应缴全年房产税税额。

解：全年应纳税额 = 5 000 × 12% × 12 = 7 200（元）

例 2：王敏所在公司地上经营用房产原值为 3 000 万元，该省规定允许减除 20% 之后计税，房产税适用税率为 1.2%，计算王敏所在公司的全年应纳房产税税额。

解：全年应纳税额 = 3 000 ×（1 - 20%）× 1.2% = 28.8（万元）

（2）地下建筑物。

例 3：某省一企业 2008 年度自有房屋 10 栋，其中 8 栋用于经营生产，房产原值 1 000 万元，不包括冷暖通风设备 60 万元；2 栋房屋租给某公司作经营用房，年租金收入 50 万元。试计算该企业当年应纳的房产税（注：该省规定按房产原值一次扣除 20% 后的余值计税）。

解：自用房产应纳税额 = [（1 000 + 60）×（1 - 20%）] × 1.2% = 10.176（万元）

租金收入应纳税额 = 50 × 12% = 6（万元）

全年应纳房产税额 = 10.176 + 6 = 16.176（万元）

二、房产税纳税申报案例

案例 1

2007 年 4 月，某企业将其与办公楼相连的地下停车场和另一独立的地下建筑物改为地下生产车间，停车场原值 100 万元，地下建筑物原价 200 万元，该企业所在省财政和地方税务部门确定地下建筑物的房产原价的折算比例为 50%，房产原值减除比例为 30%。该企业以上两处地下建筑物 2007 年 4 月至 12 月应缴纳房产税为（　　）万元。

A. 0.95　　B. 1.15　　C. 1.26　　D. 1.89

解析： 答案为 A。4 月至 12 月应缴纳房产税 =（100 + 200）×50% ×（1 - 30%）× 1.2% ×9 ÷12 = 0.95（万元）。税法规定，工业用途房产，以房屋原价的 50% ~60% 作为应税房产原值。应纳房产税的税额 = 应税房产原值 ×［1 -（10% ~30%）］×1.2%；商业和其他用途房产，以房屋原价的 70% ~80% 作为应税房产原值。应纳房产税的税额 = 应税房产原值 ×［1 -（10% ~30%）］×1.2%。房屋原价折算为应税房产原值的具体比例，由各省、自治区、直辖市和计划单列市财政和地方税务部门在上述幅度内自行确定。对于与地上房屋相连的地下建筑，如房屋的地下室、地下停车场、商场的地下部分等，应将地下部分与地上房屋视为一个整体按照地上房屋建筑的有关规定计算征收房产税。

案例 2

某企业有房屋 12 栋，其中 10 栋用于生产经营，房产原值共计 12 000 万元，1 栋（原值 400 万元）用作幼儿园和职工学校，1 栋（原值 600 万元）出租给其他企业，年租金 80 万元。房产原值减除比例为 30%。该企业 2007 年应缴纳房产税（　　）万元。

A. 100.80　B. 110.40　C. 113.76　D. 119.20

解析： 答案 B。根据税法规定，幼儿园和职工学校用房免征房产税。

应纳房产税 = 12 000 ×（1 - 30%）×1.2% + 80 ×12% = 110.40（万元）

三、房产税的纳税申报

房产税纳税申报表

税款所属时期：　　年　　月　　日至　　年　　月　　日　　　　　　　　计算单位：元、平方米

<table>
<tr><td rowspan="2">纳税人名称</td><td rowspan="2"></td><td>纳税编码</td><td colspan="2"></td><td colspan="2">身份证号码（个人）</td><td colspan="3"></td><td>电话</td></tr>
<tr><td>房产所属税务机关</td><td colspan="2"></td><td colspan="2">组织机构代码（单位）</td><td colspan="4"></td></tr>
<tr><td>房产登记编号</td><td>房产地址</td><td>房屋名称（楼名、栋号、房号）</td><td>房产用途</td><td>房产原值</td><td>计税余值</td><td>适用税率</td><td>年应缴纳税额</td><td>本期应缴税额</td><td>本期减免税额</td><td>本期实缴税额</td></tr>
<tr><td></td><td></td><td></td><td></td><td></td><td></td><td></td><td></td><td></td><td></td><td></td></tr>
<tr><td></td><td></td><td></td><td></td><td></td><td></td><td></td><td></td><td></td><td></td><td></td></tr>
<tr><td></td><td></td><td></td><td></td><td></td><td></td><td></td><td></td><td></td><td></td><td></td></tr>
<tr><td colspan="2">合计</td><td></td><td></td><td></td><td></td><td></td><td></td><td></td><td></td><td></td></tr>
</table>

（续上表）

申报人声明	本人对所提交的文件、证件以及填写内容的真实性、有效性和合法性承担责任，如有虚假内容，申报人依法承担相关责任。 法定代表人（自然人申报人）签名（盖章）： 年 月 日	授权人声明	现授权　　为本申报人本次申报事项的代理人，其法人代表　　，电话　　。 若采取邮寄方式送达申报有关往来文件，请寄给下列收件人： □申报人；□代理人。 委托代理合同编号： 授权人（法定代表、自然人申报人）签名（盖章）： 年 月 日	代理人声明	本申报事项根据国家税收法律法规及国家、税务机关的有关规定填报，如有虚假内容，代理人依法承担相关责任。 代理人（法定代表、自然人申报人）签名（盖章）： 年 月 日	特别声明	本人同意按照税务机关登记的本申报人的房地产信息申报纳税。 法定代表人（自然人申报人）签名（盖章）： 年 月 日
受理税务机关（章）：			受理录入日期：		受理录入人：		

填表说明：

1. “房产所属税务机关”，指房产所在地的主管税务机关。

2. “房产用途”，用数字表示：①工业；②商业；③居住；④办公；⑤旅馆业；⑥其他。

3. “房产原值”，指取得房产时的账面价值或购买价值（包括企业出租房产原值）。

4. “计税余值”，指按房产原值申报缴纳房产税的房产，其计税余值等于房产原值的70%。

5. “适用税率”，分三种：a. 按房产原值征税的适用1.2%的税率；b. 按租金征税的适用12%的税率，纳税人申报时请填写“综合申报表”；c. 个人出租房产暂适用4%的税率，纳税人申报时请填写“综合申报表”。

6. “本期应缴税额”，等于年应缴纳税额/4（房产税一般规定按季或按半年征收一次，年应缴纳税额/4是本期数）。

7. “本期实缴税额”，等于本期应缴税额－本期减免税额。

关于车船税

知识点

一、车船税的税制要素

1. 车船税

车船税指对在我国境内应依法到公安、交通、农业、渔业、军事等管理部门办理登记的车辆、船舶，根据其种类，按照规定的计税依据和年税额标准计算征收的一种财产税。

1951 年，中央人民政府政务院颁布了《车船使用牌照税暂行条例》，1986 年进行了调整。2006 年 12 月 29 日颁布《中华人民共和国车船税暂行条例》，于 2007 年 1 月 1 日起开征车船税。

2. 纳税人

根据《中华人民共和国车船税暂行条例》及其实施细则的规定：车船税由车船的所有人或者管理人缴纳。其中，所有人是指在我国境内拥有车船的单位和个人；管理人是指对车船具有管理使用权，但不具有所有权的单位。上述所称的单位包括国有企业、集体企业、私营企业、股份制企业、外商投资企业、外国企业以及其他企业和事业单位、社会团体、国家机关、军队以及其他单位；所称的个人，包括个体工商户以及其他个人。

3. 征税范围

车船税的征税范围为在我国境内应依法到公安、交通、农业、渔业、军事等管理部门办理登记的车辆、船舶。对不使用的车船或只限于企业内部行驶，不到公路行驶的车船不征税。具体包括：

（1）载客汽车（包括电车）。

（2）载货汽车（包括半挂牵引车、挂车）。

（3）三轮汽车、低速货车。

（4）摩托车。

（5）船舶（包括拖船和非机动驳船）。

（6）专项作业车、轮式专用机械车。

4. 计税依据

车船税的计税依据，按照车船的种类和性能，分别确定为辆、自重吨位和净吨位三种。

（1）载客汽车、电车、摩托车，以每辆为计税依据。

（2）载货汽车、三轮汽车、低速货车，按自重每吨为计税依据。

（3）船舶，按净吨位每吨为计税依据。

5. 税率

车船税采用定额税率。船舶的适用税额，依照《中华人民共和国车船使用税暂行条例》所附的“船舶税额表”计算；车辆的适用税额，由省、自治区、直辖市人民政府在《中华人民共和国车船使用税暂行条例》所附的“车辆税额表”规定的幅度内确定。

车船税税率表

税目	计税单位	每年税额	备注
载客汽车	每辆	60～660元	包括电车
载货汽车	按自重每吨	16～120元	包括半挂牵引车、挂车
三轮汽车、低速货车	按自重每吨	24～120元	—
摩托车	每辆	36～180元	—
船舶	按净吨位每吨	3～6元	拖船和非机动驳船分别按船舶税额的50%计算

6. 税收优惠

（1）法定减免。

① 非机动车船（不包括非机动驳船）；

② 拖拉机；

③ 捕捞、养殖渔船；

④ 军队、武警专用的车船；

⑤ 警用车船；

⑥ 按照有关规定已经缴纳船舶吨税的船舶；

⑦ 依照我国有关法律和我国缔结或者参加的国际条约的规定应当予以免税的外国驻华使馆、领事馆和国际组织驻华机构及其有关人员的车船。

（2）特定减免。

① 对尚未在车辆管理部门办理登记，属于应减免税的新购置车辆，车辆所有人或管理人可提出减免税申请，并提供机构或个人身份证明文件和车辆权属证明文件以及地方税务机关要求的其他相关资料。经税务机关审验符合车船税减免条件的，税务机关可为纳税人出具该纳税年度的减免税证明，以方便纳税人购买机动车交通事故责任强制保险。

新购置应予减免税的车辆所有人或管理人在购买机动车交通事故责任强制保险时已缴纳车船税的，在办理车辆登记手续后可向税务机关提出减免税申请，经税务机关审验符合车船税减免税条件的，税务机关应退还纳税人多缴的税款。

② 省、自治区、直辖市人民政府可以根据当地实际情况，对城市、农村公共交通车船给予定期减税、免税。

二、车船税计算的注意事项

（1）对于已向主管税务机关申报缴纳了当年度机动车辆车船税的纳税人，在到保险机构购买该车辆的“交强险”时，不需再次缴纳车船税。但纳税人在购买“交强险”时，应向保险机构提供已完税车辆的完税凭证。保险机构将完税凭证的有关信息录入业务系统，并将完税凭证的复印件存档备查。

（2）根据《机动车交通事故责任强制保险条例》规定不需要投保“交强险”但属于车船税征税范围的车辆，应到其所在地的区地方税务局（税务所）申报缴纳车船税。

（3）纳税人所有或者管理的车辆若有新增、过户、报废、灭失等情况，应先办理相应的登记（包括变动和注销登记）手续后，再办理纳税申报。在办理上述手续前，若存在欠缴税款，则首先应清缴相应的欠税，再办理登记、申报手续。

（4）新增置的车船，纳税人从车船管理部门登记之日起当年内向所在地的区地方税务局（税务所）或地方税务机关委托的代征单位、代收代缴机构办理车船登记及纳税申报手续。纳税人如果没有办理车船的登记手续，则以车船购置发票所载开具时间的当月作为纳税义务开始的时间；若纳税人无法提供车船购置发票，则由地方税务机关核定纳税义务开始的时间。

（5）境外机动车临时入境、机动车临时上道路行驶、机动车距规定的报废期限不足一年而购买短期"交强险"的，车船税从"交强险"有效期起始日的当月至截止日的当月按月计算。

能力点

一、车船税的计算

1. 计算公式

载客汽车和摩托车的应纳税额 = 辆数 × 适用年税额

载货汽车、三轮汽车、低速货车的应纳税额 = 自重吨位数 × 适用年税额

船舶的应纳税额 = 净吨位数 × 适用年税额 × 50%

2. 在特殊情况下车船税应纳税款、欠缴车船税的车辆补缴税款及滞纳金的计算方式

国家税务总局、中国保险监督管理委员会联合下发的《关于保险机构代收代缴车船税有关问题的通知》，明确了在特殊情况下车船税应纳税款、欠缴车船税的车辆补缴税款及滞纳金的计算方式。

（1）短期限按实际月份缴。境外机动车临时入境、机动车临时上路行驶、机动车距规定的报废期限不足一年而购买短期"交强险"的车辆，保单中"当年应缴"项目的计算公式为：

当年应缴税额 = 计税单位 × 年单位税额 × 应纳税月份数/12

其中，应纳税月份数为"交强险"有效期起始日期的当月至截止日期当月的月份数。

已向税务机关缴税或税务机关已经批准免税的车辆，保单中"当年应缴"项目应为0；对于已被批准减税的机动车，保单中"当年应缴"应根据减税前应纳税额扣除依据减税证明中减税幅度计算的减税额确定，即：

减税车辆应纳税额 = 减税前应纳税额 ×（1 − 减税幅度）

（2）往年没缴补缴一并计算。根据国税总局和中国保监会下发的通知中规定的车船税计算方式，对于2007年1月1日前购置的车辆或者曾经缴纳过车船税的车辆，保单中"往年补缴"项目的计算公式为：

往年补缴额 = 计税单位 × 年单位税额 ×（本次缴税年度 − 前次缴税年度 − 1）

纳税人从未缴纳车船税的，前次缴税年度设定为2006年。

对于2007年1月1日以后购置的车辆，纳税人从购置时起一直未缴纳车船税的，保单中"往年补缴"项目的计算公式为：

往年补缴 = 购置当年欠缴的税款 + 购置年度以后欠缴税款

购置当年欠缴的税款 = 计税单位 × 年单位税额 × 应纳税月份数/12

应纳税月份数为车辆登记日期的当月起至该年度终了的月份数。

若车辆未到车船管理部门登记，则应纳税月份数为购置日期的当月起至该年度终了的月份数。

购置年度以后欠缴税款 = 计税单位 × 年单位税额 ×（本次缴税年度 - 车辆登记年度 - 1）

（3）滞纳金的计算。对于纳税人在应购买“交强险”截止日期以后购买“交强险”的，或以前年度没有缴纳车船税的，在代收代缴税款的同时，还应代收代缴欠缴税款的滞纳金。保单中“滞纳金”项目为各年度欠税应加收滞纳金之和。

每一年度欠税应加收的滞纳金 = 欠税金额 × 滞纳天数 × 0.5‰

滞纳天数的计算自应购买“交强险”截止日期的次日起到购买“交强险”当日止。纳税人连续两年以上欠缴车船税的，应分别计算每一年度欠税应加收的滞纳金。

3. 计算举例

例 1：广运公司拥有出租小汽车 50 辆，大客车 10 辆，按照当地的规定这两种车的车船税年税额标准为 400 元和 500 元，计算该公司全年应纳车船税税额。

解：年应纳税额 = 50 × 400 + 500 × 10 = 25 000（元）

例 2：某运输公司拥有并使用以下车辆和船舶：①从事运输用的自重为 2 吨的三轮汽车 5 辆；②自重 5 吨载货卡车 10 辆；③净吨位为 4 吨的拖船 5 辆；④2 辆的客车，乘人人数为 20 人。当地政府规定，载货汽车和载货三轮汽车的车辆税额为 60 元/吨，乘坐 20 人客车税额为 500 元/辆，船舶每年税额 6 元/吨。要求：计算该公司当年应纳车船税。

解：①从事运输用的自重为 2 吨的三轮汽车 5 辆：

2 × 60 × 5 = 600（元）

②自重 5 吨载货卡车 10 辆：

5 × 60 × 10 = 3 000（元）

③净吨位为 4 吨的拖船 5 辆：

4 × 6 × 50% × 5 = 60（元）

④2 辆的客车，乘人人数为 20 人：

500 × 2 = 1 000（元）

本企业共纳车船税 = 600 + 3 000 + 60 + 1 000 = 4 660（元）

二、车船税的纳税申报案例

案例 1

广州市 2007 年度车船税从 7 月 1 日起已经开始征收，车牌号码末位数为 3 ~ 9 的，应在 2007 年 9 月底前申报纳税；车牌号码末位数为“0”、“1”、“2”的，应分别在 10 月、11 月、12 月申报纳税。

车牌末位确定缴税时间：

广州市 2007 年度车船税暂不实行保险机构代扣代缴，仍按原有的方式征收。例如：车牌号码为“粤 A54321”，车牌号码末位数是“1”，其申报纳税时间为 11 月份，如此类推。符合减免税规定的纳税人，须于 2007 年年内到主管地税机关办理减免税手续。

部分车型税额标准调整：

根据《关于征收车船税的通知》规定，广州市适当调整了车船税税目分类和税额标准。其中，载客汽车类按大型客车、中型客车、小型客车、微型客车四类分别确定年税额为600、480、420、240元，其余七类车辆年税额均为96元。

三种方式皆可顺利纳税：

在交税方式上，各车主可到已办理委托代征的银行、邮政网点交纳车船税，或通过市内各电子交费系统（好易、e路通、交费易）自助缴税，也可直接到各区地税局办税大厅前台申报缴税。

案例2

新车船税税目税额表中标示，发动机气缸总排气量小于或等于1升的微型客车年税额为300元，小于或等于9人的小型客车年税额为480元。

纳税人李先生开的松花江小面排气量是0.9升，但行驶本上却写着"小型客车，准乘5人以下"，那么他的车该按照哪个标准缴纳车船税呢?

解析：车船税是按照《中华人民共和国车船税暂行条例》和《中华人民共和国车船税暂行条例实施细则》规定的标准进行收缴的，如果是排气量小于或者等于1升的微型客车，但行驶本上的登记车型是小型客车，那么应按照微型客车的标准缴纳年税额300元的车船税。由于行驶本上的车型与车船税的缴税标准不一致，所以李先生应持机动车登记证书或车辆检验合格证到税务机关设置的征收窗口缴纳税款。

三、车船税的纳税申报

车船税纳税申报表

填报日期：　　年　　月　　日　　　　申报流水号：

纳税人税务登记号　　　　　　　　所属时期　年　月　日至　年　月　日

纳税人电脑编码　　　　　　　　管理机关

正常申报□ 自行补报□ 稽查自查申报□ 延期申报预缴□　　　　计算单位：元（列至角分）/吨

纳税人名称（盖章）		注册地址				注册类型	
开户银行		账号		联系电话		邮政编码	

车船牌照号码	税款所属期	车船类别	计税数量	单位税额	应纳税额	扣除税（费）额		实际应缴纳税额
						减免税额	抵缴税额	

（续上表）

合计									
如纳税人填报，由纳税人填写以下各栏				如委托税务代理机构填报，由税务代理机构填写以下各栏					
纳税人声明：此纳税申报表是根据国家税收法律的规定填报的，我确定它是真实的、可靠的、完整的。 声明人签名：				代理人声明：此纳税申报表是根据国家税收法律的规定填报的，我确定它是真实的、可靠的、完整的。 声明人签名：					
主管会计		经办人		税务代理机构名称		税务代理机构地址		经办人	
受理人		年 月 日	审核人		年 月 日	录入人		年 月 日	

关于印花税

知识点

一、印花税的税制要素

1. 印花税

印花税是以经济活动中签立的各种合同、产权转移书据、营业账簿、权利许可证照等应税凭证文件为对象所征的一种行为税。印花税由纳税人按规定应税的比例和定额自行购买并黏贴印花税票，即完成纳税义务。1624年，世界上第一次在荷兰出现印花税。由于印花税“取微用宏”，税负轻微、税源畅旺、手续简便、成本低廉，各国竞相效仿。英国的哥尔柏（Kolebe）说过：“税收这种技术，就是拔最多的鹅毛，听最少的鹅叫。”印花税就是这种具有“听最少鹅叫”特点的税种。我国现行印花税规范，是1988年8月6日国务院颁布并于同年10月1日起实施的《中华人民共和国印花税暂行条例》。

2. 印花税的纳税人

凡在中华人民共和国境内或境外书立、使用、领受在中国境内具有法律效力，受中国法律保护的税法所列举凭证的单位和个人都是印花税的纳税人。具体包括：

（1）立合同人，是指合同当事人。当事人在两方或两方以上的，各方均为纳税人，但不包括中间人（担保人、证人、鉴定人等）。当事人的代理人有代为承担纳税的义务。

（2）立账簿人，指设立并使用营业账簿的单位和个人。

（3）立据人，指产权转书据的纳税人。

（4）领受人，指领取或接受并持有该项凭证的单位和个人。

（5）使用人，指在国外书立或领受，在国内使用应税凭证的单位和个人。

3. 印花税的征税范围

印花税的征税范围是《印花税暂行条例》列举的各种合法凭证。主要包括以下五类：

（1）各种合同，包括依据《中华人民共和国合同法》订立的各种合同。对于工业企业来说，主要包括：

①购销合同，包括企业与其他单位和个人签订的各种供应、预购、采购、购销结合及协作、调剂、补偿贸易、易货贸易等各种合同。对于企业经销、调拨商品的调拨单或者其他名称的单、书、表等，应当区分其性质和用途，以决定是否应当征收印花税。凡是属于明确双方供需关系，据以供货和结算，具有合同性质的凭证，均应作为购销合同按规定缴纳印花税。

②加工承揽合同，包括加工、定做、修缮、修理、印刷等合同。

③建设工程勘探设计合同，包括企业与勘探设计单位签订的勘探、设计合同的总包合同、分包合同等。

④建筑安装工程承包合同。包括企业与其他单位和个人签订的建筑、安装工程承包合同的总包合同、分包合同和转包合同。

⑤财产租赁合同，包括租赁房屋、船舶、飞机、机动车辆、机械、器具、设备等的合同，还包括企业出租门店、设备等所签订的合同，但不包括企业与主管部门签订的经营性租赁承包合同。

⑥货物运输合同，包括民用航空、铁路运输、海上运输、内河运输、公路运输和联运合同。

⑦仓储保管合同，包括仓储、保管合同或者作为合同使用的仓单、栈单（或称入库单）等。

⑧借款合同，包括企业与银行及其他金融机构签订的借款合同。

⑨财产保险合同，包括企业与保险公司签订的财产、责任、保证、信用等保险合同。

⑩技术合同，包括企业与其他单位和个人签订的技术开发合同、技术转让合同（包括专利申报转让合同、非专利技术转让合同等，但不包括专利权转让合同、专利实施许可合同，后者属于财产转移书据）、技术咨询合同（不包括法律、会计、审计等方面的咨询合同）和技术服务合同。

⑪具有合同性质的凭证，指具有合同效力的协议、契约、合约、单据、确认书及其他各种名称的凭证。

对于企业签订的上述各种合同，不论其是否兑现或者按期兑现，都应当缴纳印花税。如果一项业务既签订合同，又开立单据，只就合同贴花；凡不签订合同，只开立单据，以单据作为合同使用的，其使用的单据应按规定贴花。

（2）产权转移书据，包括企业在财产所有权和版权、商标专用权、专利权、专用技术使用权的买卖、继承、赠与、交换、分割等过程所书立的书据。其中，财产所有权转移书据是指经政府管理机关登记注册的不动产、动产的所有权转移所书立的书据，包括股份制企业向社会公开发行的股票等。

（3）营业账簿，包括企业按照《会计法》和财务会计制度的要求设置的，反映其生产经营活动的各种账册。在印花税税目中，营业账簿分为资金账簿和其他营业账簿两类。

资金账簿，是指反映企业资本增减变化的账簿，包括“实收资本”（股份制企业为“股本”）和“资本公积”账簿。

其他营业账簿，是指反映除资金资产外的其他生产经营活动内容的账簿，即除资金账簿外的归属于财务会计体系的生产经营用账册，包括日记账簿和各明细分类账簿。

按照规定，应征印花税的营业账簿，是反映企业经营活动的账簿，不反映企业经营活动的账簿，如企业职工食堂、工会以及企业自办的幼儿园、托儿所、学校、敬老院等设置的收支账册，不征收印花税。

按照规定，对于实行分级核算的企业，除财会部门的营业账簿应当贴花外，财会部门设置在其他部门和车间的分类账簿也应当贴花，但各部门、柜台、仓库设置的不属于会计核算范围或者虽属于会计核算范围但不记载金额的登记账、统计账、台账等，不贴花。

按照规定，跨地区经营的分支机构使用的营业账簿，应由分支机构在其所在地缴纳印花税。对上级单位核拨资金的分支机构，其记载资金的账簿按核拨资金的数额计税贴花；对上级单位不核拨资金的分支机构，只就其他账簿贴花。

按照规定，企业兼并国有、集体企业单位的，对并入单位的资产，凡已经按资金总额贴花的，接收单位对并入的资金可不再贴花。

按照规定，企业发生分立、合并和联营等变更后，凡按规定办理法人登记的新企业所设立的资金账簿，应于启用时按规定贴花；凡无须重新办理法人登记的企业，其原有资金账簿已贴花的继续有效。

（4）权利许可证照，指政府授予企业某种法定权利和准予从事特定经济活动的各种证照，包括房屋产权证、工商营业执照、商标证、专利证、土地使用证等。

（5）经财政部确定征税的其他凭证。

4. 印花税的税率

现行印花税采用比例税率和定额税率两种税率。

比例税率有五档，即0.5‰、、3‰、5‰、1‰和4‰。

适用定额税率的是权利许可证照和营业账簿税目中的其他账簿，单位税额均为每件5元。

印花税税率表

税目	范围	税率	纳税人	说明
1. 购销合同	包括供应、预购、采购、购销、结合及协作、调剂、补偿、易货等合同	按购销金额0.3‰贴花	立合同人	
2. 加工承揽合同	包括加工、定做、修缮、修理、印刷广告、测绘、测试等合同	按加工或承揽收入0.5‰贴花	立合同人	
3. 建设工程勘察设计合同	包括勘察、设计合同	按收取费用0.5‰贴花	立合同人	

（续上表）

税目	范围	税率	纳税人	说明
4. 建筑安装工程承包合同	包括建筑、安装工程承包合同	按承包金额0.3‰贴花	立合同人	
5. 财产租赁合同	包括租赁房屋、船舶、飞机、机动车辆、机械、器具、设备等合同	按租赁金额1‰贴花。税额不足1元，按1元贴花	立合同人	
6. 货物运输合同	包括民用航空运输、铁路运输、海上运输、内河运输、公路运输和联运合同	按运输费用0.5‰贴花	立合同人	单据作为合同使用的，按合同贴花
7. 仓储保管合同	包括仓储、保管合同	按仓储保管费用1‰贴花	立合同人	仓单或栈单作为合同使用的，按合同贴花
8. 借款合同	银行及其他金融组织和借款人（不包括银行同业拆借）所签订的借款合同	按借款金额0.05‰贴花	立合同人	单据作为合同使用的，按合同贴花
9. 财产保险合同	包括财产、责任、保证、信用等保险合同	按保险费收入1‰贴花	立合同人	单据作为合同使用的，按合同贴花
10. 技术合同	包括技术开发、转让、咨询、服务等合同	按所载金额0.3‰贴花	立合同人	
11. 产权转移书据	包括财产所有权和版权、商标专用权、专利权、专有技术使用权等转移书据	按所载金额0.5‰贴花	立据人	
12. 营业账簿	生产、经营用账册	记载资金的账簿，按实收资本和资本公积的合计金额0.5‰贴花。其他账簿按件贴花5元	立账簿人	
13. 权利、许可证照	包括政府部门发给的房屋产权证、工商营业执照、商标注册证、专利证、土地使用证	按件贴花5元	领受人	

5. 印花税的计税依据

印花税根据不同征税项目，分别实行从价计征和从量计征两种征收方式。

（1）从价计税情况下计税依据的确定。各类经济合同，以合同上记载的金额、收入或费用为计税依据；产权转移书据以书据中所载的金额为计税依据；记载资金的营业账簿，以实收资本和资本公积两项合计的金额为计税依据。

（2）从量计税情况下计税依据的确定。实行从量计税的其他营业账簿和权利、许可证照，以计税数量为计税依据。

6. 印花税的税收优惠

可享受印花税税收优惠的有：

（1）已缴纳印花税的凭证的副本或者抄本。

（2）财产所有人将财产赠与政府、社会福利单位、学校所立的书据。

（3）国家指定的收购部门与村民委员会、农民个人书立的农副产品收购合同。

（4）无息、贴息贷款合同。

（5）外国政府或者国际金融组织向我国政府及国家金融机构提供优惠贷款所书立的合同。

（6）对商店、门市部的零星加工修理业务开具的修理单，不贴印花。

（7）对房地产管理部门与个人订立的租房合同，凡用于生活居住的，暂免贴印花。

（8）对铁路、公路、航运、水路承运快件行李、包裹开具的托运单据，暂免贴印花。

（9）企业与主管部门等签订的租赁承包经营合同，不属于财产租赁合同，不应贴花。

二、印花税计算的注意事项

1. 申报注意事项

根据会计法规定，企业缴纳印花税无须按权责发生制原则进行计提，直接在缴纳税款当月记入当期“管理费用”。因此企业在计算印花税时无须做会计分录进行计提，只需按照税法要求按时申报，下月成功扣款取得完税凭证后直接记入“管理费用”。

本企业在税种核定时，印花税为固定缴纳税种，因此在地税申报系统中有印花税的申报项目，可分为按账簿数量征收、按购销合同征收、按实收资本金额征收等各小项。企业在申报时只需进入地税申报系统按照应交税额进行申报即可。下月成功扣款，取得完税凭证再进行账务处理。

因为印花税的网上申报，致使企业在进行申报印花税时无法购买印花税票对应税行为进行贴花，所以与税法制定的关于对应税行为进行贴花的规定有些不符。针对网上申报印花税的地区可不用进行贴花，根据企业情况据实申报，保留银行或税务机关打印的完税凭证即可。

未实行网上申报的地区，应按照税务机关要求，在规定的时间和地点进行申报。

2. 计算注意事项

印花税的特点是征税范围广，企业在经营过程中会发生很多需要缴纳印花税的业务，多数情况下企业因为不知道发生的行为需要缴纳印花税而没有及时缴纳，同时税务机关对有些应税行为也不好及时控制，所以导致印花税在征收管理上不如其他税种及时。因此许多企业干脆就不缴纳印花税。

多数情况下企业会计只按营业账簿的数量缴纳印花税，这也是最好计算的应税行为，企业只要在年初启用账簿时，按照使用的账簿数量乘上每本征收税额就可计算应纳税额。同时像企业取得的领受权利、许可证照如房屋产权证、工商营业执照、商标注册证、专利证、土地使用证等。在计算印花税时也比较简单，只要按照取得数量乘上每本征收税额就可计算应纳税额。

比较复杂的是在计算购销合同、加工合同、租赁合同等时按照合同金额计算缴纳印花税。多数企业在发生业务时特别是购销合同时根本不签订合同，即使签订合同，合同金额也不统一，有些合同金额为含税金额，有些则为不含税金额，所以无法按合同金额进行计算征收印花税。针对这种情况，税务机关一般根据企业填开的发票计算销售合同，按收到的采购发票计算采购合同，根据发票所记载金额确定购销合同金额。企业会计只要仔细计算每期发票情况就可计算出计税数据。

印花税制定的征收政策是低税负高罚款。印花税虽然征收率很低但对企业不缴或者少缴税款给予较高的罚款，一般会对不缴或少缴税款给予50%以上5倍以下的罚款。

印花税的征收率是固定的，但是许多地区的税务机关在征收印花税时，特别是按照合同项目金额征收时，计算方法要求不一，许多地区会给企业适当照顾调减计税基数，即在合同签订的金额基础上扣除一定的比例后乘以征收比率计算应纳税额，购销合同的征收率一般是不会随意改变的。所以企业会计在处理印花税时，一定要根据当地印花税的征收政策进行纳税，不要盲目地死套税法要求。

因为印花税征收范围较广，税务机关不可能对企业发生的所有应缴纳印花税的业务逐个审查，一般都是选择几个重点。通常购销合同是主要核查项目，因此企业会计在日常申报工作时一定要注意对购销合同征收印花税的计算。对于其他应缴印花税的合同，企业只要在发生时给予申报即可。

能力点

一、印花税的计算

1. 计算公式

印花税应纳税额的计算，可以分为以下两种情况：

（1）按比例税率计算应纳税额的方法：应纳税额 = 计税金额 × 适用税率

（2）按定额税率计算应纳税额的方法：应纳税额 = 凭证数量 × 单位税额

2. 应纳税额的计算

例1：甲汽车修配厂与乙机械进出口公司签订购买价值2 000万元测试设备合同，为购买该设备，甲汽车修配厂向工商银行签订2 000万元的借款合同。后因故购销合同作废，改签融资租赁合同，租赁费1 000万元。根据上述情况，甲汽车修配厂一共应缴纳印花税为多少？

解：该修配厂共签订三个印花税应税合同，一是购销合同，印花税为2 000万元 ×3‰ = 6 000（元），虽然该购销合同后来作废，但纳税义务已在签订合同时产生，而已贴的印花税不能揭下重用、退税或抵扣；二是借款合同，印花税为2 000万元 ×0. 5‱ =1 000（元）；三是融资租赁合同，属借款合同，印花税为1 000万元 ×0. 5‱ =500（元）。共缴印花税7 500元。

例2：某企业2008年2月开业，领受房产权证、工商营业执照、土地使用证各一件，与其他企业订立转移专用技术使用权书据一件，所载金额80万元；订立产品购销合同两件，所载金额为150万元；订立借款合同一份，所载金额为40万元。此外，企业的营业账簿中，“实收资本”科目载有资金600万元，其他营业账簿20本。2008年12月该企业“实收资本”所载资金增加为800万元。试计算该企业2008年2月份应纳印花税额和12月份应补缴印花税额。

解：（1）企业领受权利、许可证照应纳税额：

应纳税额 = 3 × 5 = 15（元）

（2）企业订立产权转移书据应纳税额：

应纳税额 = 800 000 × 5‰ = 400（元）

（3）企业订立购销合同应纳税额：

应纳税额 = 1 500 000 × 3‰ = 450（元）

（4）企业订立借款合同应纳税额：

应纳税额 = 400 000 × 0.5‰ = 20（元）

（5）企业营业账簿中"实收资本"所载资金：

应纳税额 = 6 000 000 × 5‰ = 3 000（元）

（6）企业其他营业账册应纳税额：

应纳税额 = 20 × 5 = 100（元）

（7）2 月份企业应纳印花税税额为：

15 + 400 + 450 + 20 + 3 000 + 100 = 3 985（元）

（8）12 月份资金账簿应补缴税额为：

应补纳税额 =（8 000 000 − 6 000 000）× 5‰ = 1 000（元）

二、印花税的纳税申报案例

案例 1：

某企业与另一家单位签订了应税合同，由于某种原因最终没有履行，该企业没有交纳印花税。

解析：合同未履行也要贴花。根据《中华人民共和国印花税暂行条例》第七条规定：应纳税凭证应当于书立或者领受时贴花。《中华人民共和国印花税暂行条例实施细则》第十四条则规定：条例第七条所说的书立或者领受时贴花，是指在合同的签订时、书据的立据时、账簿的启用时和证照的领受时贴花。因此，不论合同是否兑现或能否按期兑现，都一律按规定贴花。对已履行并贴花的合同，发现实际结算金额与合同所载金额不一致的，一般不再补贴印花。凡修改合同增加金额的，应就增加部分补贴印花。

案例 2：

税务人员在纳税评估中发现某公司 2009 年 6 月份发生一笔运输业务，其正常支付了货物运输费用 50 万元并取得了正规的运输发票，但双方并未签订运输合同，未缴纳相应印花税。

解析：未签合同仍要缴纳印花税。根据《中华人民共和国印花税暂行条例》及其实施细则规定，具有合同性质的凭证属于印花税应纳税凭证，具体是指具有合同效力的协议、契约、合同、单据、确认书及其他各种名称的凭证。《国家税务局关于货运凭证征收印花税几个具体问题的通知》规定："在货运业务中，凡是明确承、托运双方业务关系的运输单据均属于合同性质的凭证。鉴于目前各类货运业务使用的单据不够规范统一，不便计税贴花，为了便于征管，现规定以运费结算凭证作为各类货运的应税凭证。"本案中该企业取得的运输发票正构成了应税凭证，根据税收相关法律法规规定"货运凭证的计税依据是运费结算凭证中记载的全部金额，但不包括其中代收代付的费用（如保险费、货物附加费等），代收代付费用划分不清的按运费结算凭证中记载的总额计税”。因此，企业发生了实际经济行为但并未及时签订合同的，也要依据相应应税凭证及时申报缴纳印花税。

三、印花税的纳税申报

印花税纳税申报表

纳税人识别号 □□□□□□□□□□□□□□□□□□□□

纳税人名称：（公章）

税款所属期限：自　年　月　日至　年　月　日

填表日期：　　年　　月　　日　　　　　　　　　金额单位：元（列至角分）

应税凭证	计税金额或件数	适用税率	核定征收 核定依据	核定征收 核定比例	本期应纳税额	本期已缴税额	本期应补（退）税额
	1	2	3	4	5=1×2+2×3×4	6	7=5－6
购销合同		3‰					
加工承揽合同		5‰					
建设工程勘察设计合同		5‰					
建筑安装工程承包合同		3‰					
财产租赁合同		1‰					
货物运输合同		5‰					
仓储保管合同		1‰					
借款合同		0.5‰					
财产保险合同		1‰					
技术合同		3‰					
产权转移书据		5‰					
营业账簿（记载资金的账簿）		5‰	—	—			
营业账簿（其他账簿）		5	—	—			
权利、许可证照		5	—	—			
合计	—	—	—	—			

<table>
<tr><td rowspan="6">纳税人或代理人声明：
此纳税申报表是根据国家税收法律的规定填报的，我确信它是真实的、可靠的、完整的。</td><td colspan="6">如纳税人填报，由纳税人填写以下各栏</td></tr>
<tr><td>经办人（签章）</td><td></td><td>会计主管（签章）</td><td></td><td>法定代表人（签章）</td><td></td></tr>
<tr><td colspan="6">如委托代理人填报，由代理人填写以下各栏</td></tr>
<tr><td>代理人名称</td><td colspan="2"></td><td colspan="3" rowspan="3">代理人（公章）</td></tr>
<tr><td>经办人（签章）</td><td colspan="2"></td></tr>
<tr><td>联系电话</td><td colspan="2"></td></tr>
</table>

以下由税务机关填写

受理人		受理日期		受理税务机关（签章）	

填表说明：

1. 本表适用于印花税（股票交易印花税除外）纳税人填报。

2. 纳税人识别号是办理税务登记时由税务机关确定的税务登记号。

3. 核定依据指采用核定方式征收印花税的应税凭证所对应的费用、收入金额。如购销合同对应采购金额、销售收入；加工承揽合同对应加工承揽金额；建筑安装承包合同对应承包金额等。

4. 对于购、销业务量较大的纳税人，在此申报表后须附“购、销合同编号目录”。

关于契税

知识点

一、契税的税制要素

1. 契税

契税是以所有权发生转移变动的不动产为征税对象，向产权承受人征收的一种财产税。新中国成立后，政务院于1950年4月颁布了《契税暂行条例》。现行《中华人民共和国契税暂行条例》于1997年10月1日起施行。在中国境内取得土地、房屋权属的企业和个人，应当依法缴纳契税。

从2008年11月1日起，对个人首次购买90平方米及以下普通住房的，对个人销售或购买住房暂免征收印花税，契税税率暂统一下调到1%；对个人销售住房暂免征收土地增值税。地方政府可制定鼓励住房消费的收费减免政策。

2. 契税纳税人

在中华人民共和国境内转移土地、房屋权属过程中，承受权属的单位和个人为契税纳税人。

土地、房屋权属，指土地使用权和房屋所有权。

承受，指以受让、购买、受赠、交换等方式取得土地、房屋权属的行为，但不包括农村集体土地承包经营权的转移。

单位和个人包括内外资企业和中国公民、外籍人员。

3. 契税征税范围

契税征税范围是土地、房屋权属转移的行为。具体包括以下五项内容：

（1）国有土地使用权出让，指土地使用者向国家交付土地使用权出让费用，国家将国有土地使用权在一定年限内让与土地使用者的行为。

（2）土地使用权的转让，指土地使用者以出售、赠与、交换或者其他方式将土地使用权转移给其他单位和个人的行为。土地使用权的转让不包括农村集体土地承包经营权的转移。

（3）房屋买卖，指房屋所有者将其房屋出售，由承受者交付货币、实物、无形资产或者其他经济利益的行为。

（4）房屋赠与，指房屋所有者将其房屋无偿转让给受赠者的行为。

（5）房屋交换，指房屋所有者之间互相交换房屋的行为。

有些特殊方式转移土地、房屋权属的，也将视同土地使用权转让、房屋买卖或者房屋赠与：①以土地、房屋权属作价投资、入股；②以土地、房屋权属抵债；③以获奖方式承受土地、房屋权属；④以预购方式或者预付集资建房款方式承受土地、房屋权属。

4. 契税的税率

在税率设计上，契税采用幅度比例税率。目前，我国采用3%～5%的幅度比例，各省、自治区、直辖市在此范围内可以自行确定各自的适用税率。

5. 计税依据

计税依据是指在土地、房屋权属转移的过程中双方当事人签约的契税价格。由于土地、房屋权属转移方式的不同，定价的方法不同，契税的计税依据也应按照土地、房屋权属的不同情况分别确定。

（1）按成交价格计算。成交价格经双方敲定，形成合同，税务机关以此为据，直接计税。这种定价方式，主要适用于国有土地使用权出让、土地使用权出售、房屋买卖。

（2）根据市场价格计算。土地、房屋价格绝不是一成不变的，比如，北京成为2008年奥运会主办城市后，奥运村地价立即飙升。该地段土地使用权赠送、房屋赠送时，定价依据只能是市场价格，而不是土地或房屋原值。

（3）依据土地、房屋交换差价定税。随着二手房市场的兴起，房屋交换走入百姓生活。倘若A房价格30万元，B房价格40万元，A、B两房交换，契税的计算，自然是两房差额，即10万元，同理，土地使用权交换，也要依据差额。等额交换时，差额为零，意味着交换双方均免缴契税。

（4）按照土地收益定价。这种情形不常遇到。假设2000年，国家以划拨方式把甲单位土地使用权给了乙单位，3年后，经许可，乙单位把该土地转让，那么，乙就要补交契税，纳税依据就是土地收益，即乙单位出让土地使用权的所得。

6. 契税税率

契税税率为3%～5%。契税的适用税率，由省、自治区、直辖市人民政府在前款规定的幅度内按照本地区的实际情况确定，并报财政部和国家税务总局备案。

7. 税收优惠

（1）契税优惠的一般规定：

① 国家机关、事业单位、社会团体、军事单位承受土地、房屋用于办公、教学、医疗、科研和军事设施的，免征契税。

② 城镇职工按规定第一次购买公有住房，免征契税。

③ 因不可抗力灭失住房而重新购买住房的，酌情减免。

（2）特殊规定：

① 企业公司制改造。一般而言，承受一方如无优惠政策就要征契税。另外，要注意不征税与免税是不同的概念。企业公司制改造中，承受原企业土地、房屋权属，免征契税。

② 企业股权重组。在股权转让中，单位、个人承受企业股权，企业土地、房屋权属不发生转移，不征收契税。但在增资扩股中，如果是以土地使用权来认购股份，则承受方需缴纳契税。

国有、集体企业实施“企业股份合作制改造”，由职工买断企业产权，或向其职工转让部分产权，或者通过其职工投资增资扩股，将原企业改造为股份合作制企业的，对改造后的股份合作制企业承受原企业的土地、房屋权属，免征契税。

③ 企业合并、分立。其一，两个或两个以上的企业，依据法律规定、合同约定，合并改建为一个企业，对其合并后的企业承受原合并各方的土地、房屋权属，免征契税；其二，企业依照法律规定、合同约定分设为两个或两个以上投资主体相同的企业，对派生方、新设方承受原企业土地、房屋权属，不征收契税。

（3）企业出售。国有、集体企业出售，被出售企业法人予以注销，并且买受人妥善安置原企业30%以上职工的，对其承受所购企业的土地、房屋权属，减半征收契税；全部安置原企业职工的，免征契税。

（4）企业关闭、破产。债权人承受关闭、破产企业土地、房屋权属以抵偿债务的，免征契税；对非债权人承受关闭、破产企业土地、房屋权属，凡妥善安置原企业30%以上职工的，减半征收契税；全部安置原企业职工的，免征契税。

（5）房屋附属设施。对于承受与房屋相关的附属设施（如停车位、汽车库等）所有权或土地使用权的行为，按照契税法律、法规的规定征收契税；对于不涉及土地使用权和房屋所有权转移变动的，不征收契税。

（6）继承土地、房屋权属。法定继承人继承土地、房屋权属，不征契税；非法定继承人继承时应征收契税。

（7）其他。经国务院批准实施债权转股权的企业，对债权转股权后新设立的公司承受原企业的土地、房屋权属，免征契税。

企业改制重组过程中，同一投资主体内部所属企业之间土地、房屋权属的无偿划转，不征收契税。

8. 征纳管理

（1）纳税义务发生时间，是纳税人签订土地、房屋权属转移合同的当天，或者纳税人取得其他具有土地、房屋权属转移合同性质凭证的当天。

（2）纳税人应当自纳税义务发生之日起10日内，向土地、房屋所在地的契税征收机关办理纳税申报，并在契税征收机关核定的期限内缴纳税款。契税征收机关核定的纳税期限不得超过20日。

（3）税款征收，先交契税，才能办过户手续，即先契后证。

二、契税计算的注意事项

财政部、国家税务总局于2008年12月29日下发财税〔2008〕175号《关于企业改制重组若干契税政策的通知》，就企业改制重组中涉及的若干契税政策进行明确规定。该规定自2009年1月1日至2011年12月31日实施。

从2008年11月1日起，对个人首次购买90平方米及以下普通住房的，对个人销售或购买住房暂免征收印花税，契税税率暂统一下调到1%；地方政府可制定鼓励住房消费的收费减免政策。

能力点

一、契税的计算

契税的应纳税额根据契税的适用税率和规定的计税依据计算征收。契税的计算公式为：

应纳税额 = 计税依据 × 税率

契税的应纳税额以人民币计算，若以外汇结算，可按照纳税义务发生之日中国人民银行公布的人民币市场汇率中间价折合成人民币计算。

例1：东方集团有限公司购买一块土地的使用权，成交价格为5 000万元，当地规定的契税税率为4%，该公司应纳多少契税税额？

解：国有土地使用权的出售，以成交价格为计税依据。

应纳税额 = 计税依据 × 税率 = 5 000 × 4% = 200（万元）

例2：刘华与张华进行房屋交换，刘华获得房屋价差50 000万元，当地规定的契税税率为4%，刘华应该缴纳多少契税？

解：土地使用权、房屋交换，计税依据为所交换的土地使用权、房屋的价格的差额。价格交换相等时，免契税，交换价格不等时，由获得经济利益的一方缴纳契税。

应纳税额 = 计税依据 × 税率 = 50 000 × 4% = 2 000（元）

二、契税的纳税申报案例

案例1

个人购房发票购房金额里既包含了住房还包含了车库价格，是否要分开缴纳契税？

解析：承受的房屋附属设施如为单独计价的，按照各自适用的税率缴纳契税；如与房屋统一计价的，适用与房屋相同的契税税率。

另外，根据《财政部、国家税务总局关于房屋附属设施有关契税政策的批复》（财税〔2004〕126号）的规定，对于承受与房屋相关的附属设施（包括车位、汽车库、自行车库、顶层阁楼以及储藏室，下同）所有权或土地使用权的行为，应按照契税法律、法规的规定缴纳契税。对于不涉及土地使用权和房屋所有权转移变动的，不缴纳契税。

案例2

甲在南山顶泰花园购买了一套房产，采用分期付款方式支付款项，首期支付总价款的五成，应按总价款还是按首期支付的款项计缴契税？

解析：按照现行契税法律、法规规定，房屋买卖的计税依据是成交价格，即权属转移合同确定的价格，包括承受者应交付的货币、实物、无形资产或者其他经济利益。因此，合同确定的成交价格包含的所有价款都属于计税依据范围。采取分期付款方式购买房屋附属设施土地使用权、房屋所有权的，应按合同规定的总价款计缴契税。

三、契税的纳税申报

契税纳税申报表

填表日期：　年　月　日　　　　　　　　　　　　　　　　　　单位：元、平方米

承受方	名称		识别号	
	地址		联系电话	
转让方	名称		识别号	
	地址		联系电话	
土地、房屋权属转移	合同签订时间			
	土地、房屋地址			
	权属转移类别			
	权属转移面积			平方米
	成交价格			元
适用税率				
计征税额				元
减免税额				元
应纳税额				元
纳税人员签章			经办人员签章	

（以下部分由征收机关负责填写）

征收机关收到日期		接收人		审核日期	
审核记录					
审核人员签章			征收机关签章		

本表A4竖式，一式两份：第一联由纳税人保存；第二联由主管征收机关留存。

填表说明：

1. 本表依据《中华人民共和国税收征收管理法》、《中华人民共和国契税暂行条例》设计制定。

2. 本表适用于在中国境内承受土地、房屋权属的单位和个人。纳税人应当在签订土地、房屋权属转移合同或者取得其他具有土地、房屋权属转移合同性质凭证后10日内，向土地、房屋所在地契税征收机关填报契税纳税申报表，申报纳税。

3. 本表各栏的填写说明如下：

（1）承受方及转让方名称：承受方、转让方是单位的，应按照人事部门批准或者工商部门注册登记的全称填写；承受方、转让方是个人的，则填写本人姓名。

（2）承受方、转让方识别号：承受方、转让方是单位的，填写税务登记号；没有税务登记号的，填写组织机构代码。承受方、转让方是个人的，填写个人身份证号或护照号。

（3）合同签订时间：指承受方签订土地、房屋转移合同的当日，或其取得其他具有土地、房屋转移合同

性质凭证的当日。

(4) 权属转移类别：(土地) 出让、买卖、赠与、交换、作价入股等行为。

(5) 成交价格：土地、房屋权属转移合同确定的价格（包括承受者应交付的货币、实物、无形资产或者其他经济利益，折算成人民币金额）填写。计税价格，是指由征收机关按照《中华人民共和国契税暂行条例》第四条确定的成交价格、差价或者核定价格。

(6) 计征税额 = 计税价格 × 税率，应纳税额 = 计征税额 - 减免税额。

关于城市维护建设税和教育费附加

城市维护建设税部分

知识点

一、城建税的税制要素

1. 城建税

城市维护建设税即城建税，是我国为了加强城市的维护建设，扩大和稳定城市维护建设资金的来源，对缴纳消费税、增值税、营业税的单位和个人就其实际缴纳的“三税”税额为依据而依法征收的一种税。

城建税是1984年工商税制全面改革中设置的一个新税种。1985年2月8日，国务院发布《中华人民共和国城市维护建设税暂行条例》，从1985年起施行。1994年税制改革时，保留了该税种，作了一些调整，并准备适时进一步扩大征收范围和改变计征办法。

城建税具有以下四个显著特征：其一，它具有附加性质。本身没有特定的、独立的征税对象，而是以纳税人实际缴纳的“三税”税额为计税依据，附加于“三税”的税额。其二，它征税有特定的目的，税款专款专用，具有受益税性质。其税款专门用于城市的公用事业和公共设施的维护与建设。其三，根据城建规模设计税率。城建税属于地方税，根据城市的城镇规模设计税率，一般来说，城镇规模越大，所需要的建设与维护资金越多。与此相适应，城建税规定，纳税人所在地为城市市区的，税率为7%；纳税人所在地为县城、建制镇的，税率为5%；纳税人所在地不在城市市区、县城或建制镇的，税率为1%。这种根据城镇规模不同，差别设置税率的办法，较好地照顾了城市建设的不同需要。其四，它征收范围广。鉴于增值税、消费税、营业税在我国现行税制中属于主体税种，而城建税又是其附加税，原则上讲，只要缴纳增值税、消费税、营业税中任一税种的纳税人都要缴纳城建税。这也就等于说，除了减免税等特殊情况以外，任何从事生产经营活动的企业单位和个人都要缴纳城建税，这个征税范围当然是比较广的。

2. 城建税的纳税人

城建税的纳税人是在征税范围内从事工商经营并缴纳消费税、增值税、营业税的单位和个人。不论是国有企业、集体企业、私营企业、个体工商户还是其他单位、个人，只要缴纳了消费税、增值税、营业税中的任何一种税，都必须同时缴纳城建税。

个体商贩及个人在集市上出售商品，对其征收了临时经营的增值税，是否同时按其实缴税额征收城建税，由各省、自治区、直辖市人民政府根据实际情况确定。

外商投资企业和外国企业暂不缴纳城建税。

3. 城建税税率

城建税实行地区差别比例税率。按照纳税人所在地的不同，税率分别规定为7%、5%、1%三个档次。不同地区的纳税人，实行不同档次的税率。具体规定为：

（1）纳税人所在地在市区的，税率为7%。

（2）纳税人所在地在县城、建制镇的，税率为5%。

（3）纳税人所在地不在城市市区、县城、建制镇的，税率为纳税单位或个人缴纳城建税的适用税率，一律按其纳税人所在地的规定税率执行。县政府设在城市市区的，其在市区办的企业，按市区的规定税率计算纳税。纳税人所在地为工矿区的，应根据行政区划分分别按照7%、5%、1%的税率缴纳城建税。

城建税的适用税率，一般规定按纳税人所在地的适用税率执行。但对下列两种情况，可按缴纳“三税”所在地的规定税率就地缴纳城建税。

①由受托方代征、代扣“三税”的单位和个人，其代扣代缴、代收代缴的城建税按照受托方所在地的适用税率执行。

②流动经营等无固定纳税地点的单位和个人，在经营地缴纳“三税”的，其城建税的缴纳按照经营地适用税率执行。

对于铁道部应缴纳的城建税，由于其计税依据为铁道部实际集中缴纳的营业税税额，难以确定适用地区差别税率，因此财政部特案规定税率统一为5%。

4. 城建税的计税依据

城建税的计税依据是纳税人实际缴纳的增值税、营业税和消费税的税额。

城建税以“三税”税额为计税依据，指的是“三税”实缴税额，不包括加收的滞纳金和罚款。因为滞纳金和罚款是税务机关对纳税人采取的一种经济制裁，不是“三税”的正税，故不应包括在计税依据之内。

免征或减征“三税”的，也同时免征或减征城建税，但对于出口商品而退还增值税和消费税的，已经据此缴纳的城建税不予退还。

此外，自1997年1月1日起，供货企业向出口企业和市县外贸企业出口产品时，以增值税当期销项税额抵扣进项税后的余额为计税依据，计算缴纳城建税。

5. 城建税的税收优惠

城建税以“三税”为计税依据，并与“三税”同时征收，作为附加税，原则上不单独减免，只有当主税发生减免时，城建税才相应减免。具体规定如下：

（1）海关代征税款免税。海关代征进口环节增值税、消费税时，不征收城建税。

（2）个体经营征免税。个体户及个人在集市上出售商品，对其临时经营征收的增值税、营业税，是否同时按实缴税额征收城建税，由各省级人民政府确定。

（3）退税。对因免征、减征增值税、消费税、营业税而发生的退税，可退还已缴纳的城建税。

（4）困难减免。城建税是以增值税、消费税、营业税实际缴纳的税额作为计税依据并同时征收的，因此，增值税、消费税、营业税减税或免税的同时，城建税也相应减税或免税。一般不予以单独减免。但对个别纳税确有困难的，可由各省级人民政府酌情予以减免税照顾。

（5）涉外企业和个人免税。对外商投资企业、外国企业和外籍个人，暂不征收城建税。

（6）金融保险业减税。对提高金融保险业营业税 3% 税率的部分，免征城建税。

（7）三峡工程建设基金免税。对三峡工程建设基金，在 2003 年底前，免征城建税。

（8）下岗职工收入免税。下岗职工从事社区居民服务业取得的营业收入，下岗职工占总人数 60% 以上的企业，2003 年底前，3 年内免征城建税。

（9）政府后勤服务收入免税。中央各部门各省级政府所属机关服务中心后勤体制改革后，其为机关内部提供后勤服务所得的收入，在 2003 年底以前，免征城建税。

（10）农村信用社减税。金融保险企业营业税税率提高后农村信用社营业税减按 6% 征收，城建税仍按 5% 税率计算的营业税税额作为计税依据征收。

（11）黄金交易所免税。黄金交易所会员单位通过黄金交易所销售标准黄金，免征城建税。

二、城建税计算的注意事项

（1）并不是所有负有缴纳增值税、消费税、营业税义务的单位和个人，都需要缴纳城建税。对外商投资企业和外国企业暂免城建税。

（2）城建税的适用税率，应当按纳税人所在地的规定税率执行。

但是，对下列两种情况，可按缴纳“三税”所在地的规定税率就地缴纳城建税：一是由受托方代征代扣增值税、消费税、营业税的单位和个人，其代征代扣的城建税按受托方所在地适用的税率；二是流动经营及无固定纳税地点的单位和个人，在经营地缴纳“三税”的，其城建税的缴纳按经营地适用税率。

（3）城建税的计税依据，是纳税人实际缴纳的增值税、消费税、营业税税额。对纳税人违反“三税”税法而加收的滞纳金和罚款，不能作为城建税的计税依据，但纳税人在查补增值税、消费税、营业税和被处以罚款时，应同时对其偷逃的城建税进行补税和罚款。

（4）由于城建税以增值税、消费税、营业税税额为计税依据并同时征收，所以要免征或减征“三税”，也要同时免征或减征城建税。

（5）对出口货物按规定应退还增值税、消费税的，不能退还已缴纳的城建税。同时，对进口货物海关代征增值税、消费税的，也不征收城建税。

能力点

一、城建税的计算

城建税的计算公式为：

应纳城建税税额 =（实际缴纳的增值税 + 实际缴纳的消费税 + 实际缴纳的营业税）×适用税率

例1：设立在某市区的外商投资企业，2008年5月份缴纳增值税17万元，缴纳消费税10万元。问：当月该企业是否缴纳城建税？如缴纳，应缴纳多少？

解：不缴纳。税法规定，外商投资企业和外国企业暂不缴纳城建税。

例2：某市进出口公司某月进口小汽车（消费税税率5%）一批，关税完税价格100万元，已纳关税90万元。进口后当月在国内全部销售，取得销售收入300万元（不含增值税），该公司应该缴纳城建税为（　　）万元。

A. 1.19　B. 3.57　C. 0　D. 1.89

解：答案选A。进口行为应纳增值税 =（100 +90）÷（1 -5%）×17% =34（万元）或 =（100 +90 +10）×17% =34（万元）；

内销行为应纳增值税 =300 ×17% -34 =17（万元），由于进口环节不征城建税，所以，应纳城建税 =17 ×7% =1.19（万元）。

例3：某县城一生产企业为增值税一般纳税人。5月份进口原材料一批，向海关缴纳进口环节增值税10万元；当月在国内销售甲产品缴纳增值税30万元、消费税50万元，由于缴纳消费税时超过纳税期限，被罚滞纳金1万元；本期出口乙产品一批，按规定退回增值税5万元。计算：该企业本期应缴纳的城建税。

解：该企业本期应缴纳的城建税 =（30 +50）×5% =4（万元），按税法规定，纳税人违反增值税、消费税、营业税规定被加罚的滞纳金和罚款不能作为计征城建税的计税依据。

二、城建税的纳税申报案例

案例1

广州市华贸汽车中心为集体所有制企业，地处城乡结合部，注册资本1 400 000元，在职员工30人，经营汽车配件的批发零售。2003年销售收入27 643 805元，已经上缴城建税1 500元，实现利润49 579元。12月底，税务机关对该汽车中心进行税务检查，发现自2001年1月至2003年12月合计缴纳增值税200 000元，城建税适用税率按照5%上缴，已经上缴城建税10 000元。

解析：《城建税暂行条例》第四条规定，“纳税人所在地为市区的，税率为7%；纳税人所在地在县城、镇的，税率为5%”。该汽车中心地点虽然处于城乡结合部，但是属于市区范围，应以适用税率7%征收城建税。共计少缴2 500元，应补上。

案例2

武汉市黄鹤楼卷烟厂委托某县城一卷烟厂加工一批雪茄烟，委托方提供原材料40 000元，支付加工费5 000元（不含增值税），雪茄烟消费税税率为25%，这批雪茄烟无同类产品市场价格。请你计算申报应代收代缴的城建税。

解析：（40 000＋5 000）/（1－25%）×25%×5%＝750（元）

代征代扣城建税适用代征代扣方所在地的适用税率。

三、城建税的纳税申报表

××市工商企业城建税等税费申报表

所属时期　　　年　　月

申报单位＿＿＿＿＿＿＿＿　地址＿＿＿＿＿＿＿＿

开户银行＿＿＿＿＿＿＿＿　账号＿＿＿＿＿＿＿＿

税务登记号＿＿＿＿＿＿＿＿　税务管理码＿＿＿＿＿＿＿＿

电脑编码＿＿＿＿＿＿＿＿　登记注册类型＿＿＿＿＿＿＿＿

金额单位：元

税种 / 项目 / 有关税费等	增值税			营业税			消费税			合计
	税额	征收率（税率）	应征税（费）额	税额	征收率（税率）	应征税（费）额	税额	征收率（税率）	应征税（费）额	10＝3＋6＋9
	1	2	3＝1×2	4	5	6＝4×5	7	8	9＝7×8	
城市维护建设税										
教育费附加										
堤防费										
义务兵及家属优待金										
河道管理费										
合计	×	×		×	×		×	×		

（续上表）

<table>
<tr><td colspan="2" rowspan="2">内容
项目</td><td>征费额</td><td>计征率</td><td>应征费额</td><td>申报单位签章</td><td>征收机关签章</td></tr>
<tr><td>11</td><td>12</td><td>13 = 11 × 12</td><td rowspan="7">财务负责人：
年　月　日</td><td rowspan="7">核收人：
年　月　日</td></tr>
<tr><td colspan="2">市政配套费</td><td></td><td></td><td></td></tr>
<tr><td rowspan="3">文化教育事业建设费</td><td>广告业</td><td></td><td>4%</td><td></td></tr>
<tr><td>娱乐业</td><td></td><td>3%</td><td></td></tr>
<tr><td></td><td></td><td></td><td></td></tr>
<tr><td colspan="2"></td><td></td><td></td><td></td></tr>
<tr><td colspan="2">合计</td><td>×</td><td>×</td><td></td></tr>
<tr><td>备注</td><td colspan="6"></td></tr>
</table>

填表说明：

1. 本表作为流转税申报表的附表，根据财政、税收法规规定的申报日期如实申报。

2. “税务登记号”按税务登记证件上“国（地）税×字……号”的“字……号”之间号码填写；“税务管理码”按税务登记证件上右上角的号码填写，如无则不填。

3. “电脑编码”指由本市税务机关会计部门赋予纳税人的代码。

4. “登记注册类型”按税务登记证件上的登记注册类型填写。

5. 本表一式三份，税务机关签收后，一份退还纳税人，两份留存税务机关。

教育费附加部分

知识点

一、教育费附加的税制要素

1. 教育费附加

教育费附加是按缴纳增值税、消费税、营业税（下称“三税”）单位（不包括外商投资企业和外国企业）和个人实际缴纳的“三税”的税额附征，附加率为3%，分别与“三税”同时缴纳。这里的“实际缴纳”，其实是指“三税”应纳税额中的实际缴纳部分，不包括加收的滞纳金和罚款。

开征教育费附加，可以扩大和稳定地方教育经费的资金来源，对于加快我国文化教育事业的发展，提高全国人民科学文化水平，更好促进社会经济发展，有着极其重要的意义。国务院决定从1986年7月1日起，在全国内征收教育费附加。

2. 教育费附加的纳税人

凡缴纳产品税、增值税、营业税的单位和个人，除按照《国务院关于筹措农村学校办学经费的通知》（国发〔1984〕174号）的规定，缴纳农村教育事业费附加的单位外，都应当依照本规定缴纳教育费附加。但海关对进口产品增收的增值税、消费税，不征收教育费附加。

3. 计税依据和附加率

教育费附加的计税依据与城建税相同，以纳税人实际缴纳的增值税、消费税和营业税税额为计税依据。教育费附加率为3%。

4. 征纳管理

教育费附加由税务机关负责征收。教育费附加纳入预算管理，作为教育专项资金，根据“先收后支、列收列支、收支平衡”的原则使用和管理。地方各级人民政府应当依照国家有关规定，使预算内教育事业费逐步增长，不得因教育费附加纳入预算专项资金管理而抵顶教育事业费拨款。

二、教育费附加计算的注意事项

（1）根据财政部、国家税务总局《关于对从事生产卷烟的单位征收教育费附加有关问题的通知》精神，自2005年10月1日起，对从事生产卷烟的单位全额征收教育费附加，即从事生产卷烟的单位缴纳的增值税、消费税税款所属期为2005年10月1日以后的，一律按其实际缴纳增值税、消费税税额的3%征收教育费附加。

（2）根据国务院《关于外商投资企业和外国企业适用增值税、消费税、营业税等税收暂行条例有关问题的通知》（国发〔1994〕10号）的规定，对外商投资企业和外国企业暂不缴纳教育费附加。外商投资企业和外国企业的界定以营业执照为准。

（3）根据财政部、国家税务总局《关于增值税营业税消费税实行先征后返等办法有关城建税和教育费附加政策的通知》（财税〔2005〕72号）的规定，从2005年6月1日起，对增值税、消费税、营业税实行先征后返、先征后退、即征即退办法的，除另有规定外，随同增值税、消费税、营业税缴纳的城建税和教育费附加，一律不予退（返）还。

（4）根据财政部、国家税务总局《关于生产企业出口货物实行免抵退税办法后有关城市维护建设税教育费附加政策的通知》（财税〔2005〕25号）的规定，从2005年1月1日起，经国家税务局正式审核批准的当期免抵的增值税税额应纳入城建税和教育费附加的计征范围，分别按规定的税（费）率缴纳城建税和教育费附加。

能力点

一、教育费附加的计算

1. 一般单位和个人

应纳教育费附加 =（实际缴纳的增值税税额 + 实际缴纳的消费税税额 + 实际缴纳的营业税税额）×3%

例1：某市区一企业2009年11月实际缴纳增值税30万元，消费税25万元，营业税12万元，其中，该企业开设的零售商店缴纳营业税7万元，当年该商店新招用下岗失业人员达到职工总数的30%以上，并与其签订了1年以上期限的劳动合同，经劳动保障部门认定，税务机关审核，允许其3年内免征教育费附加。计算该企业的教育费附加。

解：应纳教育费附加＝（30＋25＋12－7）×3%＝1.8（万元）

2. 卷烟和烟叶生产单位教育费附加的计算

应纳教育费附加＝（实际缴纳的增值税税额＋实际缴纳的消费税税额＋实际缴纳的营业税税额）×3%×50%

例2：某卷烟生产企业2004年11月向税务机关缴纳增值税300万元，消费税800万元，营业税50万元，进口货物向海关缴纳增值税100万元，该企业当月应缴纳的教育费附加为（　　）万元。

A. 17.25　B. 34.5　C. 18.75　D. 37.5

答案：A

解：进口货物不征收教育费附加。应纳教育费附加＝（实际缴纳的增值税税额＋实际缴纳的消费税税额＋实际缴纳的营业税税额）×3%×50%＝（300＋800＋50）×3%×50%＝17.25（万元）。

二、教育费附加的纳税申报

教育费附加应当与增值税、消费税、营业税同时缴纳。教育费附加的征收机关根据分管税种分别由国家税务局和地方税务局征收。国家税务局系统负责征收按增值税、消费税附征的教育费附加；地方税务局征收按营业税附征的教育费附加。

教育费附加申报表

申报纳税39

<table>
<tr><td colspan="6">××市地方税务局</td><td colspan="5">税务计算机代码□□□□□□□□</td></tr>
<tr><td colspan="6">城市维护建设税（教育费附加）申报表</td><td colspan="5">缴款书号码□□□□□□□□</td></tr>
<tr><td colspan="3">申报单位名称：</td><td colspan="6">税款所属日期：　年　月　日至　年　月　日</td><td colspan="2">单位：元</td></tr>
<tr><td rowspan="2">税种名称</td><td rowspan="2">计税（费）税额</td><td colspan="4">城市维护建设税</td><td colspan="4">教育费附加</td></tr>
<tr><td>税率</td><td>应纳税额</td><td>已纳税额</td><td>本期应补（退）税额</td><td>费率</td><td>应纳附加额</td><td>已纳附加额</td><td>本期应补（退）附加额</td></tr>
<tr><td>营业税</td><td></td><td></td><td></td><td></td><td></td><td></td><td></td><td></td><td></td></tr>
<tr><td>增值税</td><td></td><td></td><td></td><td></td><td></td><td></td><td></td><td></td><td></td></tr>
<tr><td>消费税</td><td></td><td></td><td></td><td></td><td></td><td></td><td></td><td></td><td></td></tr>
<tr><td>合计</td><td></td><td></td><td></td><td></td><td></td><td></td><td></td><td></td><td></td></tr>
<tr><td colspan="10">申报单位盖章：　　负责人（签章）：　　经办人员（签章）：

税务机关审理申报日期：　　年　　月　　日　　审核人（签章）：</td></tr>
</table>

填表说明：

1. 纳税（费）义务人缴纳营业税、增值税、消费税后申报城市维护建设税和教育费附加时填写此表。

2. 纳税（费）义务人随营业税、增值税、消费税规定的申报时间向当地地方税务机关报送此表。

3. 此表一式两份，税务机关审核后留存一份，返回申报单位一份。

三、习题训练

（一）单项选择题

1. 《资源税暂行条例》规定，纳税人开采或者生产应税产品销售的，以（　　）为课税数量。

A. 销售数量　　B. 开采数量　　C. 生产数量　　D. 计划产量

2. 下列资源产品中，不征收资源税的有（　　）。

A. 原煤　　B. 盐　　C. 原木　　D. 原油

3. 城镇土地使用税是以城镇土地为征税对象，对拥有土地（　　）的单位和个人征收的一种税。

A. 所有权　　B. 使用权　　C. 占有权　　D. 经营权

4. 城镇土地使用税的税率采用（　　）。

A. 有幅度差别的比例税率　　B. 有幅度差别的定额税率

C. 全国统一定额　　D. 税务机关确定的定额

5. 城建税纳税人所在地在县城、镇的，其适用的城建税税率为(　　)。

A. 7%　　B. 5%　　C. 3%　　D. 1%

6. 土地增值税的计税依据是（　　）。

A. 转让房地产取得的收入额　　B. 房地产开发总投资额

C. 转让房地产取得的利润额　　D. 转让房地产取得的增值额

7. 纳税人建造普通标准住宅出售，增值额未超过扣除项目金额（　　）的，免征土地增值税。

A. 10%　　B. 20%　　C. 30%　　D. 40%

8. 纳税人将房产出租的，依照房产租金收入计征房产税，税率为（　　）。

A. 1.2%　　B. 12%　　C. 10%　　D. 30%

9. 某运输企业拥有载货汽车（自重吨位均为40吨）30辆，其中有2辆在厂内行驶，不领取行驶执照，也不上公路行驶；拥有通勤用大客车10辆。该企业所在省规定，载货汽车年税额每吨50元；大客车年税额每辆500元。该企业全年应纳车船税税额是（　　）。

A. 61 000元　　B. 58 000元　　C. 60 000元　　D. 65 000元

10. 按《印花税暂行条例》的规定，一份凭证应纳税额超过（　　）的，应向当地税务机关申请填写缴款书或者完税证，将其中一联黏贴在凭证上，或由税务机关在凭证上加注完税标记代替贴花。

A. 50元　　B. 500元　　C. 5 000元　　D. 50 000元

11. 契税的纳税人是（　　）。

A. 出典人　　B. 赠与人　　C. 出卖人　　D. 承受人

（二）多项选择题

1. 根据《资源税暂行条例》规定，对下列资源产品中不征收资源税的有（　　）。

A. 天然气　　B. 天然矿泉水　　C. 盐　　D. 煤炭制品

2. 根据《城镇土地使用税暂行条例》规定，下列地区中，开征土地使用税的有（　　）。

A. 城市　　B. 县城、建制镇　　C. 农村　　D. 工矿区

3. 城建税是国家对缴纳（　　）的单位和个人，以其实际缴纳的税额为依据而征收的一种税。

A. 增值税　　B. 消费税　　C. 个人所得税　　D. 营业税

4. 下列各项中，不属于土地增值税征税范围的有（　　）。

A. 房地产评估增值　　B. 房地产的出租　　C. 房地产的继承　　D. 企业兼并转让房地产

5. 房产税的计税依据有（　　）。

A. 房产原值　　B. 房产租金收入　　C. 房产售价　　D. 房产余值

6. 下列各项中，属于车船税征税范围的有（　　）。

A. 汽车、无轨电车　　B. 自行车　　C. 客轮、货船　　D. 火车

7. 下列应税凭证中应采用定额税率计算交纳印花税的有（　　）。

A. 产权转移书据　　B. 工商营业执照　　C. 商标注册证　　D. 技术合同

8. 下列应当征收契税的行为有（　　）。

A. 房屋赠与　　B. 国有土地使用权出让

C. 等价房屋交换　　D. 土地使用权出售

（三）判断题

1. 资源税采取从量定额和从价定率的办法征收，实施“普遍征收，级差调节”的原则。（　　）

2. 资源税的征税范围仅限于在我国境内开采的应税矿产品和生产的盐，对进口的矿产品或盐不征资源税。（　　）

3. 城镇土地使用税采取有幅度的差别税额，按大、中、小城市和县城、建制镇、工矿区分别确定每平方米土地使用税年应纳税额。（　　）

4. 凡在中华人民共和国境内拥有土地使用权的单位和个人，均应依法缴纳城镇土地使用税。（　　）

5.《城市维护建设税暂行条例》不适用于我国境内的外商投资企业和外国企业。（　　）

6. 土地增值税的纳税义务人是转让国有土地使用权、地上建筑物及其附着物并取得收入的所有单位和个人，包括各类企业、事业单位、国家机关、社会团体及其他组织、个体经营者及其他个人。（　　）

7. 房产税是按房产租金征收的一种税。（　　）

8. 宗教寺庙、公园和名胜古迹中附设的营业单位使用或出租的房产，应照章征收房产税。（　　）

9. 车船税的纳税义务发生时间，为车船管理部门核发的车船登记证书或者行驶证书所记载日期的当月。（　　）

10. 契税的纳税义务人是我国境内转移土地和房屋权属的单位和个人。（　　）

（四）案例分析题

1. 某油田某月份开采原油8 000吨，其中有500吨原油用于加热和修井；同时开采天然气40 000千立方米，均已销售。该油田原油适用的单位税额为每吨8元，天然气每千立方米4元，计算该油田当月应纳资源税税额。

2. 万方超市与某娱乐中心共同使用一块面积为1 800平方米的土地，其中超市实际使用的土地面积占这块土地总面积的2/3，另外1/3归娱乐中心使用。当地每平方米土地使用税年税额为5元，税务机关每半年征收一次城镇土地使用税。计算该超市每季度应纳城镇土地使用税税额。

3. 市区某企业5月份进口货物缴纳进口关税50万元，海关代征进口增值税15万元，进口消费税17万元。5月份该企业除上述税金外实际缴纳增值税25万元，消费税20万元，营业税8万元，补缴上月应纳增值税4万元。计算该企业5月份应缴纳的城建税税额。

4. 宏达企业有4吨位的货运汽车2辆，乘人面包车2辆（10座）。当地政府规定机动车税额按半年缴纳，每自重吨位年税额为16元，10座以下面包车年税额为每辆420元。计算该企业半年应纳车船税。

5. 企业拥有房屋原值600万元，将其中一部分房产出租，原值100万元，年租金收入12万元，另有一部分房产用于幼儿园使用，原值50万元。当地政府规定，按原值一次减除25%后的余值纳税。计算该企业季度应纳房产税额。

6. 公司转让一栋20世纪90年代初期建造的混砖结构的楼房，转让收入1 640万元。该楼房原值为1 000万元，已提折旧400万元。经房地产评估机构评定，该楼重置成本价为1 800万元，成新度折扣率为60%。计算应纳土地增值税。

7. 某企业2009年度有关资料如下：实收资本比上年增加100万元；与银行签订一年期借款合同，借款金额200万元，年利率为4%；与A企业签订购货合同，购入金额为85万元的货物；与B公司签订受托加工合同，B公司提供价值为50万元的原材料，本企业提供价值10万元的辅助材料并收取加工费18万元；与铁路部门签订运输合同，载明运输费及保险费共计20万元。计算该企业2006年应缴纳的印花税，并填制印花税纳税申报表。

印花税纳税申报表

隶属关系：　　填报日期：　年　月　日　　　　税务计算机代码□□□□□□□□

经济类型：　　税款所属期：　年　月　日至　月　日　　单位：元（列至角分）

纳税单位 名称地址		预算级次 电话		开户银行 账号	
税目	份数	计税金额		税率	已纳税额
购销合同				3‰	
加工承揽合同				5‰	
建设工程勘察设计合同				5‰	
建筑安装工程承包合同				3‰	
财产租赁合同				1‰	
货物运输合同				5‰	
仓储保管合同				1‰	

（续上表）

借款合同			0.5‰	
财产保险合同			1‰	
技术合同			3‰	
产权转移书据			5‰	
资金账簿			5‰	
其他账簿			5	
权利许可证照			5	
其他				
合计				
登记申报单位（盖章）	企业财务负责人或经办人（盖章）			税务所（签字盖章）

填表说明：

1. 本表于每季终了后十日内向所在地地方税务机关申报。
2. 大额缴款、贴花完税不论采取哪种方式完税的凭证均应填本申报表。

参考文献

1. 谭光荣．税务稽查．长沙：湖南大学出版社，2003

2. 郑开焰．税法与税务会计．北京：清华大学出版社，2008

3. 陶其高．企业涉税事务．杭州：浙江大学出版社，2007

4. 李海波，刘学华．中国税制．上海：立信会计出版社，2007

5. 于久洪．税务代理实务．北京：中国人民大学出版社，2004

6. 国家税务总局教材编写组．发票管理．北京：中国财政经济出版社，2003

7. 苏春林．纳税实务教程．北京：中国人民大学出版社，2004

8. 白安义．税法教程．武汉：武汉大学出版社，2008

9. 中国注册税务师协会．税法Ⅰ（注册税务师执业资格考试辅导教材）．北京：中国税务出版社，2009

10. 中国注册税务师协会．税法Ⅱ（注册税务师执业资格考试辅导教材）．北京：中国税务出版社，2009

11. 中国注册会计师协会．税法（注册会计师执业资格考试辅导教材）．北京：经济科学出版社，2008